# 聖嚴研究 ｜第十四輯

## 聖嚴法師與禪學研究

*Studies of Master Sheng Yen* **Vol.14**

Master Sheng Yen and the Research of Chan Study

二〇二一年六月

# 聖嚴研究
## 第十四輯

# 目 錄

## 明代佛教研究

### 蕅益智旭《楞嚴經文句》論徹底顯性

### 聖嚴法師的晚明居士佛教研究

# 禪門修證指要

# 身分、歷史與修證

# 爐鞴與兵法

## 析論長蘆宗賾〈坐禪儀〉、〈戒酒肉文〉及《勸化集》兼其對居士的教化 ................................................ 蒲傑聖 297

# 明代佛教研究

# 蕅益智旭《楞嚴經文句》
# 論徹底顯性
## ——從「性」的意義演變談起 *

徐聖心

國立臺灣大學中國文學系教授

## ▋ 摘要

本文討論智旭《楞嚴經文句》中的特殊科判與解釋，即六次「徹底顯性」。

六番「徹底顯性」依經文之展開而變化其釋文，各科段頗不同。既見智旭對《楞嚴經》的理解，亦見其針對「人性論史」而標佛法妙義。第一番若總論，乃直指「圓教以三德秘藏為性」，「三德秘藏，和盤托出」，以《楞嚴經》論性為圓教、為極則。第二番言身心是妙心所現之物，是就自身全體言。第三番進論十方依正亦妙心所現之物而已，進而能「悟物為己」，則能轉物如同如來而「物物皆己」，則移

---

\* 此文原屬「聖嚴法師禪學史研究——明代佛教研究」總計畫，子計畫「徹底顯性——晚明論『性』諸諍與蕅益智旭《楞嚴經文句》」。並發表於第七屆漢傳佛教與聖嚴思想國際學術研討會。對法鼓山聖嚴教育基金會的資助、總計畫主持人廖肇亨教授的邀請、及評論人李治華教授對本文的深入閱讀及點評，在此謹申謝忱。又三篇審查意見，對本文做了不少切要的批評。但一來文字晦澀，多有辭不達意，以至評者誤解處；二來學力有限，雖盡力修改，亦難滿意，必仍有不少疏漏。文責理當筆者自負。

就總括己之身心與世界呈象之整體。第四番則直顯「大佛頂首楞嚴王三昧」，而將三性說引入以說明「菩提妙淨明體」即圓成實性；第五番則以離相即法與不變隨緣兩組架構，比配出「『離一切相』乃由隨緣以復於不變；而『即一切法』乃由不變以達於隨緣」的義涵；第六番，則一方遍例一切法性，一方則藉現象描述詞在性中了不可得，而回應於佛學「生死事大」的基源問題。

**關鍵詞**：人性論，佛性，蕅益智旭，《楞嚴經文句》

# 一、前言

聖嚴法師（1930－2009）的《明末佛教研究》開啟了當代蕅益智旭（1599－1655）研究的發端與熱潮。書中於智旭其人學術淵源與性格，及解析其義理肯綮之處，皆詳實而入裡。繼其後又有日人岩城英規、❶臺灣學者陳英善與林文彬、❷大陸學者龔雋等專業研究者，❸都持續加深蕅益智旭研究主題的廣度與深度。那麼我們還能從何著手呢？就請從智旭的夫子自道開始。

智旭著述宏富，可研究議題何止千萬，隨意拈題皆可嘗一臠而知鼎味。但若以智旭多種志業中的一事為引導，或更可深入其心緒。智旭〈閱大智度論畢紀懷〉四首之一，或許可以窺見端倪：

雨多入夏夜偏寒，胡漢於今辯最難。

---

❶ 岩城英規有〈《首楞嚴經》注釋書考〉（《印度學佛教學研究》第 52 卷第 2 號，2004 年 3 月）等論文。

❷ 陳英善有〈蕅益智旭思想的特質及其定位問題〉（《中國文哲研究集刊》第 8 期，2006 年 3 月，頁 227-256）等論文；林文彬有〈智旭《周易禪解》之「四悉檀」及其釋義〉（《興大中文學報》第 34 期，2013 年 12 月，頁 69-100），及〈《易經》與佛學的交會——智旭《周易禪解》試析〉（《興大中文學報》第 19 期，2006 年 6 月，頁 217-229）等論文。

❸ 龔雋有〈智旭與《四書蕅益解》——從聖嚴法師的《明末中國佛教之研究》說起〉。

擬絕百非還墮斷，欲離四句已成瘢。❹

「胡漢於今辯最難」一句可表其宏願之一，即如何辨析中土
與天竺在思想義理上的差別，並將一切世間學攝納入佛學
中，使其「各得其所」，既釐清義理之混淆，又能無限廣濟
異機眾生，殆是智旭一生在念的使命。智旭也清楚，在三教
鼎峙之後，若不能在話語間不斷往返，打破封閉語彙的自我
重複，既不能深入己信，也難以服眾起信，則菩薩廣濟群
生之願必有其憾。是以不斷在著作中攝納外學，並移動語際
以使其為佛學所融。其中顯現在胡漢辯析之諸項中，無疑
「（人／佛）性論」尤為徑中之要。智旭本有〈性學開蒙〉
的繁簡兩版本，對此問題深入反覆置辯，提供吾人理解其思
路的入手。開篇處頗能見智旭的心懷：

　　夫儒釋同異之致，性學重輕之關，憒憒不講久矣。今欲
　釋此疑，須先就儒典消文釋義，以超是非兩關；次就二公
　（按：指問中朱陸之爭）決擇是非，以示平心公論；後對
　佛教細辨同異，以彰權實本迹。❺

我們若以此提示為契機，則對智旭而言，胡漢之辯主要表現

❹ 見《靈峯宗論》，《嘉興藏》第 36 冊，卷十之三。此但節前四句。
❺ 今用《蕅益大師佛學十種》的版本，較《靈峯宗論》所錄稍詳之故。見
　《嘉興藏》第 28 冊（臺北：新文豐出版公司，1987），頁 554。下引同
　此文時但標頁碼，不另出註。

在儒釋同異之辨，而儒釋之辨實與性論旨趣密切相關；但何以儒釋之辨必聚焦於性學或性論？此又不得不從「性」的相關議題談起，然後才能明白智旭所理解「儒釋同異／性學輕重」的對應關係。一般的論述容易陷入幾個誤區，舉其犖犖大者則如：解析框架的固定化，學術慣用語的反覆與重組，以及在體系內部無限制地自證等，都會使研究進入膠著狀態。若欲在此前進一步固非易事，但離開封閉話語體系，以他者觀點不斷反覆位移，以達入內出外了無疑滯，義位判然，恐怕是較容易的一路。然「引入他者觀點」即具如是優位，亦有難以省察的誤區。亦即任一哲人之語乃自為一國度，遑論一學派，自有其問題意識與解決方略，是以「他方觀點之引入」每不免異國人遊覽式之走馬看花，執表象而讚神采，望精奧而嗤以鼻，屢屢犯差毫謬千之失而不自知。不論儒、釋同異或相關的性學輕重，都是在不同語際間的對話嘗試，而今我們也應檢視其理據，試判其效果。其中自有得有失，今即以此法考察智旭著述之得失。

然而要解決儒、釋同異，或至少釐清其間論性問題之爭端，則此前「性」一關鍵字的相關問題卻不可放過，否則我們不但無法看清辯論的得失，甚至僅止於描述爭端都有困難。而且智旭「性論」之規模以《楞嚴經》所主為宗，其《楞嚴經文句》之作（以下俱簡稱《文句》），又與交光《楞嚴經正脈疏》間之法諍有極密切的關係。二人之爭執大端有二，交光否認以天台止觀解楞嚴大定，而別立「捨識用根」之義；智旭正相反，不僅仍以天台諸義解此經，更且嚴厲地呵斥：「交光用根一語，毒流天下，遺禍無窮，非一言

可馨。」❻完全否定「捨識用根」的新說。而交光之用根之根乃指「根性」；而智旭用以解《楞嚴經》之宗旨亦正在「徹底顯性」，則何以皆以用性、顯性為《楞嚴經》要義，竟有此水火不容之諍？❼正因智旭「性論」一方面是儒釋之辯的關鍵，一方面又是與交光法諍的核心，可見是在其博學而多方校正的視野下成形，是以本文若欲對智旭之說有較清晰的定位，在進入正論之前，須先就思想史儒、釋雙方對性、人性、法性、佛性等問題先做一總覽式的說明；前導論題釐清之後，才接著討論蕅益智旭〈性學開蒙〉對「性論」的一般界定；最後更進一步探討他在《文句》前半段詮釋中

---

❻ 智旭，《靈峯宗論》，《嘉興藏》第 36 冊，卷五之二〈復錢牧齋〉，頁 343b。另一人是明代著名天台宗祖師幽溪傳燈（1554－1628），在其《楞嚴經圓通疏前茅》中，提出了一○八個問題，一一駁斥《正脈疏》的見解。

❼ 簡要的討論，可參看拙著〈晚明交光與天台楞嚴法諍〉，*Lama's Journal*，第 2 期，2010 年 7 月，頁 164-167。大略如次：「交光之立義，於《楞嚴》一經確實可立，乃通過全經仔細科判後，明其組織立義後的斷案。所謂捨識用根，正因此經乃表佛陀之大定，故依『因地果位相應』之理，及經文之明示，此首楞嚴定不在第六識所行界，故既非佛陀之所宣，亦不宜依識起修。且交光於《正脈疏》中，遮三止三觀與首楞嚴定之相應，又許山外派之智圓判經之說為正，皆與天台宗義相違，亦無異乎力主天台教學主體性者之不愜。況依天台教義，以現前介爾一心為起修，乃古來通義，故倘離識而別有立基，其義亦非天台設義之普被可允。且用根亦可有歧義，或指浮塵根，或指勝義根，此於學人亦不必能自揀。則離識而別用根，則意識之能止能觀自具三千之義，恐為諸根所奪，亦將離定更遠，而入於邪，此亦天台之深慮，不可不知。正因雙方於經文之解釋、於此經之判教、於心體之體證、於修法之入手，四者均互有歧義，故生此諍。」

所特別標舉又反覆申言的「徹底顯性」的意涵，這正是他對
《楞嚴經》核心的理解。❽然而幾個問題如次：究竟經文所
指之性為何義？「徹底顯性」在其科判段落對應著什麼問
題？而其所謂「徹底『顯』性」又是指佛陀通過什麼教法
之「顯」？此說在當時對《楞嚴經》理解、詮釋的關係為
何？如他對交光之批駁與此注之間關係又如何？與佛教中論
「性」主張的分合又為何？即本論文所嘗試釐清的問題。

　　因此以下在正論之前，我們會先簡述晚明儒釋交涉中萬曆
三高僧的性論；在梳理三高僧的卓論前，我們得先說明中國早
期性論的不同類型、語用及義位，做為照應與弭爭的基石。

## 二、傳統中的儒、釋性論簡釋

　　我們先說在中國傳統思想及佛學中對「性」一詞的界定
及其意義。❾最素樸的應是告子的「生之謂性」、「食色，性
也」、「性無善無不善」的三組命題。第一句既說明語源，同
時說明考察「性」的原則：既生之後的自然之質。❿第二句，
乃據前一組考察法所見的自然之質，即食色。食色乃一種具體
代抽象的表達，或可謂隱喻，指向生命與生俱來的本能，此本

---

❽ 雖然陳英善指出單以一宗（或禪或教）一經（或《楞嚴》或《法華》）
論斷智旭思想歸趣之不足，但釋聖嚴已詳證《楞嚴》一經在智旭思想中
的重要性，視其為運轉的中樞則應無可疑。

❾ 從語源學的考察有傅斯年《性命古訓辨證》，與本文直從思想文獻的分
析有別。

❿ 意可參看牟宗三，《圓善論》（臺北：學生書局，1985 年 7 月初版），
頁 5。

能以兩大要素為支撐，一是愉悅感，一是生存，食即個體保存，色即種族延續。⓫第三句則由本能與「善」之規定之關係。告子的主張是：不能用任何人類社會後起之規約或觀念以框定「性」的屬性；或換言之即「性與善惡無關」。

相對於此，孟子的性善說便較難理解了，後文在討論元賢的批評時再深論。再者第三種說法是荀子，最有名的「性惡」論斷，其義應由其文脈絡以觀：

> 人之性惡，其善者偽也。今人之性，生而有好利焉，順是，故爭奪生而辭讓亡焉；生而有疾惡焉，順是，故殘賊生而忠信亡焉；生而有耳目之欲，有好聲色焉，順是，故淫亂生而禮義文理亡焉。然則從人之性，順人之情，必出於爭奪，合於犯分亂理，而歸於暴。故必將有師法之化，禮義之道，然後出於辭讓，合於文理，而歸於治。用此觀之，然則人之性惡明矣，其善者偽也。⓬

這裡所謂「性惡」，很明顯可與告子相比較。兩人學派雖不同，但值注意的是，其立場與告子非常相近，皆重「生之自然之質」。荀子在〈禮論〉中又說：「性，本始材朴也；偽，文理隆盛也」，反而指向「人的自然狀態」，又與告子

⓫ 此義今人反而未必知曉，然而唐君毅早已做是解。見氏著，《中國哲學原論——原性篇》（臺北：學生書局，1989 年 11 月），頁 35-36。
⓬ 荀況著，王先謙集解，久保愛增注，豬飼彥博補遺，《增補荀子集解》（臺北：蘭臺書局，1983 年 9 月）卷 17，頁 1-2。筆者改為新式標點。

單從本能處說有別。然而有趣正在此，兩者的差別甚微，若
均自本能言，告子所說「性（本能）無關乎善惡」才會是最
終最合理的解答，何以荀子卻生硬地冠上「性惡」的粗暴論
斷？綜合荀子的論說，「性惡」嚴格說並不指向「性自身為
惡」或「性為惡源」的單純說法。但若細審荀子的推導，可
知並不專就「性」的內涵而論斷，而別從此立說：「當性依
其自然傾向發展時，必然導致社會失序；而人類之群聚理想
被破壞，均名為惡」。我們更可從該〈禮論〉篇談人面對種
種外界變化時的情感流露。唯此情感表現若不加以「偽」則
難以持其自身。因此一切禮反而在維持資源分配之外，更看
重人類情感之調護養育。❸可見荀子論性惡，雖著眼近於告
子，但論斷卻不就性自身的情態，乃奠基於「人設之禮如何
施用在天生之性上，以避去其亂紀毀群的傾向，且助成人類
生命最好的表現」的整體諧調主張。
　　第四個較具代表性應屬董仲舒：

　　故性比於禾，善比於米。米出禾中，而禾未可全為米
也。善出性中，而性未可全為善也。善與米，人之所繼天
而成於外，非在天所為之內也。天之所為，有所至而止。
止之內謂之天性，止之外謂人事，事在性外，而性不得不

---

❸ 參看簡良如，〈對存在感受之治——以《荀子·禮論》中喪、祭二禮
的分析為例〉（《政治與社會哲學評論》第 44 期，2013 年 3 月），頁
185-218。

成德。（〈深察名號〉第三十五）**⓮**

這樣的說法，既否定孟子的性善說，卻又以他自己的方式轉換地說明「另類性善說」。其間不免有不對榫處，此姑置勿論，今單釋其另類性善之義，亦即將「性善」視為「性／善」關係的說明。而最常見也最容易設想的當然就是兩者是「潛能／實現」的關係，董仲舒即以「性禾／善米」為喻。**⓯**餘如性三品說、性善惡混、性日生日成等更後起的說法，若後文有涉及處隨文附辨，暫不贅述。第五與第六種可以宋儒為代表，一是程明道極特殊的「生之謂性」的解釋，另一是胡宏「性也者，天地之所以立也。」及「性也者，天地鬼神之奧也。善不足以言之，況惡乎哉？」的創新見解。程明道的命題雖與告子全同，但其實義全不同。牟先生已於《心體與性體》（二）辨之甚明，今但攝其要，告子的模式乃經驗主義或自然主義模式，但明道卻是「本體宇宙論的直貫順成模式」。**⓰**明道此說，命題取自告子而涵義承自〈中庸〉，都

---

**⓮** 董仲舒著，蘇輿撰，鍾哲點校，《春秋繁露義證》（北京：中華書局，1992 年 12 月），頁 297。

**⓯** 此處「潛能／實現」之說僅單藉中文語境，而不涉及亞里斯多德的規定，因其說法需與「質料／形式」並觀方得其實。然而董仲舒的用法中顯然不隱含另一組架構。此外，以植物的表現與「性／善惡」關係的論式，啟自告子，但董子與告子的論式全異。告子在「杞柳→桮棬」喻「性→仁義」正以其乃塑造改造為義，非順成之為義；但董子之「性／禾→善／米」卻恰正是順成之義。

**⓰** 見牟宗三，《心體與性體》（臺北：正中書局，1983 年 5 月），第 2 冊，頁 147-148。

還是舊說之殘餘；因此更重要的是別有開拓的胡宏（1105－1161）。其論性有幾個非常關鍵的命題：

> 或問性。曰：「性也者，天地之所以立也。」曰：「然則孟軻氏、荀卿氏、揚雄氏之以善惡言性也，非與？」曰：「性也者，天地鬼神之奧也。善不足以言之，況惡乎哉？」……曰：「某聞之先君子曰：『孟子之道性善云者，歎美之辭，不與惡對也。』」（《胡宏集‧附錄一》《宋朱熹胡子知言疑義》）**⑰**

「天地」在五峰體系中乃最高的意象。首句將「天地」與「性」連言，並以「性」為「天地」之為天地之理，從儒學的語義傳統，這是破天荒的見解。當〈中庸〉而「天命之謂性」時，乃以天之附衷於人、物時所賦者為「性」，是則其源雖是天，重點卻在人物之所稟賦。今五峰反此而言「性乃天地之所立」，是以「性」做為涵括無遺之義。是以繼則曰「性也者，天地鬼神之奧也」，又：

> 心性二字，乃道義淵源，當明辨不失毫釐，然後有所持循矣。竊謂未發只可言性，已發乃可言心，故伊川曰：「中者，所以狀性之體段」，而不言狀心之體段也。心之體段，則聖人「無思也，無為也，寂然不動感而遂通天下

---

**⑰** 《胡宏集》（北京：中華書局，1987 年 6 月），頁 333。下引胡宏之說皆引自此書，但註明頁碼。

之故」是也。未發之時，聖人與眾生同一性；已發則無思無為，寂然不動感而遂通天下之故，聖人之所獨。（〈與曾吉甫〉，頁 115）

而此等心性之實指又為何？自是「仁」。五峰如何識仁言仁？

若直守流行于世數卷紙上語，而不得其與天地同體、鬼神同功之妙，則非善學矣。其合于天地，通于鬼神者，何也？曰：仁也。（〈邵州學記〉，頁 150）

此見「仁」亦以「合于天地，通于鬼神」為義，可確證即「性」之實指。而五峰體系中的「天地」意象有何意蘊？主要有三：一「道，充乎身塞乎天地」，乃由身之滿注與天地之宏闊，言道之遍在與遍潤；二自「仲尼之教，猶天地造化萬物，生生日新，無一氣之不應，無一息之或已也」（頁 15），言天地之生生與孔子教育之仁心一體相合，且機感隨應；三自「調理萬物，各得其所，此人之所以為天地也」（頁 14），此亦言人與天地之相合，但又別自萬物之得所處言。

胡宏在以往多只看重其「以心著性」做為宋明儒學第三系的表徵。實則如上所引可見「天地」確為五峰體系中最高的意象。古來以「性為人、物之所稟受」一義，乃表「所產受付之被動性」，至五峰諸言「性乃天地之所以立」、「性也者，天地鬼神之奧也」，則別申其為天地之大生廣生之所以成之位，別表「性」為「能產賦命之主動性」，此等反

轉舊有模式,乃做為中土本有「人性論」一次更特別的拓
展。❶ 以下別論佛學前期的「性」論。

在佛學中,吾人可先取中觀之言性,次取瑜伽之言性,
再取大乘經中之「性」字譯詞對應觀念以及智顗的解釋。最
後看「佛性」一詞之通解。❶ 中觀之言性,其極可名為「法
性」。然此所謂法性者,既非言其本體,亦非析其屬性,乃
正所以直指其無自性為其自性。此語轉譯為更精確的說法則
是「以沒有實在自體為其真實的存在狀態」。故性空之性,
乃「真實的存在狀態」;而無自性之性,則指物之獨立常住
實體。是見在其標宗之處,累用同詞,實表異義。至瑜伽之
言性則尤側重在兩端,一是三性說之諸釋義,二即種姓。❶
前者乃對心、心所法之真妄及其所由之分類;後者乃對有情
存在事實所顯樣態之分類。其中固有轉化之機,但亦難免因
分類之故,而固著化此實然,使價值義不顯。❶ 是以欲脫種
姓之五分(聲聞緣覺、菩薩、佛、一闡提、不定),則需別
有思惟方式。與此兩者關涉較深者,乃大乘經論之言性與
佛性。

---

❶ 這裡可以考慮的是:胡宏有其家學,不僅直系傳承,旁系之兄弟間亦多
成學。而其家學之風即排佛。但是「以性為天地鬼神之奧」若非源於佛
學,卻似有與佛學對勘的影子。這是初步猜想,有待進一步證實。

❶ 綜言佛家言性六義,初有唐君毅《中國哲學原論——原性篇》,第六
章。

❶ 中觀、瑜伽之言性,可參看唐君毅《中國哲學原論——原性篇》,第七
章。

❶ 同樣見唐君毅《中國哲學原論——原性篇》,第七章,尤其頁 230-238。
論種姓說成立時,「成佛」、「佛化眾生」等義可能之矛盾或困難。

《法華經》在〈方便品〉「唯佛與佛，乃能究盡諸法實相」之後，現存梵本不曾出現「實相」，❷ 對應十法的內容則是：

> 此諸法為何？是何種法？與何相似？具何特徵（相）？又具何本質（性）？❷

此段雖已是今譯，然其中所擇語詞乃是佛教內部梵譯中的慣例，是則性乃通用的「本質」義正無可疑。問題也在此「本質」究竟是如何規定？因為在先秦用例中，如孟子的「性」字明顯不是（亞里斯多德）的「本質」義。甚至在告子與荀子的用例中，都不是「本質」義。因本質固與差異有關，且非一般差異，乃據以標示「種差」而有本質。而告子以「生之謂性」之原則考察所得「食色，性也」的結果，正因無法回答孟子的質疑「然則犬之性，猶牛之性；牛之性，猶人之性與？」正見其所言之「性」原無此分別與差異；荀子之「性」亦只是一傾向，重點反在「化性起偽」，性之能化而

---

❷ 此非以梵本衡判漢譯之非；但謂漢譯「實相」一語之古義不可確知而已。且在早期般若經論中也不是重要概念，如《中論》只出現兩次。直至《大智度論》才成為核心概念。說明可參看嚴瑋泓，〈當代新儒家對《大智度論》的理解與詮釋〉，（《東吳哲學學報》第 40 期，2019 年 8 月，頁 1-24），註 12。餘並參下一則註釋。

❷ 沖本克己主編，辛如意譯，《佛教的東傳與中國化：中國 I 南北朝》（臺北：法鼓文化，2016 年 7 月），頁 51。當然我們不確定所謂「梵本」是何所指，因為當今梵本佛經的出現甚或比漢譯佛典要晚，源流尤需別考，是否定然足以否定漢譯之義尚未可定。

偽乃人之真實，與「性之為一存在物不變之本質」義亦相違。且「本質」乃觀物之法，而孟子言性則源自超越反省或逆覺體證，與觀物辨物之方式迥異，故其所論「性」亦非本質。正見此「本質」之義非中土或先秦通義之所持。❷❹若然我們可視此觀物辨物之「性」為一添入中文的新詞義。

《摩訶止觀》對此詞則說：

> 如是性者。性以據內，總有三義：一不改名性。《無行經》稱「不動性」，性即不改義也。又性名性分。種類之義分分不同，各各不可改。又性是實性。實性即理性，極實無過，即佛性異名耳。不動性扶空，種性扶假，實性扶中。（卷五上，葉十六上）❷❺

引文中很明顯有三種不同的「性」的用例。以恆常不變為其總義；次見各物類必有其持類之義，既一一別，復一一常，乃由總義觀物類之持恆而得；第三則真實之理為性，其終極即佛性。最後又以此三義對應於空、假、中三者，空徹一切法而不動；假乃含空復為諸類之差別顯現；實性似有兩重，

---

❷❹ 或疑佛學既不以「實體」「自性」「我」（常、一、主、宰）等觀物，何來此「本質」之義。此誤疑乃因以偏概全復去脈絡化所致。本文原取不同脈絡下的「性」義的可能性，非謂此義乃「佛學所主張」，或「佛教中以此義為極成」，則何以不能包含此義？又佛典中偶用此義又何以即成不可能？

❷❺ 《摩訶止觀》（臺南：湛然寺藏版影印，1995 年 11 月），頁 397。標點為筆者所加。

一泛稱一切實性，而以理性為其實義。而此實義中復有最高
而無比者，即佛性。若然佛性非唯「成佛之可能」，亦同謂
「稱理之性」與「實理之極」，亦即包含性之顯理與最尊無
上二義之綜合。然而這說法，若相較其同時而稍早的淨影慧
遠（523－592），顯然還不夠完整：

> 第一釋名。……所言性者，釋有四義。一者種子因本
> 之義。所言種者，眾生自實如來藏性，出生大覺與佛為
> 本，稱之為種。種猶因也。……二體義名性。說體有四：
> 一佛因自體，名為佛性，謂真識心。二佛果自體，名為佛
> 性，所謂法身。第三通就佛因佛果，同一覺性，名為佛
> 性。……此前三義，是能知性，局就眾生，不通非情。第
> 四通說。諸法自體，故名為性。此性唯是諸佛所窮。就佛
> 以明諸法體性，故云佛性。此後一義，是所知性，通其內
> 外。斯等皆是體義名性。三不改名性。不改有四：一因體
> 不改，說之為性。……二果體不改，說名為性。一得常
> 然，不可壞故。第三通就因果自體不改名性。如麥因果麥
> 性不改，以不改故，種麥得麥，不得餘物。如是一切，佛
> 性亦爾。佛因佛果，性不改故。眾生究竟，必當為佛，
> 不作餘法。經說佛性旨要在斯。第四通說諸法體實不改
> 名性。雖復緣別內外染淨，性實平等，湛然一味故曰不
> 改。……四性別名性。性別有四：一明因性別異於果。二
> 明果性別異於因。第三通就因果體性別異非情故。……四
> 就一切諸法理實，別於情相虛妄之法，名之為性。❷⑥

前述《法華經》的本質義，則可相當於慧遠的「不改名性」。而相較於智者一方面以性三義分別比配於空、假、中，一方面似只將佛性只比配於理實而互為異名。慧遠則四義皆佛性之分義而已，或性之四義皆通於佛性應具之意涵。其佛性義內涵繁複深厚，唯闡發者多，❷兹不贅及。而能綜括上說而解析最詳者，可參唐君毅《原性篇》諸論。最後藉下段別述道生（355－434）所立佛性義。

　　關於「眾生皆有同一佛性」論述，雖已見於《涅槃經》，然在中土經文未全譯之前，似以什師門下、僧肇同門的道生為首倡。是既引起他坎坷生涯卻又最能表現其理性清明的「闡提成佛」說：

　　　　稟氣二儀者，皆是涅槃正因。闡提是含生，何無佛性？❷

此處歸結甚要，初有兩點重要的表義：以其又與此前單以超越性論佛之諸特性有別，而別以「極端之限制性亦不隔於超越性」的獨特論理，並將經典之所否定者從理性上加以肯認。其表義又包含兩層奧義，即道生能建立超越性之為絕對

---

❷　《大乘義章》卷第一〈佛性義五門五別〉，《大正藏》（Vol. 44, No. 1851，CBETA 電子版），頁 10-11。

❷　參看廖明活，〈淨影寺慧遠的佛性學說〉，《中國文哲研究集刊》第 4 期，1994 年 3 月，頁 263-286；釋恆清，〈《大乘義章》的佛性說〉，《佛學研究中心學報》第 2 期，1997 年 7 月，頁 23-47。

❷　原文「含」做「舍」，眉批已疑誤試正，今從之。梁·寶唱，《名僧傳抄》，（附）名僧傳說處。《卍續藏經》第 134 冊，頁 29。

超越性的真實，即佛身無色與佛國無土，卻又能不使超越性成為孤絕之超越性，使其同時在「含生」之類中永遠保有實現之可能，此中關係殆最難辨。此難能奧義之一。再者，在宗教類型中，口傳與文錄之聖言量具有絕對不可質疑的地位，但道生能以中土習者全依理致之所在而超越經典之未說，並且以此合理之比量超越聖言量為己之新信念，此難能奧義之二。再簡言之，兩者皆現實上不提供端倪，而於理（想）又絕對必需與絕對可能，能目光夐絕而自肯若此，非難能而何？！至若佛性內涵又為何？與眾生心識又何關？

> 善性者，理妙為善，反本為性。❷⁹
> 涅槃惑滅，得本稱性。❸⁰
> 窮理乃睹（法身）。

道生既言有佛性我，乃據《涅槃經》之〈獅子吼品〉與〈如來性品〉。前者謂：「一切眾生，悉有佛性。……智者見空及與不空，常與無常，苦之與樂，我與無我。空者一切生死，不空者謂大涅槃。……中道者，名為佛性。以是義故，佛性常恆，無有變易。」又「一切眾生，定得阿耨多羅三藐三菩提；一切眾生未來之世，當有阿耨多羅三藐三菩提，是名佛性。」後者則謂：「佛性我為如來藏，……其人所以藏積此寶，為未來故；……諸佛秘藏，亦復如是，為未來

---

❷⁹ 《大般涅槃經集解》第 51 卷，《大正藏》第 37 冊，頁 531，c23。
❸⁰ 《大般涅槃經集解》第 51 卷，《大正藏》第 37 冊，頁 532，b15。

世。」道生所言義近此。而此藏即眾生之具此理以為性之心識。故其謂人本有佛性，等如謂人本來即能證悟成佛之理，窮理而反本滅惑，以證涅槃而成佛。❸若然，此佛性義攝三方面：一由「藏」與「未來之世」二語，佛性指成佛之潛能，故於未來世方現；二由「定得」「當有」二語，佛性表成佛果之因；三此佛性無隔，為一切眾生所本具。即如一闡提，於理上亦具佛性。此三義，多半亦收攝在慧遠的佛性論，而早發百餘年！且皆能補唯識種姓說之矛盾與不足。唯其中若與孟子相較，唯是第三義之普遍本具相同，餘二義皆與孟子論性迥別。此乃論佛性與人性者所當知。因孟子之「性」非本質、非傾向而為一當下之動力，故非潛能；又當惻隱即惻隱，當辭讓即辭讓，故亦非指向未來。此潛能說與歷程性，反與董仲舒之持論相近。

　　至若天台最著名的有兩種弔詭的教說，一是「無明即法性」，另一是性具善惡說。❸關於前者，牟宗三有如下的討論：

　　　在迷悟的低昂中，吾人即由此兩語（按：即「無明即法性」和「法性即無明」）所表示的「體同的依而復即」表示圓教，不是離開迷悟之低昂平鋪地說此兩語為圓教也。而且進一步，不只是法性與無明相依即，當說「無明即法性」時，法性即具帶著十法界而為法性，此即所謂性具或

❸ 唐君毅，《中國哲學原論──原性篇》，頁 240-241。
❸ 初見於傳智者說、灌頂記《觀音玄義》；後為知禮所承揚。

> 理具，……同時，當說「法性即無明」時，無明亦具帶著
> 十法界而為無明，此是迷中的性具或理具。是這樣的體同
> 依即方是圓教，……❸

無明雖是緣行緣識而有染汙相，但在俗諦中仍是法存在之所
依，依此義，故可言「無明即法性」；而「法性」雖清淨無
染，亦成佛之正因，然因至大無外故「無明」亦為法性所
攝，依此義，故可言「法性即無明」，即一切染淨諸法與法
性皆依而復即。此中兩語「法性」之「性」，不論從何方向
看，除了對比於「無明」的染汙必帶有清淨之義外，也具
有更近於「事物存在的動力」的意涵。至於後者，也可以依
「宗教上惡『存在之必要』的弔詭」來解釋。❹宗教尋常皆
以勸善改過、為善去惡為教導，若然，除惡務盡、樹德務滋
乃其理所當然。然而弔詭之處在於：若無惡，則善乃成不可
理解，同時亦不可成立。正因惡的存在，方使「善」能以惡
為背景而被珍視。當一切惡皆不存在時，若惻隱、若救護、
若正義等皆全無意義。故此二元的先在，即在佛境界中亦必
法爾內具。更且，除此「惡『存在之必要』的弔詭」外，亦
使種種指引眾生之法門為可能。此具善惡之「性」即成一極
特殊之論說，更近於「應具的存在型態」之意。以上略論早

---

❸ 見牟宗三，《智的直覺與中國哲學》（臺北：臺灣商務印書館，1980 年
10 月），頁 231。
❹ 參看 Arvind Sharma 著，陳美華譯，《宗教哲學——佛教的觀點》（臺
北：立緒文化，2006 年 4 月）。

期傳統中性論諸類型，以下轉言晚明，做為智旭的前導者三高僧的性論。

# 三、萬曆三高僧的性論

一如上文所略論，性論關涉極深廣，頗難條理，唯就後文智旭可能為互文處，先做鋪敘。故此節亦主就當時議題聚焦處擇其言而釋。智旭〈十問十答〉雖廣論，其核心對話乃就〈中庸〉、《易傳》而立。故以下略述三高僧對〈中庸〉或《易傳》有何評議。今略依其年輩先後論次，首先是雲棲袾宏（1535－1615）：

予初入道，憶子思以喜怒哀樂未發為中，意此中即空劫以前自己也。既而參諸楞嚴，則云：「縱滅一切見聞覺知，內守幽閒，猶為法塵分別影事。」夫見聞泯，覺知絕，似喜怒哀樂未發，而曰法塵分別者，何也？意，根也；法，塵也。根與塵對，順境感而喜與樂發，逆境感而怒與哀發，是意根分別法塵也。未發則塵未交於外，根未起於內，寂然悄然，應是本體。不知向緣動境，今緣靜境；向固法塵之麤分別也，今亦法塵之細分別也，皆影事也，非真實也。謂之幽閒，特幽勝顯、閒勝鬧耳，空劫以前自己，尚隔遠在。此處更當諦審精察，研之又研，窮之又窮，不可草草。㉟

---

㉟ 《竹窗二筆》，〈喜怒哀樂未發（一）〉，《雲棲法彙》，《嘉興藏》第 33 冊，頁 48 中。

袾宏述及自己對儒釋間理解的前後變化與趨於精準。初亦將
〈中庸〉之「中」視同佛學未經染汙的本來面目。後來以
《楞嚴經》為準,方知比附之誤。謬在何處?「空劫以前自
己」和「本體」都是同一指涉,即絕對清淨的本來面目。
「喜怒哀樂未發」初看時未受情緒波動與染汙,故頗似本
體。但後來他藉《楞嚴經》發現,即使不受外擾,也有不
同的層次。因此,當〈中庸〉以「喜怒哀樂未發」來界定
「中」時,明顯只在「發與未發」間位移,是以只對動歸靜
而已,既非「動靜二相,了然不生」,更未超離「法塵分
別」的似真性、分別相與對立相。我們若先擱置爭議,僅考
量袾宏得到結論的方式,他的確給出了詮釋規範的難題:
「我們到底如何確定文本核心概念的內容與層次?」以及在
三教文本裡必然遇到的實踐難題:「語言所表述的,究竟對
應到怎樣的修養境界?」到了《竹窗三筆》又說:

> 妙喜以中庸性、道、教,配清淨法身、圓滿報身、千百
> 億化身,體貼和合,可謂巧妙。細究之,則一時比擬之權
> 辭,非萬世不易之定論也,作實法會則不可。何也?彼以
> 仁義禮智言性,豈不清淨?然非法身纖塵不立之清淨也。
> 彼以事物當然之理言道,豈不圓滿?然非報身富有萬德之
> 圓滿也。彼以創制立法化民成俗為教,豈無千百億妙用?
> 然一身之妙用,非分身千百億之妙用也。大同而小異,不
> 可以不察也。或曰:「仁義禮智,孟子之言也,中庸止言
> 天命而已。」予謂至誠能盡其性,而繼之以寬裕溫柔十六
> 字,非仁義禮智而何?故曰孟軻受業子思之門人也,不可

不察也。㊱

妙喜是宋高僧大慧宗杲（1089－1163）。宋明儒學與發展與
宋明佛教的發展，在大方向上恰成對比，儒學先是力闢，愈
晚愈向與釋家求融攝；佛教則先求同，愈後愈望與儒家辨高
下。與前則略同，都在同一標目下，再「細究之」而定其差
異，「仁義禮智」都有了特定的方向與內涵，袾宏以為若然
雖善也不是「纖塵不立」的清淨了。根源既爾，故儒者之道
不若佛家的開展無盡，儒者之教亦不若佛家之神化莫測。雖
以「大同小異」看似寬放的句子作結，高下之判與不可混濫
之意則堅不可退。

其次是紫柏真可（1543－1603）：

> 性有性之體，性有性之用，性有性之相。何謂體？用
> 所從出也；何謂用？相所從出也；何謂相？昭然而可接者
> 也。如善惡苦樂之情，相也。苦樂之情未接，靈然而不昧
> 者，此用也。外相與用，而昭然與靈然者皆無所自矣，此
> 體也。㊲

這裡所用的雖都是佛學名相，但真可除了對性做出分析之
外，我們依舊可以讀出其中的批判意味來。他以三辭為立論

---

㊱ 《竹窗三筆》，〈中庸性道教義〉，《雲棲法彙》，《嘉興藏》第33
　冊，頁61中－下。
㊲ 《紫柏老人集》卷三，〈法語〉，《嘉興藏》第22冊，頁206。

架構，說明雖同一「性」字，實有其三層次的意義。其中的相與用正用是安頓〈中庸〉的已發和未發，正示〈中庸〉雖亦論「性」，實則尚不及見體。此說當然未必真能觸及與駁及〈中庸〉的深度。但與袾宏同樣涉及核心概念的「定位」問題，意態也甚可玩味。唯〈法語〉中論性亦有不諦處，[38]〈解易〉別有性情並論之精義：

> 苟性若有常，情何從生？情若有常，性何從明？唯性無常，則道可為器也；唯情無常，則器可復為道也。聖人知其然，所以即情而復性，而不廢耳目之用；即性而攝情，而本無物我之累也。[39]

此中卻無分判的意味，直就《易》的特殊義理立論，唯多以佛理為解析架構。如「性、情無常」固「易」可有之義，卻非《易》之所重。若「即情而復性，而不廢耳目之用」之語，卻與袾宏思路大不同，反與胡宏立論方式頗近，也是真可屢屢即事而言理的特色。

至若憨山德清（1546－1623），其釋〈中庸〉劈頭就說：

> 中者，人人本性之全體也。此性天地以之建立，萬物以

---

[38] 如言「孟軻言性善，荀況言性惡，楊雄言性善惡混，夫言善言惡者是析一而為二也，言善貫混者是併而為一也。噫！性也者，非一非二，而一而二。……吾以是知析之者併之者，皆畫蛇添足者也。」《紫柏老人集》卷5，《嘉興藏》第22冊，頁226。

[39] 《紫柏老人集》卷11，〈解易〉，《嘉興藏》第22冊，頁321。

之化理。……**⑩**

此前我們已說袾宏留下的詮釋難題，在同為緇門尊宿的德清這兒，我們更能看出詮釋的絕難之處。「中」不只是「本性」，而且是本性之全體。換言之，若有三達德或四端之屬，「中」即指此諸端之渾全。且再非如儒學專就人之德論「性」，德清立即就〈中庸〉喜言的「天地位焉、萬物育焉」一類語言，而說此性即天地所以成其為天地之故，而萬物得以繁衍無盡之序。這種說法與前兩位所見〈中庸〉之「中」是何等不同！簡直就是〈易傳〉「一陰一陽之謂道」的另一種表達，而與胡宏思路相去不遠，也與真可立場相近。

有數前輩論述如是，則智旭立論之持故與鵠的，可思過半矣。不止《楞嚴經》扮演了非常重要的判教基準，同時也由《楞嚴經》可知儒釋論「性」義界、造境之差別。「性」除了絕對清淨外，再無法用任何語詞加以規範；「性」又是人與宇宙本體，為一切萬化所從出。何謂本體？何謂從出？何謂清淨？在上引文都還未明晰坦露。而智旭後續對此題的明辨深論，都大見功績。

---

**⑩** 《中庸直指》，收入蕭天石主編，《中國子學名著集成》之珍本初編儒家子部第十六冊《中庸彙函》（清覆刊明刊本。臺北：中國子學名著集成編印基金會，1978）。此意亦略同於真可「中庸之未發即易之未畫。」見《紫柏老人集》卷 5，《嘉興藏》第 22 冊，頁 226。

## 四、蕅益智旭《文句》科判與顯旨

據上所述，我們始得以導入本文論主。蕅益智旭在〈性學開蒙〉中，討論三教交涉中最關鍵的人的本來面目議題。以下單錄其論儒、道之語：

> 異則儒以天命為性，修之上合於天者為德。老以自然而然強名曰道者為性，復歸無名無物者為德。一往判之是天乘，亦未盡天中差別。恐不過四王忉利法門。遠自人閒視之，稱為自然，及無名無物耳。（頁 556）

此中教判乃智旭歷來主張如此，即儒家、道家最終就是不脫輪迴的人天教乘。這裡隱含不少問題，亦即異教間語詞如何被彼此理解與轉換的問題，如此處「天命」之「天」究應如何定位？在思考運作中可引之向下，則同於外道的誤執；但若引之向上，則是「於穆不已」。誤執則有外在（虛設）之實體而能生；「於穆不已」乃但表一難以言明之性德，其間相去懸遠，意趣絕難並計。故當智旭斷以「亦未盡天中差別」時，即使盡其差別，其性質已由劣義之「天」決定，故又說「恐不過四忉利法門」，終是以佛教之「天」定其位階，終不免於輪迴，此其思路如此。不僅如此，即涉及「天」所表義之不同宇宙觀之設定，恐亦非智旭此說所能盡其調停。如此「於穆不已」之天，乃隱含對此宇宙生生之深慕，而非對無常之致嘆。此生生，又非僅是以現象變動為其描述項，故亦與佛學對現象否定而言「不生」非敵對論述。

其所評老子處亦然，亦將劣義外道之自然擬同老子。簡言之，老子的自然，更多地指向若「現象學之還原」的剗淨人為之造作，以及「讓物的本來面目無遮地呈現」兩個意涵。而非「物無因生」之自然義。故智旭之比配亦非自老子原系統中內在建置，卻別由他處移植類似概念而已。至若佛學中性論之綱目又如何？同篇後文說：

> 我佛法中藏教以真諦為性，擇滅無為為德。通教以諸法無生為性，體空智果為德。別教以離過絕非中道為性，所證法身般若解脫為德。圓教以不生不滅常住真心不縱不橫三德祕藏為性，一心三智妙合如來藏理為德。（頁556）

智旭關於更具佛法自身特色的「性論」，此中已見端倪而且持論甚一致。而更完整地展開，宜參看其學之根柢，即《文句》的徹底顯性諸說。

由以上的考察，知道問題不論在儒學或佛學傳統，不僅各有疑難相非，且相互間亦多齟齬。但此問題當與《楞嚴經》一經相重時，究竟蕅益智旭如何將此經定位？又將藉此經回應什麼問題？筆者的理解是：蕅益智旭乃以「徹底顯性」做為此經之一大開顯，並以此為衡定諸教義位之準則。唯做此說，有兩個問題應決，一是在佛經中既以科判言經之結構，是則讀經解經乃若儀式之開展，尤以《楞嚴經》之精嚴，其展開之次第尤應細審。故今雖以統一之「徹底顯性」概括多處經文，如何是顯性？如何是徹底？如何又不徹底？但既是「徹底顯性」，為何尚有六番？有此六番，皆一意徹

底？抑合此六番，方見徹底？然則既有六番，其次第亦應有可思者。但在此經文被科判為「徹底顯性」之前，此經與「性」相關尚有一處。經文「爾時阿難，因乞食次，經歷婬室，遭大幻術摩登伽女，以娑毘迦羅先梵天咒，攝入婬席。婬躬撫摩，將毀戒體」，其中「摩登伽」漢譯即「本性」，此多注已言。唯智旭在此後加注曰：

> 未蒙咒力，性本染汙；已蒙咒力，性本解脫。故始終皆名本性也。（《文句》，頁90）

若就此觀之，則性當是一是二？這也是後文試圖探討的問題。

今就此經科判之序，依其六番次第討論。第一番的相關問題及其正論，俱見《文句》卷一「己二顯示妙理兼破餘妄、庚初總示萬法惟心、辛二委示心體不同妄執」項下。然若綜觀其根源與結論，除了被攝入婬室、多聞未全道力、阿難問三種妙奢摩他等全經總發的問題之外，此處更直接的根本問題實從這一段來：「一切眾生，從無始來，種種顛倒，業種自然，如惡叉聚；諸修行人，不能得成無上菩提；……皆由不知二種根本，錯亂修習。……一者無始生死根本，則汝今者，與諸眾生，用攀緣心為自性者；二者無始涅槃元清淨體，則汝今者，識精元明，能生諸緣，緣所遺者。」而佛陀如何區別兩者，又如何隨言垂示？今即就此科判「壬二正示真心有體」一節開始。

〔經〕阿難白佛言：「世尊，我佛寵弟，心愛佛故，令我出家。我心何獨供養如來，乃至徧歷恆沙國土，承事諸佛及善知識，發大勇猛，行諸一切難行法事，皆用此心。……若此發明不是心者，我乃無心，同諸土木。離此覺知，更無所有。云何如來說此非心，我實驚怖。……惟垂大悲，開示未悟。」爾時世尊開示阿難及諸大眾，欲令入無生法忍，於師子座摩阿難頂，而告之言：「如來常說諸法所生，惟心所現。一切因果，世界微塵，因心成體。阿難，若諸世界一切所有，其中乃至草葉縷結，詰其根元，咸有體性。從令虛空，亦有名貌。何況清淨妙淨明心，性一切心，而自無體？」

〔文句〕此阿難疑心是無。而如來答心有體也。由其久執緣影。故劈頭一奪。番疑斷滅。詎思只此怖斷滅者。還可斷滅得否。入無生法忍者。入字。約修證言。無生法。約理性言。忍字。約地位言。無生法性。終始無殊。約入約忍。則始於名字。終於究竟也。此是<u>第一番徹底顯性之文</u>。妙則中道法身。淨則解脫俗諦。明則般若真諦。三德祕藏。可謂和盤托出矣。性一切心者。猶云徧為一切心之本性。（《文句》，頁 125-126）**④**

雖是智旭「徹底顯性」科判結構的第一次標示，但正好《楞

---

**④** 以下出自《文句》者（臺北：佛陀教育基金會，1999 年 1 月），皆簡稱《文句》，且但註明頁碼，不另出註。

嚴經》原文有「詰其根元，咸有體性」「性一切心，而自無體」兩句，因此我們從這兩句的相關解釋開始。前句在交光《正脈疏》解為「根元體性，亦是隨世間所說**因緣**及**自相**也」；後句的解釋是「『性一切心』者，與一切法為心性也。此心海廓周法界，而一切諸法，皆是真心海中所現影像，無自體性，但依此心為彼實性故也。『而自無體』者，正是況顯之詞，言所現之物尚皆有體，而能現之心，豈反自無體乎？」❷顯見譯文二「性」字，交光一解為自相即本質，此為通解；一解為「真實性」即心自身，即真心有體，且為一切法之實性。可注意的是後句之說與智旭對「性一切心」一句的解釋大有別。依智旭，可申之義如次：一、標宗：正見其以《楞嚴經》為其性論之理據。前引〈性學開蒙〉謂「圓教以三德祕藏為性」，此則曰「三德祕藏，和盤托出」，正以《楞嚴經》論性為圓教、為極則。二、釋文：交光以「清淨、妙淨、明心」三者分釋體、用、相；❸而智旭則以「清淨」為狀詞，「心」為主詞，中三字「淨、妙、明」三字顯德。是則所謂「第一番徹底顯性」云者，即實指「清淨妙淨明心」一詞中之「淨、妙、明」，分表中道法身、解脫俗諦、般若真諦三德祕藏之義。三、辨異：交光之釋「性一切心」，實乃以「法界」為基，即合諸法之全法

---

❷ 交光真鑑，《大佛頂首楞嚴正脈疏》（以下簡稱《正脈疏》），《卍續藏經》第 18 冊，頁 349 下。

❸ 「自體無垢，曰清淨；處染不染，曰妙淨；湛寂虛靈，曰明心」，《正脈疏》，《卍續藏經》第 18 冊，頁 349 下。

界，乃無自性，皆以自心為其體性，故此中「心、性、法界」三者乃同指異詞；然智旭謂「徧為一切心之本性」，重點轉在此「妙淨明心」為一切心之見分之自證分或證自證分，非自法界言，亦非自心、性、法界三者同指言。單從句法言，似是智旭說較合理。然若從上文以觀，則關鍵實在「一切心」一詞之所指究竟為何。智旭單自「心之見分」說；然交光實承上文之「諸法所生，惟心所現，……」等數語貫下，視「一切心」即「心之見分、相分」之總體。

　　以下續論第二番。此義繫於卷二「庚二別就見精顯性、辛二正垂開示、壬二正示見性、癸四約垂手顯見性無減；子二示答、丑二正以法合、寅三備明倒因」項下「卯初示無倒性」：

　　〔經〕佛興慈悲。哀愍阿難及諸大眾。發海潮音。徧告同會。諸善男子。我常說言。色。心。諸緣。及心所使。諸所緣法。唯心所現。汝身汝心。皆是妙明真精妙心中所現物。

　　〔文句〕海潮音者，應機而發，猶如大海潮不失限。又其音圓徧，猶如海潮普徧圓滿也。此是第二番徹底顯性之文。以阿難不達現前一念見聞之性，本自豎窮橫徧，量若虛空，亦無虛空之相。而固認藐爾身心，不知身心但是心中所現之物，非能現也。故今直指之曰，我常說言，色心諸緣及心所使諸所緣法，惟是汝今現前一念見聞之心所現。汝所謂身、汝所謂心，皆此妙明真精妙心中所現之物

耳。以吾人現前一念見聞之性，離名絕相，故曰妙；洞徹
虛靈，故曰明；體無偽妄，故曰真；性無雜染，故曰精；
合此四義不可思議，故曰妙心也。（《文句》，頁 145）

原發問題是阿難問：「若此見聞必不生滅，云何世尊名我等
輩，遺失真性，顛倒行事？願興慈悲，洗我塵垢。」（《文
句》，頁 143）智旭對此也有解釋：

　　如來所指元無生滅，乃是見聞之性，喻如大海全體；阿
　難所計見聞之用，依舊局在身中，喻如大海一漚。先須知
　此問端所在，方知下文答在問處。（《文句》，頁 143）

上文的「答在問處」，便是所謂第二番「徹底顯性」，乃指
經文「妙明真精妙心」，亦即釋文「現前一念見聞之性」。
若約「現前一念見聞」言，即阿難與吾人尋常之身心，而此
身心但是妙心所現而已，既非能現，亦非吾人之真。釋文
復彷前例，說明此性何以狀為「妙明真精」。❹而所謂「徹
底」者，即經文由如來尋常說法「直指」「唯心所現」及
「心中所現物」二者。❺由以上兩則釋文，都已清楚明證，

❹ 此說亦與交光略異，主要在交光以「真精」為一複合詞：「萬法實體曰
　真精。」《正脈疏》，《卍續藏經》第 18 冊，頁 372 下。
❺ 此說在智旭釋文中亦得見，但似非所強調者。在交光科判中則特別凸顯
　兩者，故其釋文說「此科重一現字，見萬法即心也」，又「此科重一中
　字，見心包萬法也。合上科……此科……即心之正相恆不昧，此即正徧
　知身。」《正脈疏》，《卍續藏經》第 18 冊，頁 372 上／下。

智旭在此仍可歸於「即心言性」的模式，唯表式雖與孟子相同，然而不止其中「心、性」二詞的指涉全異，即此表式的內容也不同。❹孟子的心因指向四端之心，故為純善，其性亦然，而為行善動力之指稱。故其「即心言性」乃兩者同質異位之相即。智旭的心為現前一念，即非純妄也是本真帶妄；故由此言之性，需別轉至其隨緣不變的一面時，方符於真如理體之如來藏性。故其「即心言性」乃兩者異質異位之轉即，也因此在智旭所論之「心」，既有「背覺合塵」與「滅塵合覺」之異，亦有轉迷成悟機制之需。❹

　　續論第三番。原發問題可追至《文句》卷二智旭科判之「癸六、約周徧顯見性非物」項下：「阿難言：『我雖識此見性無還，云何得知是我真性』」。以下正論段落，繫於《文句》卷二「子二示無大小義、丑二答釋」項下，見最後

---

❹ 至此為止的智旭釋文，其「即心言性」模式的實指，頗接近釋聖嚴的解釋：「この一念心の随縁不変は、真如理体の常住真心また如来藏妙真如性ともいう。この一念心不変の随縁の場合は、前にも述べたよに『楞伽経』の妄想心、『円覚経』の縁影心、覓心不可得の浮動心、『大乗止観』の分別性、『成唯識論』の偏計性、『摩訶止観』の識陰を指す。」《明末中国仏教の研究》，《法鼓全集》9-1，1999 年 12月，頁 380。然而我們若對照知禮（959 － 1028）的說法，其《十不二門指要鈔》卷上有：「心性二字，不異而異，既言不變隨緣名心，即理之事也。隨緣不變名性，即事之理也。今欲於事顯理，故雙舉之。例此合云不變隨緣名佛，隨緣不變名性。」（《嘉興藏》第 4 冊，頁 109c）則不變隨緣非僅「妄心」一說可為相應解，智旭亦未必做是解，詳見下文。

❹ 《明末中国仏教の研究》，頁 371-372。

「寅二會通」一節：❹

〔經〕「一切眾生，從無始來，迷己為物，失於本心，
為物所轉，故於是中觀大觀小。若能轉物，則同如來，身
心圓明，不動道場。於一毛端，徧能含受十方國土。」

〔文句〕此即第三番徹底顯性之文也。蓋十方依正，總
是妙心中所現物，所謂盡大地是箇自己。而今迷之以為外
物，失於本有真心，反被外物所轉，故於是中觀大觀小。
豈知大亦惟心，小亦惟心。惟心之大，大即法界，元無大
相。惟心之小，小亦法界，元無小相。但使能達惟心，則
悟物為己，便能轉物。若能轉物，則物物皆己，頓同如
來。幻化空身即法身，故身圓明；無明實性即佛性，故心
圓明。微塵國土，自他不隔於毫端；十世古今，始終不離
於當念。故不動道場，一毛端法界之性，即十方國土法界
之性，故徧能含受也。而阿難猶以昭昭靈靈之一物為見
性，不敢認為己性，何哉？（《文句》，頁 158）

第三番顯然又較前番為進。前番但言身心是妙心所現之物，

---

❹ 這一節比較重要的差異，兩人都同意有「十番顯見」或「十番辨見」，
但智旭所畫段落，在交光分屬「顯見不雜」與「顯見無礙」兩番。此說
與智旭非惟大異，且智旭對此有指明的批判：「交光於此分作兩二番，
或復此於分作三番，總因不知阿難問處著落，故於答處自多鹵莽。而分
作三番者，尤為穿鑿可笑。」（《文句》，頁 153）因此智旭的十番辨
見，範圍較舊說或交光所畫皆大得多。

猶是就自身全體言；此節進論十方依正亦妙心所現之物而已，進而能「悟物為己」，則能轉物使「物物皆己」，如同如來，則移就總括己之身心與世界呈象之整體。❹並由此性之種種無礙極其形容，如此幻身即法身，無明即佛性，自他不隔，十世一念，……。凡此諸說，最重要的意義有二，一便是簡別後文之「阿難猶以昭昭靈靈之一物為見性」之誤，亦即「心為內在精神性，而物為外在質礙性」二元觀點之誤。若欲離二元性，但需知「能變現與所變現同一」，此即「物物皆己」之意。二乃就人存在現況之仿若帶妄者，實與終極理體真性無二無別。唯後文以毛端之含攝國土，再破小大之虛妄分別，乃因兩者「同性」故爾，此則但一解，非唯能由「同性」釋此不可思議。❺但智旭選擇仍由「同性」言其周徧含容，則回歸至釋文發端一句之義：「蓋十方依正，總是妙心中所現物」，尤見其「即妙心顯性」之特色來。

以下為第四番，正與此經旨最相關的一節。原發問題見《文句》卷二「癸七約無是非是顯見性惟真」，其中阿難所提問的是：「……若此見精，必我妙性。……我今身心彼是何物？……」❺而此判繫於「子二答釋、丑二會通真性一

---

❹ 此亦真可所會的《楞嚴經》要旨，如其屢言「會萬物歸己」。見《紫柏老人集》卷 3，頁 200；及卷 5，頁 227。

❺ 如交光便別由「事事無礙法界」與「十玄門中廣狹自在無礙門」為解，並申其義曰「此則非惟不能礙不能遷，且更能以正報之極小，而容依報之極大，以成無障礙之妙用矣，何如其自在乎！又比較前忘塵境界更是甚深。」見《正脈疏》，《卍續藏經》第 18 冊，頁 389 上。

❺ 智旭的疏解：「阿難自從屈指飛光驗見之處，已從分別心中，變現一種

理、寅二如來垂慈示答、卯初妙體絕待」項下,「辰初正明
絕待」一節:

> 〔經〕佛告文殊及諸大眾。十方如來及大菩薩。於其
> 自住三摩地中。見與見緣。并所想相。如虛空華。本無所
> 有。此見及緣。元是菩提妙淨明體。云何於中有是非是。

> 〔文句〕此是第四番徹底顯性之文也。自住三摩地者,
> 所謂自受用三昧,即大佛頂首楞嚴王三昧是也。如來究
> 竟,菩薩分證。故皆能知法自性,徹法源底,不墮是非是
> 妄想中也。見者,八識能緣之見分。見緣者,八識所緣
> 之相分。此二即是依他起性。如以麻為繩。亦如依於真
> 月,捏成二月也。所想相者,於此相見二分,不了惟是依
> 他起性,妄生我法二執,名為偏計執性。如以繩為蛇;亦
> 如迷天上月,捉水中月也;如虛空華本無所有者。不惟偏
> 計本空,抑且依他如幻。如麻上不惟無實蛇相,亦並無實
> 繩相。真月不惟無影相,亦并無二相也。此見及緣元是菩
> 提妙淨明體者,以真如不守自性,於自證上,幻成見相二
> 分。只此二分,全是自證之體,所謂正隨緣時,而常不
> 變。如繩二分,全體皆即是麻。如天二月,全體即是真
> 月,云何可分是與非是耶?既知繩即是麻,二月惟一,則

昭昭靈靈凝然不動光景,頓在目前,喚作見性。至聞百千大海譬喻,其
計轉堅,故有未敢認為本元心地之疑、云何得知是我真性之疑、若此見
性必我非餘之疑,皆從此計發出。」(頁 159)

雖指蛇即麻，指影即月，亦無不可。但徧計無體，故不說
之。此菩提，亦指四智菩提。所謂第八識之見相二分，元
是大圓鏡智菩提妙淨明體。第七識之見相二分，元是平等
性智菩提妙淨明體。第六識之見相二分，元是妙觀察智菩
提妙淨明體。前五識之見相二分，元是成所作智菩提妙淨
明體。寂照不二，故妙。照而常寂，故淨。寂而常照，故
明。又既是菩提妙淨明體，亦即涅槃元清淨體。妙故即是
性淨涅槃，淨故即是方便淨涅槃，明故即是圓淨涅槃也。
〔《文句》，頁 162-163〕

此前所釋，在佛法自身皆可尋其源，尚未見得必是此經之特
色。本節乃就楞嚴大定立言，於六番中亦唯一處，故頗值注
意。由此大定因能知法自性、徹法源底，故能離肯否二端之
非。何以故？需知此中「是非是」之困，乃承前文阿難兩
處回答「縱目所觀，指皆是物，無是見者」，及「是萬象
中，微細發明，無非見者」皆得佛陀首肯來，而有「大眾非
無學者，聞佛此言，茫然不知是義終始」，故此楞嚴大定所
證乃專說明此困。重點有三：一，此定乃如來全證，而菩薩
分證，餘權教者不與。二，智旭引入三性說，正為說明文中
「見及緣」正所謂見分、相分對立之妄，即依他起；「所想
相者」乃將此對立復進而計為有而執為我法二執之妄，即徧
計執。❷ 三，繼又統此「見及緣」而無其對立分別相，復歸

---

❷ 此中的三性說，亦值注意。近年上田義文與長尾雅人的異解，很顯然智
旭乃同於長尾所主護法、玄奘一系之說。詳論請參看上田義文著，陳一

於本是「菩提妙淨明體」，正由此義名「徹底顯性」。然若就釋文全文以觀，所釋並不充分，所喻亦有不切。麻喻固佛學傳統常見，如以麻之分為繩與蛇，固可謂若「見及緣」之假立而當復歸於其原本；然麻雖為本為統，終非見分之變現為相分之類可比。

以下是第五番，原發問題見《文句》卷二「癸八約外道世諦對簡，顯見性非因緣自然」，其中阿難所提問題如下：「……法王所說，覺緣徧十方界，湛然常住，性非生滅；與……所談冥諦，及……諸外道種，說有真我徧滿十方，有何差別？……彼外道等，常說自然；我（按：世尊）說因緣，非彼境界。我今觀此覺性自然，非生非滅，遠離一切虛妄顛倒，似非因緣，與彼自然，云何開示不入群邪，獲真實心妙覺明性？」直接問答則繫於「子三結顯自性；丑一正示離過真體」一節。原文頗長，但錄其首尾。

〔經〕當知如是精覺妙明，非因非緣，亦非自然，非不自然。無非不非，無是非是。離一切相，即一切法。

〔文句〕此中非因非緣亦非自然二句，是雙遮雙破。非不自然一句，例應先有非不因緣一句，是雙照雙立。無非不非無是非是二句，乃是遮照同時，破立非別。離一切相

---

標譯《大乘佛教思想》（臺北：東大圖書公司，2002年5月）譯序，及第二部，特別是頁120-130。另外對「遍計所執」之表現方式解析入裡者，可參看唐君毅《中國哲學原論——原性篇》第七章第四節。

句，牒上諸句，一總遮破情執；即一切法句，躡上情執既
破，當下照立法體也。此離一切相即一切法二語，貫通一
切圓融道理。……以要言之，離一切相，即所謂終日隨緣
終日不變；即一切法，即所謂終日不變終日隨緣。此是第
五番徹底顯性之文。〔《文句》，頁 167-168〕

此段釋文，智旭立言主意，全著眼在「離一切相、即一切
法」。此說也可以和前文第二番互看。前文釋智旭模式的
「即心言性」時，已引不變隨緣與隨緣不變的解釋架構，此
番見其正用。而其實義，前文註中已先舉知禮之說，乃將
「不變隨緣」釋為佛，可見若將智旭「不變隨緣」相關詮釋
解為徧計執等說恐有未允。此中更見智旭所配之「離一切
相、即一切法」皆屬表詮語、正義語，非一正一反分說語。
在此等表詮語中，智旭的表達因植入「不變、隨緣」的解析
架構，因此成為帶有辯證意味的複合型說法，是則「離一切
相」乃由隨緣以復於不變；而「即一切法」乃由不變以達於
隨緣。不僅如此，在兩句中若必分先後，乃以「離一切相」
之破執為先，而以「即一切法」之立體為次；若不分先後，
總是遮照同時。

　　列為第六番。所在科判屬《文句》卷二「庚三徧歷陰入
處界會理，辛初總示」一節。釋文乃六番中最長，今節其略
釋。那麼此段有何特色？

　　〔經〕阿難！汝猶未明一切浮塵諸幻化相，當處出生，
隨處滅盡。幻妄稱相，其性真為妙覺明體。如是乃至五

陰、六入，從十二處至十八界，因緣和合，虛妄有生；因
緣別離，虛妄名滅。殊不能知生滅去來，本如來藏常住妙
明，不動周圓妙真如性。性真常中，求於去來迷悟生死，
了無所得。

〔文句〕此乘十番辨見。了知見性即是妙覺明體。因
即徧例一切法性，一一無非妙覺明體。乃第六番徹底顯性
之文。廣明一切因緣生法。無不即空假中也。一切浮塵諸
幻化相者。徧指能所八法所成根身器界。皆如幻化。……
所言諸幻相者，即是五陰六入十二處十八界耳。所言幻妄
稱相者，不過因緣和點，虛妄有生；因緣別離，虛妄名滅
耳。所言其性真為妙覺明體者，以此生滅去來，本如來藏
常住妙明不動周圓妙真如性故耳。所言當處出生隨處滅盡
者，以其性真常中，求於去來迷悟生死了無所得故耳。略
釋文竟。〔《文句》，頁 185-186〕

從智旭的發端語，我們回顧此六番「徹底顯性」，除前後兩
節，中四番都在十番辨見之中。可以看出兩主題關係密切。
此節我們要考慮的是：何以「徹底顯性」的主題只限六番？
因此第六番與前五有何不同？究竟是帶總結性意味而為六？
抑或是補足前五而為六？首先我們可以注意的是在前五番，
智旭不斷以天台既有舊說套入，如三德祕藏、三涅槃，此番
再對應空、假、中三觀，仍天台特殊主張。而這六番「徹底
顯性」皆可與天台諸義相印證，豈不反證交光不許天台諸義
解《楞嚴經》為非？此一。前五番從未處理關於生滅與生死

等在佛教初起時最重要的問題，此番則明言，在真性中，此等去來、生滅、生死等相，了不可得。此二。釋義之初，智旭用了歧義複句「見性即是妙覺明體／徧例一切法性無非妙覺明體」，其中兩性字雖以主語分處以「類 Be 動詞」所縮合同一述語的動賓結構，但意義實不等同。因此我們可以回觀慧遠的佛性義，前一「見性」實即「體義名性」的前三義「佛因果之佛性」。後一「法性」，一方面包含一切法相；一方面指諸法相之實，即是「體義名性」第四義的「諸法自體」名性之義。唯雖有佛性、法性之別，然而「其性真為妙覺明體」「本如來藏常住妙明」，非只指出其本質，同時也指出其體質與源出。此三。

總上六番，所謂「徹底」「顯性」者，皆「直指」「妙覺明體」，並在種種分析架構中說明妙覺明體之體系全般。故就直指言，每番皆徹底；就體系言，又需合六番方徹底。最後我們回顧摩登伽女名字「性」字本義與《楞嚴經》的徹底顯性間的關係，那麼，知禮所云可為一解：

　　圓家斷、證、迷、悟，但約染淨論之，不約善惡淨穢說也。❸

---

❸ 《十不二門指要鈔》卷上，頁 107a。相關說明可參看牟宗三《智的直覺與中國哲學》：「染淨是工夫上的事，迷即染，悟即淨，斷與證亦是淨。善惡淨穢法門是客本有的事，是指六凡四聖十法界說。」（頁 231-232）

而此意也正是智旭注解所指向的。這點從其科判之初也可以看到線索。以上六番全歸在「己二顯示妙理兼破餘妄」一大項之下，對「庚初總示萬法惟心」智旭有一總說：

> 此文舊皆判屬破妄，謂前是破妄心無所，今方破妄心無體。不知妄心惟其無體，是以無所。妄心空處，全體即真。是故前雖一往破妄，已是密顯於真；況今瑞表真常，明示二本，指諸法之惟心，唱妙心之有體，何非直顯真性？（《文句》，頁 119）

此中不僅對妄心之「所、體」不若舊註般分看；同時對「妄、真」關係，也不似舊說或俗見，必先破妄方顯真可以分割，而是破妄即密顯於真，而示妙亦即兼破餘妄。真妄本同一體，而妄心無體，真心有體。若於文、於事察其足徵者，則摩登伽女便是一極佳的隱喻了。

## 五、結論

本文以釋聖嚴精詳考索為引導，視《楞嚴》為智旭佛學理論的樞紐，而關注其對儒釋問題的見地，與《文句》的科判和解釋。共分三部，一先考察中國前期論「性」的大致類型及其取徑，以及佛學入中土後的論性發展，而至佛性之說為止。其次論晚明三高僧的性論，做為觀察智旭性論的背景。最後導入智旭的持論，尤其在《文句》中六番「徹底顯性」的說明。以下僅複述智旭的徹底顯性。

先談有關《楞嚴經》的爭議，根柢實在「佛法之諸教判

中，究竟能許此義否」。亦即交光與智旭等人的《楞嚴經》
法諍，與當代的《楞嚴經》爭議大有別。當代集中在其經之
果為印度原著否，所示義理為佛法否兩大議題。然明末之爭
卻主在詮釋上的「捨識用根」之修法究可立否，「其所顯性
究為何性」兩大議題。兩問題因相重相錯，若否定其中任一
面必致兩面皆駁棄。亦即從起修入手處究在根或在識，則所
見之性亦必迥異。因此智旭在《文句》中亦或明或暗地說
「阿難仍以見精為性」之非，正是一方側駁交光，一方不許
立「根性」義之故。

　　至於六番「徹底顯性」依其經文之變化而有之釋文，很
有意思是各科段有不同的發展。第一番若總論，乃直指「圓
教以三德秘藏為性」，「三德秘藏，和盤托出」，以《楞嚴
經》論性為圓教、為極則。第二番言身心是妙心所現之物，
是就自身全體言。第三番進論十方依正亦妙心所現之物而
已，進而能「悟物為己」「物物皆己」則能轉物如同如來，
則移就總括己之身心與世界呈象之整體。第四番則直顯「大
佛頂首楞嚴王三昧」，而將三性說引入以說明「菩提妙淨明
體」即圓成實性；第五番則以離相即法與不變隨緣兩組架
構，比配出「『離一切相』乃由隨緣以復於不變；而『即一
切法』乃由不變以達於隨緣」的義涵；第六番，則一方遍例
一切法性，一方則藉現象描述詞在性中了不可得，而回應於
佛學「生死事大」的基源問題。

　　若要進一步考察，還宜將智旭釋文中另有「此喻雙顯性
修妙旨，……人都忽之」（《文句》，頁 157）「以此即是
大佛頂首楞嚴王三昧真體」（《文句》，頁 171）等文，何

以不在「徹底顯性」之標示中？而雙方又有何不同？再做對
照，或能更深入其「徹底顯性」六處科判的用心。唯雖已略
論如上，然就智旭自身儒釋會通的性論差異，上文尚未能徹
底釐清，這是筆者當再努力的方向。

# 參考文獻

## 一、佛教藏經、傳統文獻

戰國‧荀況著，王先謙集解，久保愛增注，豬飼彥博補遺，《增補荀子集解》，臺北：蘭臺書局，1983 年 9 月。

漢‧董仲舒著，蘇輿撰，鍾哲點校，《春秋繁露義證》，北京：中華書局，1992 年 12 月。

梁‧寶亮等撰，《大般涅槃經集解》，《大正藏》第 37 冊，No. 1763。

梁‧寶唱，《名僧傳抄》，《卍續藏經》第 134 冊。

隋‧智者說，灌頂記，《摩訶止觀》，臺南：湛然寺藏版影印，1995 年 11 月。

隋‧智者說，灌頂記，《觀音玄義》，《大正藏》第 34 冊，No. 1726。

隋‧慧遠，《大乘義章》，《大正藏》第 44 冊，No. 1851。

宋‧知禮，《十不二門指要鈔》，《嘉興藏》第 4 冊。

宋‧胡宏著，吳仁華點校，《胡宏集》，北京：中華書局，1987 年 6 月。

明‧傳燈，《楞嚴經圓通疏前茅》，《卍續藏經》第 89 冊。

明‧智旭，《蕅益大師佛學十種》，《嘉興藏》第 28 冊。

明‧智旭，《靈峯宗論》，《嘉興藏》第 36 冊。

明‧交光真鑑，《大佛頂首楞嚴正脈疏》，《卍續藏經》第 18 冊。

明‧真可，《紫柏老人集》，《嘉興藏》第 22 冊。

明‧智旭，《楞嚴經文句》，臺北：佛陀教育基金會，1999 年 1 月。

明‧袾宏，《竹窗二筆》，《雲棲法彙》，《嘉興藏》第 33 冊。

明・袾宏，《竹窗三筆》，《雲棲法彙》，《嘉興藏》第 33 冊。

明・德清《中庸直指》，收入蕭天石主編《中國子學名著集成》之珍本初編儒家子部第 16 冊《中庸彙函》，清覆刊明刊本。臺北：中國子學名著集成編印基金會，1978。

## 二、專著、論文

Arvind Sharma 著，陳美華譯，《宗教哲學 —— 佛教的觀點》（*The Philosophy of Religion: A Buddhist Perspective*），臺北：立緒文化，2006 年 4 月。

上田義文著，陳一標譯，《大乘佛教思想》，臺北：東大圖書公司，2002 年 5 月。

牟宗三，《心體與性體》第 2 冊，臺北：正中書局，1983 年 5 月。

牟宗三，《智的直覺與中國哲學》，臺北：臺灣商務印書館，1980 年 10 月。

牟宗三，《圓善論》，臺北：學生書局，1985 年 7 月初版。

沖本克己主編，辛如意譯，《佛教的東傳與中國化：中國 I 南北朝》，臺北：法鼓文化，2016 年 7 月。

岩城英規，〈《首楞嚴經》注釋書考〉，《印度學佛教學研究》第 52 卷第 2 號，2004 年 3 月。

林文彬，〈《易經》與佛學的交會 —— 智旭《周易禪解》試析〉，《興大中文學報》第 19 期，2006 年 6 月，頁 217-229。

林文彬，〈智旭《周易禪解》之「四悉檀」及其釋義〉，《興大中文學報》第 34 期，2013 年 12 月，頁 69-100。

唐君毅，《中國哲學原論 —— 原性篇》，臺北：學生書局，1989 年 11 月。

徐聖心，〈晚明交光與天台楞嚴法諍〉，*Lama's Journal*，第 2 期，2010 年 7 月，頁 164-167。

陳英善，〈蕅益智旭思想的特質及其定位問題〉，《中國文哲研究

集刊》第 8 期，2006 年 3 月，頁 227-256。

廖明活，〈淨影寺慧遠的佛性學說〉，《中國文哲研究集刊》第 4
　　期，1994 年 3 月，頁 263-286。

簡良如，〈對存在感受之治——以《荀子・禮論》中喪、祭二禮的
　　分析為例〉，《政治與社會哲學評論》44 期，2013 年 3 月，頁
　　185-218。

嚴瑋泓，〈當代新儒家對《大智度論》的理解與詮釋〉，《東吳哲
　　學學報》40 期，2019 年 8 月，頁 1-24。

釋恆清，〈《大乘義章》的佛性說〉，《佛學研究中心學報》第 2
　　期，1997 年 7 月，頁 23-47。

釋聖嚴，《明末中国仏教の研究》，《法鼓全集》9-1，1999 年 12
　　月。

龔雋，〈晚明佛學與儒典解經——以智旭的《四書蕅益解》為中
　　心〉，《哲學門》10 卷第 2 期，2010 年 2 月，頁 61-78。

# Che Di Xian Xing:
## The Controversy over Nature in Late Ming and Ouyi Zhixu's "Leng Yan Jing Wen Ju"

Sheng-Hsin Hsu

Professor, Department of Chinese Literature, National Taiwan University

## ▌ Abstract

In initiating the researches on Buddhism in Late Ming, especially for the Master Ouyi Zhixu ( 蕅益智旭 ), Master Sheng Yen's "The Study of Chinese Buddhism in Late Ming", published in Japan in 1975 as his dissertation of Rissho University, made unpreceded contribution. Before then, this field has not received enough scholarly attention; while after Maser Sheng Yen's series studies, it suddenly became popular and has endured till now. Following the dissertation, Maser Sheng Yen wrote "the Study of Buddhism in Late Ming". In this book, he introduced the basic situation of Buddhism in late Ming as well as the outline of critical documents by tabulation list, providing followers with great guidance to research further. Under Maser Sheng Yen's direction, this project will focus on the important debates in late Ming— the interaction relationship between Leng Yan Miao Ding ( 楞嚴妙定 ) and Tian Tai śamatha-vipaśyanā ( 天台止觀 ), which is selected from Ouyi Zhixu's works. On the one hand, this project attempts to clarify the usage of "human nature" and "Buddha-nature" in intellectual history. On the other hand, it will explain the significance of "Che Di Xian Xing" ( 徹底顯性 ), which Ouyi Zhixu emphasized in his "Leng Yan Jing Wen Ju" (《楞嚴經文句》).

**Keywords:** the theory of "human nature", Late Ming, Ouyi Zhixu, "Leng Yan Jing Wen Ju"

# 聖嚴法師的晚明居士佛教研究 [*]

李瑄

四川大學中國俗文化研究所教授

## ▌摘要

　　本文討論聖嚴法師在晚明居士佛教研究領域的成就、影響，並提出一些後續研究問題。首先清理法師相關著作，考察〈明末的居士佛教〉一文寫作緣起。其次，就聖嚴法師研究的開創性、整體性及學術影響做出說明。最後展望晚明居士佛教的研究前景，提出幾個問題。例如對「居士」身分的認定在過去研究中處理較為含糊，但分析佛教信仰在世俗社會的傳布，有必要盡可能精細地界定身分。再如文獻資料使用。隨著近年大量古籍影印出版，圖書館開放性增強，一些文獻的電子圖像可通過網絡閱讀，可資利用的晚明居士佛教文獻層出不窮。如何選擇資料深化研究或開拓新議題，值得學者思索。又如以往的居士研究偏重社會地位較高的官員階層，但實際上官員在明代讀書人中僅為極少數，大量非官員

---

[*]　本文曾在 2018 年 6 月舉行的「第七屆漢傳佛教與聖嚴思想國際學術研討會」上宣讀，蒙評議人臺灣中山大學的吳孟謙教授給予意見，特此致謝。

居士在佛教事務、民間佛教信仰以及佛教經典闡釋方面都有重要地位，是明代居士佛教不容忽視的部分。

**關鍵詞：**聖嚴法師，晚明居士佛教，晚明佛教學術史，晚明佛教文獻

# 一、法師相關著作及研究緣起

## （一）相關著作

### 〈明末的居士佛教〉

聖嚴法師的晚明居士佛教研究著作，最重要的是〈明末的居士佛教〉一文。該文首次發表於一九七八年九月紐約哥倫比亞大學召開國際佛教學研究會第三次大會；修改後一九八一年刊於《華岡佛學學報》第五期；一九八七年收入東初出版社出版的《明末佛教研究》一書。❶

法師自述：「本文初稿發表於一九七八年九月在紐約哥倫比亞大學召開的國際佛教學研究會第三次大會，定稿完成於一九八〇年十二月二十日在紐約的禪中心。此期間由於每三個月即往返臺灣與紐約一趟，雖將初稿經常攜來帶去，終以事忙，未及完稿，現在為了《華岡佛學學報》的第五期出版，在禪講之間抽出一週的時間，將之整理完成。在我以往各稿之中，這是一篇最難產的東西了。」❷從歷時兩年的過程可以看出寫作的慎重，因而後來與法師的博士論文一起「成為世界各國較大的公私立圖書館東方部都會收藏的文獻，凡是研究中國明清問題的學者，也多會參考這兩本書」。❸

---

❶ 參見林其賢，《聖嚴法師年譜》，臺北：法鼓文化，2016 年，頁 373、424、554。

❷ 《明末佛教研究》第四章第十節〈後記〉，《法鼓全集》1-1，臺北：法鼓文化，1999 年，頁 302。

❸ 釋聖嚴，〈東方和西方〉，《聖嚴法師學思歷程》，《法鼓全集》3-8，

其他

專著《明末中国仏教の研究》第一章〈智旭の時代背景〉第五節〈明代仏教界の動向と明末における諸問題〉設「明末の居士仏教」部分。❹

該書係日本立正大學一九七五年博士學位論文；同年十一月由日本東京山喜房佛書林出版。一九八八年關世謙中文譯本《明末中國佛教之研究》由臺灣學生書局出版。❺這一章節本來只是法師研究明僧蕅益智旭的背景，後來獨立撰寫成〈明末的居士佛教〉，二者之間有明顯聯繫，詳見後文。

專著《菩薩戒指要》〈明末中國的戒律復興〉章下設「明末的在家戒」一節。一九九〇年〈第一屆中華國際佛學會議〉法師發表〈明末的菩薩戒〉，以〈明末中國的戒律復興〉作為補充資料印發，指出明末中國戒律復興的特殊之處是重視「在家戒」。❻一九九六年東初出版社收入《菩薩戒指要》。

## （二）研究緣起

首先是法師與居士的法緣。法師人間弘法的信念以及他自身親受的居士護持，皆使他體驗到在家居士對於中國佛教的意義。

---

頁 143。

❹ 釋聖嚴，《明末中国仏教の研究》，《法鼓全集》9-1，頁 76-83。
❺ 參見《聖嚴法師年譜》，頁 305、325、611。
❻ 《聖嚴法師年譜》，頁 675。

　　聖嚴法師自述「在任何情況下，都不會失落全體眾生所共有的大方向、大目標」。他始終以入世態度來理解佛教，秉持「落實在人間社會」的理念。❼因「全體眾生」、「人間社會」關懷，居士自然成為弘法對象。他的研究也不限於僧團，如《戒律學綱要》開篇就從「在家戒」談起，花了大量篇幅來詳細介紹三皈戒、五戒和八關戒齋，又在菩薩戒中甄辨了在家、出家之別：可見「在家者」一貫所受重視。

　　就親身經驗而言，聖嚴法師幾次在人生轉折點得力於居士護持。第一次是少年時代就學於上海靜安寺佛學院。佛學院的師資陣容出於楊文會居士一九〇八年創辦「祇洹精舍」的第二代太虛大師一輩。當聖嚴法師推崇現代佛教教育的「第二位功臣是楊仁山（文會）居士」，「第四位功臣是歐陽竟無居士」，感歎自己受到「近代佛教教育的恩賜」時，❽未始沒有對居士功績的感念。

　　第二次是一九七〇年聖嚴法師在日本攻讀博士學位時經費缺乏，受到一位隱名善士，很可能是美國沈家楨居士的支援。❾第三次是一九七六年底法師受沈家楨居士邀請遠赴美國，從此往返於東方與西方之間，打開了世界佛教的藍圖。❿這些實實在在的經歷，讓他對居士在佛教發展中的重要性有深刻感受。

---

❼　本段引文見《聖嚴法師學思歷程》，頁 163、48。

❽　《歸程》，《法鼓全集》6-1，頁 120、121。

❾　《聖嚴法師學思歷程》：「我想除了沈先生之外，沒有其他的人。」（頁 135）

❿　同上，頁 135-136。

其次是與法師晚明佛教研究的關聯。從譯介《中國佛教史概說》受日本研究者啟發，到博士論文《明末中国仏教の研究》初次討論居士佛教，再到〈明末的居士佛教〉完整呈現。

聖嚴法師對晚明居士佛教的關注，最早受到《中國佛教史概說》一書影響。一九七一年，法師在立正大學攻讀博士學位，大量接觸日本的中國佛教研究成果。《中國佛教史概說》出版於一九六八年，由日本五位研究中國佛教史專家分章執筆，是當時中國佛教史研究最新的著作。法師看到以往的中國佛教史著作很少能像這樣，除了教團的活動、教義思想的演變，也對於佛教所歷各個時代的社會背景、地理因素、文化基礎、政治制度及其與佛教相互關涉的影響得失，做縱橫面的介紹和分析。❶於是動手翻譯並分章連載於《香港佛教》月刊。一九七二年，《中國佛教史概說》中譯本由臺灣商務印書館在臺初版。❷

《中國佛教史概說》第十六章〈明代的佛教〉下設第十一節「三教融合與居士佛教」，強調三教融合是晚明佛教突出的特徵，而三教融合的主要力量來自兩個方面。除了通曉儒家經典的高僧如四大師，還有熱衷佛法的儒士如王陽明、袁宏道等；「特別盛於清代的居士佛教，也因之發動起來」。❸

---

❶ 參見〈譯者序〉，《中國佛教史概說》，《法鼓全集》2-2，頁5。
❷ 《聖嚴法師年譜》，頁270、284。
❸ 《中國佛教史概說》，頁216。

　　這個論斷在聖嚴法師寫作博士論文、研究蕅益智旭時得到印證。整理有關智旭的資料，法師發現：一、當時居士的佛學著作對佛門高僧有很大影響，「當智旭為《論語點睛》的儒書作註釋時，幾乎都常引用李卓吾的《四書評眼》，另在憨山德清的《觀老莊影響論》，也曾引用焦弱侯的《老子翼》」。❹智旭反覆介紹袁宏道《西方合論》，認為其「完全是從真實的悟門中所流露，即使一字，也未曾踏襲古人的學說，而且，也絕對不是憑自己的恣意所施為」。❺二、居士和高僧之間的交往很普遍，留下許多討論佛法的往還書信，「與智旭的書簡往還甚為頻繁，藉以授受法語開示，並以問答方式請示法益的居士約有七十四人以上」。❻因此在交代「智旭の時代背景」時，〈明末の居士仏教〉一節不可或缺。當時作為智旭研究的背景，一共只寫了三千餘字；但聖嚴法師的基本觀點和研究方法已經大致形成了，後來它們在〈明末的居士佛教〉中有所擴充。其中最重要的幾項如下：

　　1.〈明末の居士仏教〉將彭紹升《居士傳》作為基礎文獻，由此確定明末居士的人數、姓名；同時也注意到《居士傳》以外的重要人物，如錢謙益。〈明末的居士佛教〉延續

---

❹　見關世謙譯，《明末中國佛教之研究》，臺北：學生書局，1988 年，頁85。原文見《明末中国仏教の研究》，頁 76。

❺　關世謙譯《明末中國佛教之研究》，頁 124-125。原文見《明末中国仏教の研究》，頁 111。

❻　關世謙譯《明末中國佛教之研究》，頁 87。原文見《明末中国仏教の研究》，頁 79。

這一方法，統計數據大多以《居士傳》為基礎。

2. 將三教融合作為明末居士佛教繁榮的根本原因。〈明末の居士仏教〉云：「明末居士的人數，其所以呈現急遽增加的原因之一，是因為王陽明的學派，對於佛教信仰的接近；另一種原因是：明末的四位大師極力提倡三教同源說的結果，使得儒教學者和道教學者，轉身傾向佛教的人相當多。」❶這一結論在〈明末的居士佛教〉的「緒論」和「明末居士與明代理學家的關係」兩節被細化。

3. 明末居士的身分地位、他們採用的修行方法，他們集體關注的佛教經典等問題，在〈明末の居士仏教〉時已經提出；這些問題後來都得到仔細考察。

## 二、晚明居士佛教研究的奠基之作

### （一）研究的開創性

明代居士佛教研究對明代宗教史、思想史、文學史等多個領域均有重要意義。就宗教史而言，晚明佛教復興與士人的宗教熱情有極大關係。晚明高僧如紫柏真可、憨山德清與雲棲袾宏，如果沒有士人群體的支持，都不易成就事業。不少文人精研佛理並參與佛教活動，促成佛教在社會各階層傳播，一些高級官員如管志道、瞿汝稷、焦竑，在士林與佛教界均扮演重要角色。《嘉興藏》的資金籌措和刊刻，多借

---

❶ 關世謙譯，《明末中國佛教之研究》，頁 84-85。原文見《明末中国仏教の研究》，頁 77。

力於士紳。在思想史上，晚明興起精研義理之風，佛學與儒學及道家思想的滲透也更深刻；王學興盛與士人好習佛理相關。可以說居士佛教是明代思想史研究不可或缺的部分。在文學史上，晚明最著名的文人十有八九修習佛教，如王世貞、屠隆、湯顯祖、袁宏道、鍾惺、錢謙益；不少文人出版了佛學著作，如袁宏道《西方合論》、鍾惺《楞嚴經如說》、錢謙益《楞嚴經疏解蒙鈔》。然而，在聖嚴法師之前認識到晚明居士佛教研究重要性的學者並不多。

　　最早的研究要算一九四〇年陳垣《明季滇黔佛教考》卷一〈士大夫之禪悅及出家〉與卷五〈遺民之逃禪〉兩章，除了從各種文獻中鉤稽明季滇黔好禪士大夫三十七人、逃禪遺民二十七人的事跡外，還有「萬曆而後，禪風浸盛，士夫無不談禪，僧亦無不欲與士夫結納」等影響深遠的論斷。❶❽

　　此後主要研究成果集中在日本，見於《中國佛教史概說》參考文獻者有：

　　居士佛教，近世的發展（龍大論叢338）。小川貫弌著，昭和二十五年。

　　中國における居士佛教と倫理（日本佛教學會年報27）。小川貫弌著，昭和三十七年。

　　居士佛教における彭際清の地位（佛教文化研究2）。牧田諦亮著，昭和二十七年。

　　袁了凡の思想と善書（中國の社會と宗教）。酒井忠夫

---

❶❽　參見陳垣，《明季滇黔佛教考》卷3、卷5，石家莊：河北教育出版社，2000年版，頁334。

著，昭和二十九年。

　　居士としての錢牧齋──錢牧齋と佛教（福井博士頌壽記念東洋思想論集）。吉川幸次郎著，昭和三十五年。❿

　　這些成果彙集到《概說》中，只有不到四百字的簡短說明。如前所述，它們對法師有所啟發，然其本身尚未以晚明居士佛教為專門研究對象。

　　一九七二年荒木見悟出版《明代思想研究：明代における儒教と佛教の交流》（東京：創文社）一書，其中〈羅近溪の思想〉、〈管東溟──明末における一儒佛調和論者の思維構造〉、〈周海門の思想〉、〈明末における儒佛調和論の性格〉等章節，涉及到幾位明代理學家的佛學修習，應屬居士佛教的研究範圍。從聖嚴法師的博士論文可以看出他曾閱讀此書。⓴

　　寫作〈明末的居士佛教〉時，法師已經形成十分明確的認識：1. 晚明是中國佛教自宋代衰落以後的重要復興期；2. 其復興包括「僧侶人才的出現和居士佛教的活躍」兩個方面；3. 僧侶佛教的興盛也得力於在家居士：「當時的中國佛教，既有了僧侶人才的輩出，也有了居士人才的陪襯，所謂紅花綠葉，正因為有了許多傑出居士的護持三寶，僧侶佛教也顯得非常活躍。」㉑以此認識為基礎，〈明末的居士佛

---

❿　《中國佛教史概說》，頁 287-289。
⓴　《明末中国仏教の研究》，頁 23-24。
㉑　《明末佛教研究》，頁 262-263。

教〉第一次在這個領域做出全面系統的考察。㉒

## （二）研究的全景化

〈明末的居士佛教〉「做了全面性的調查研究，所用的工力和時間，相當可觀，對於資料的搜集、分類、研判，多半是在精讀多讀的方式下產生」。文章先以「緒言」概述居士的來源、人數、社會地位、思想取向等；然後就「地理分布」、「功名地位」、「與僧侶關係」、「與明代理學家關係」、「修行分類」、「所依用的經論疏鈔等佛教文獻」、「遭受政治迫害及與流賊相抗」、「居士的佛教著作」八項全面考察。所做結論，均在表格統計基礎上通過數據分析得出。

其中一些結論現在已成為學界共識，如「與僧侶關係」一節，以數據顯示雲棲袾宏是對明末居士影響最大的法師。又如「與明代理學家關係」一節，以《居士傳》與《明儒學案》互證，考察陽明學者對於明末佛教振興之功。雖然文中只做了定性結論，但已向世人宣稱儒釋融通是晚明思想界最重要的精神資源。

「明末居士遭受政治迫害及與流賊相抗」一節的設置很特殊。按常理，研究佛教居士應關心他們的佛法信仰、佛

---

㉒ 艾靜文（Jennifer Eichman）認為這一研究在一九八七年是遠遠領先其時代的：In 1987, this type of work was well ahead of its time. No other scholar had focused so intensively on lay practitioners, let alone attempted to analyze the data in such detail.（"Humanizing the Study of Late Ming Buddhism"，《中華佛學學報》2013 年第 26 期，頁 172）

學修習、佛教活動，但聖嚴法師卻特地表彰他們在政治災難來臨時的氣節，展現「一般人士指摘信佛是消極或遁世的形象，完全不同」。這一節設置來自對明末佛教與國家關係的深刻體會，也基於法師自身的佛法體驗和弘法取向。它跨越世俗限制的佛門藩籬，凸顯「禪者大多有大丈夫氣，至少有豪傑之氣，故少想到私人一己的利害，義之所在，雖死不惜」❷❸的精神。這一精神既是出世宗教與在家俗眾建立聯繫的紐帶，也是突出晚明佛教復興的動力。

聖嚴法師憑藉對《居士傳》的多面向分析，宏觀呈現了晚明居士佛教的基本面貌，在這一領域做出開拓性貢獻。一九九一年，日本學者葛谷登將〈明末的居士佛教〉譯為日文，發表於《一橋研究》。美國學者艾靜文（Jennifer Eichman）說：「聖嚴對彭紹升《居士傳》的細節分析證明，可以從一個傳記集裡面提取豐富的信息，它為分析利用模式化資源提供了典範和標尺。」❷❹

## （三）學術影響與相關研究

《明末佛教研究》出版以後，有關晚明居士佛教的研究成果逐漸增多。它們大致包含如下幾個方面：

---

❷❸ 《明末佛教研究》，頁 295。
❷❹ 原文為："Shengyan's detailed analysis of Peng Shaosheng's Biographies of Laymen demonstrates that one can tease a wealth of information from a single biographical collection, and serves as a model for the level of analysis one can extract from such formulaic sources." 見 "Humanizing the Study of Late Ming Buddhism", p. 176。

### 1. 晚明居士佛教整體性研究

二〇〇〇年潘桂明出版《中國居士佛教史》（北京：中國社會科學出版社），《中國居士佛教的反省時期——明代》列於第十章。《明末佛教研究》和《明末中国仏教の研究》是這一章最主要的參考。❷該書單列李贄和袁宏道進行介紹；另設「晚明士大夫佛學與陽明心學」一節介紹王守仁、羅汝芳、焦竑等人；「四大高僧門下的居士群體」一節，介紹陸光祖、馮夢禎、嚴訥等人。其所列人物較《明末佛教研究》略有增加，但思路沒有大的擴展。二〇〇七年白文固發表〈明中後期的居士佛教初探〉（《青海民族學院學報》，2007 年第 2 期），文獻依據仍為《居士傳》，關於居士功名官位、地域、修持方式、著作的考察，仍大致在〈明末的居士佛教〉範圍內。此文又設「居士的哲學觀念及倫理思想」一節，討論儒釋交涉；「多元歸宿」一節，將晚明居士的歸宿概括為死節、入釋與貳臣三類。該文對聖嚴法師「明末居士的功名地位表」的疏漏有批評。此外，二〇〇九年任宜敏《中國佛教史・明代》（北京：人民出版社）出版，內設〈輔教居士〉一章，亦選取數人介紹生平事跡和思想觀點。二〇一三年何孝榮等著《明朝宗教》（南京：南京出版社）一書也有「明朝士大夫親佛與居士佛學」一節，仍然依據《居士傳》立論。

---

❷ 《中國居士佛教史》參考書目，頁 899。

### 2. 佛教與晚明思想史關係研究

浙江省社會科學研究院陳永革的成果較為突出,二○○
四年他發表〈論晚明居士佛學的思想特質及其效應〉(《世
界宗教研究》2004 年第 4 期)。該文由其博士學位論文〈晚
明佛學的復興與困境〉(南京大學,1997)第四章改寫而
成,統計數據多採自〈明末的居士佛教〉,主要觀點如「淨
土修學成為晚明居士佛教的一大特色與主導內容」,「晚明
居士注重佛教之文,主要表現在著述數量之多、人數之眾、
涉及領域之廣」,傳承聖嚴法師觀點。此文後收入陳永革專
著《近世中國佛教思想史論》(北京:宗教文化出版社,
2012),此書還有〈論佛儒交涉與晚明佛教的經世思潮〉、
〈論明清之際的三教交涉及其思想效應〉等,皆涉及居士佛
教,中心議題是佛儒融合的邏輯可能與實踐路徑。陳永革的
另一部專著《陽明學派與晚明佛教》(北京:中國人民大學
出版社,2009),仍以佛儒交涉為中心議題,其中〈陽明
學派的儒佛調和論及其佛教觀〉一章也值得重視。另有趙偉
《心海禪舟:宋明心學與禪學研究》(北京:人民出版社,
2008)較為細緻地考察了陳獻章、羅欽順、羅汝芳、周汝登
和袁宗道的禪學活動及思想。

### 3. 佛門與居士文化互動研究

大致關注如下幾個重點:(1)僧侶與士人交遊。如陳
永革〈王陽明及其弟子的叢林交遊〉鈎稽交往事跡。成功
大學陳玉女〈晚明僧俗往來書信中的對話課題 —— 心事·
家事·官場事〉(《玄奘佛學研究》2010 年第 14 期)關注
僧俗交往的日常內容。(2)僧侶與居士的共同事業,尤其

是工程浩大、歷時漫長的《嘉興藏》刊刻。陳玉女的專著
《明代佛門內外僧俗交涉的場域》（臺北：稻香出版社，
2010）下設〈五臺嘉興藏刊刻緣起及其社會資源〉、〈江
南嘉興藏刊刻各階段的社會資源與願求〉兩章，清理出大量
居士贊助《嘉興藏》刊刻工程的事實。（3）晚明高僧在士
林的文化影響。晚明叢林出現了不少名僧，尤其是「四大
師」吸引大批俗眾追隨。聖嚴法師〈明末的居士佛教〉考察
過雲棲袾宏的士林弟子。二〇一〇年，王紅蕾出版《憨山德
清與晚明士林》（北京：中國社會科學出版社）論述憨山
德清影響士林的「宗教信仰」、「文藝思想」、「文化精
神」。既有基本事實，如「憨山德清與士人交往及唱和詩
簡表」；也通過重點對象如錢謙益來討論德清的文藝觀念
如何被士林接納。（4）佛教文化與社會人際網絡。艾靜文
（Jennifer Eichman）的博士論文 "Spiritual Seekers in a Fluid
Landscape: A Chinese Buddhist Network in the Wanli Period
(1573-1620)"（Princeton University, 2005）在這方面做出了
新嘗試。她自稱受聖嚴法師對於居士傳記細節分析的啟發，
但在文獻使用和研究深度上都有推進，試圖通過重建人際網
絡描述佛教文化滲入世俗社會的途徑和形式。❷⑥

4. 居士佛教與社會權力研究

卜正民（Timothy Brook）的專著 *Praying for Power: Bud-*
*dhism and the Formation of Gentry Society in Late Ming.* (Cambridge

---

❷⑥ 參見 "Humanizing the Study of Late Ming Buddhism"，頁 177-178。

and London: Harvard University Press, 1993)（中譯本《為權力祈禱：佛教與晚明士紳社會》，張華譯，南京：江蘇人民出版社，2005）尤其值得注意。這部著作把佛教作為士紳發揮社會影響力的一個「公共空間」，在「儒教與佛教、政治權力與經濟權力、國家與地方，以及公與私」的框架下聚焦士紳的佛教「捐贈」行為，認為他們以此「傾向於一個擴大的私人領域，阻止國家對公共權威的獨裁」。卜正民將社會學的問題和研究方法引入居士佛教研究，其結論對於佛教研究和明清士人研究都有啟發意義。

### 5. 清初遺民入釋研究

明清易代後有大量不願出仕新朝的士人遁入空門。他們之中有些早已抱有佛教信仰，有些卻出於政治考慮。把「遺民僧」納入居士佛教研究，正可考察這個佛門與世俗社會交涉的場域政治動盪時的應激反應。陳垣的《明季滇黔佛教考》寫作於太平洋戰爭中，是這方面的開創性成果。近年值得特別關注的是臺灣中央研究院的廖肇亨。其碩士學位論文即以〈明末清初遺民逃禪之風研究〉（臺灣大學，1994）為題，就「逃禪遺民之形態」、「遺民逃禪的象徵意涵」、「現實因素」、「思想與文學主張」加以論述。二○一三年，廖肇亨出版專著《忠義菩提：晚明清初空門遺民及其節義論述探析》（臺北：中央研究院中國文哲研究所），以明清易代為背景，袁中道、金堡、方以智等人為對象，探究了社會大動盪中佛學與儒家倫理的碰撞交融，以及個體思想實踐時的複雜體驗。關於易代之際方以智思想轉變的過程，還有荒木見悟《憂國烈火禪──禪僧覺浪道盛のたたかい》

（東京：研文出版，2000）第十一章〈道盛より方以智へ〉和謝仁真〈方以智由儒入佛之檢視〉（《法鼓佛學學報》第20期）。晦山戒顯是遺民出家後在佛門擔當砥柱角色的人物，其生平，有林元白〈晦山和尚的生平及其禪門鍛鍊說〉（《現代佛教學術叢刊》第15冊，臺北：大乘文化出版社，1977）野口善敬〈遺民僧晦山戒顯について〉（《禅文化研究所紀要》第16號，1990）。李瑄〈建功利生：清初遺民僧會通佛儒的一種途徑——以晦山戒顯為代表〉（《中山大學學報》2016年第3期）則探討遺民僧雙重身分內在倫理矛盾的解決之道。

## 6. 佛教居士個體研究

在晚明居士中特別受關注的有陸光祖、趙貞吉、李贄、管志道、袁宏道、鍾惺、錢謙益等人。主要論著如下表所示：

| 研究對象 | 作者 | 論著標題 | 出版信息 |
|---|---|---|---|
| 陸光祖 | 荒木見悟 | 仏教居士としての陸光祖 | 《名古屋大學中國哲學論集》2004年第3集 |
| 趙貞吉 | 荒木見悟 | 趙大洲の思想（中譯本《趙大洲的思想》） | 《陽明學》（二松學社大學）第4號，收入廖肇亨譯，《明末清初的思想與佛教》，上海：上海古籍出版社，2010年。 |
| 李贄 | 左東嶺 | 李贄的性空理論與自我解脫之道 | 《李贄與晚明文學思想》第三章，天津：天津人民出版社，1997年。 |
| | 江燦騰 | 晚明佛教改革史 | 桂林：廣西師範大學出版社，2006。 |
| | 紀華傳 | 李贄佛學思想初探 | 《宗教學研究》2000年第3期 |

| | 劉之慶 | 李贄的生死之學 | 《新世紀宗教研究》2011 年第 10 卷 |
|---|---|---|---|
| 管志道 | 荒木見悟 | 明末宗教思想研究：管東溟の生涯とその思想 | 東京：創文社，1979 年。 |
| | 吳孟謙 | 融貫與批判：管東溟的思想及其時代 | 臺北：允晨文化實業股份有限公司，2017 年。 |
| 袁宏道 | 龔鵬程 | 死生情切：袁中郎的佛教與文學 | 《晚明思潮》第四章，北京：商務印書館，2005 年。 |
| | 易聞曉 | 袁宏道：自適的存在與存在的學問 | 《公安派的文化闡釋》第三章，濟南：齊魯書社，2003 年。 |
| | 汪志強 | 袁宏道《西方合論》淨土思想初探 | 《宗教學研究》2003 年第 3 期 |
| | 楊煥 | 論袁宏道的悟修轉變 | 《新國學》，2015 年。 |
| 鍾惺 | 吳惠珍 | 菩薩精神的實踐——試從鍾惺募疏文觀察晚明募疏文類的蓬勃現象 | 《光武國文學報》2004 年 1 期 |
| | 李瑄 | 鍾惺的佛教生活及其佚詩三首 | 《中國詩歌研究》2017 年第 14 輯 |
| 錢謙益 | 謝正光 | 錢謙益奉佛之前後因緣及其意義 | 《清華大學學報》2006 年第 3 期 |
| | 張金傑 | 錢謙益與佛道僧人交遊簡考 | 《宜春學院學報》2014 年第 2 期 |
| | 連瑞枝 | 錢謙益的佛教生涯與理念 | 《中華佛學學報》1994 年第 7 期 |

　　綜上所述，〈明末的居士佛教〉以後，以上六個方面研究都有進展：文獻的使用範圍擴大了，事實考訂更加詳盡精

確。思想史研究上將儒釋融通做了多種可能性考察，兼顧思想邏輯和具體踐行差異。一些研究的思理已經相當精深，一些此前未受重視的居士也得到關注。不過，除卜正民（Timothy Brook）*Praying for Power: Buddhism and the Formation of Gentry Society in Late Ming* 之外，大多數研究仍未超出聖嚴法師排列出的主要問題。❷ 艾靜文（Jennifer Eichman）稱〈明末的居士佛教〉為「指南」（handbook），說它為學者提供了基礎知識和基本史料，幫助學者快速掌握相關主題並提供研究前瞻。❷ 時至今日，它仍是晚明居士研究的入門書。

---

❷ 荒木見悟的晚明居士佛教研究在聖嚴法師之前已經展開，發表過關於羅近溪、周海門、管東溟等人的論著。他和聖嚴曾關注晚明居士佛教領域的共同問題，但自有其思想邏輯。聖嚴和荒木見悟曾就蕅益智旭的心性論是否受陽明學者影響有過爭論（聖嚴《明末中国仏教の研究》提出難以接受荒木對於智旭「現前一念心」受陽明學者影響的說法〔頁369〕，荒木撰文〈張聖嚴氏の批判に答える：『明末中国仏教の研究』の所論について〉〔《中国哲学論集》，1977 第 3 期〕做出應答）。荒木氏的論著應做出獨立於聖嚴法師研究範圍的特別說明，經吳孟謙教授提醒，特此致謝。

❷ Jennifer Eichman: Among scholarly attempts to forge stronger links between doctrine, practice, and community, this handbook undoubtedly will remain relevant to future work on the reception of Buddhist traditions in the late Ming period. This volume is certainly a must-read for any scholar interested in a quick overview of late sixteenth-century Buddhist history. Shengyan's book provides scholars with the basic knowledge of persons and available resources needed to quickly grasp a number of topics related to late Ming Buddhist history without losing sight of the larger historical picture. "Humanizing the Study of Late Ming Buddhism", p. 179.

# 三、晚明居士佛教的研究展望

從現有研究成果看來，以下幾個問題或許值得今後居士佛教研究者留心。

## （一）「居士」身分界定與研究的兩種立場

聖嚴法師《明末中国仏教の研究》界定說：「居士者，是梵文 Grhapati 的譯語，在印度的四姓中，是指從事商工業的吠舍族（vaisya）家主的稱呼。但在中國則指學德高邁的仕官人士，也與處士是同義詞。但在佛門中，歸依佛陀受戒的在家人眾，即稱居士，以下所論述的，就是有關明末時期的居士。」❷⑨

這個界定包含了幾方面信息。首先是「居士」在梵語中的原始涵義，即吠舍階層之富有者。僧肇《注維摩經》引鳩摩羅什云：「外國白衣多財富樂者，名為居士。」僧肇評語曰：「積財一億，入居士里。」❸⓪《長阿含經》、《大品般若經》等所謂居士應該是佛教的經濟贊助人。其次是「居

---

❷⑨ 見關世謙譯《明末中國佛教之研究》，頁 84-85。原文如下：居士とは、梵語 grhapati の訳であり、イソドにては四姓の中、商工業に従事する毘舍族（vaisya）の家主をいうが、中国にては学徳高くして仕官される人、すなわち処士と同義である。しかし、仏教にては帰仏受戒せる在家の男子を称するので、これから論述しようとするのは、仏教における明末の居士についてである。（《明末中国仏教の研究》頁 76）

❸⓪ 僧肇《注維摩詰經》卷 2，《大正新脩大藏經》第 38 冊，臺北：佛陀教育基金會，1990 年，頁 340。

士」在漢語中的原始涵義。學者皆將其追溯至《韓非子》：
「吾不臣天子，不友諸侯，耕作而食之，掘井而飲之，吾無
求於人也。」❸居士為先秦「隱士」別稱。後來《魏書》記
盧景裕「止於園舍，情均郊野，謙恭守道，貞素自得，由是
世號居士」❸，《北史》韋夐「對翫琴書，蕭然自逸，時人
號為居士焉」❸，都指恬淡的隱士。其三，將「居士」作為
在家佛教修行者。慧遠《維摩義記》曰：「居士有二：一廣
積資財，居財之士名為居士。二在家修道，居家道士名為居
士。」❸前者為梵語義，後者是中國佛教話語系統中最常見
的語義。其四，以「居士」為接受佛教行為規範、即受戒的
在家修行者。❸居士佛教研究的對象一般是上述其三、四兩
種。雖然嚴格地說是否履行「受戒」儀式，是「佛教信仰」
與「佛學興趣」的分野，也應當是「居士」身分判定的指
標；然而有名的居士多是官僚士大夫，為他們立傳者多是儒
家文人，受戒在傳記中常被忽略，所以居士身分的判定事實
上不可能嚴格以受戒為指標。有特別護法事蹟、佛學修養或
佛教信仰的名士大夫，通常都被作為居士看待。

　　聖嚴法師〈明末的居士佛教〉的研究對象基本上以彭
紹升《居士傳》為依據，因而「居士」身分判斷不需要處

❸　陳奇猷校，《韓非子集釋》卷 13，上海：上海人民出版社，1974 年，頁
　　722。
❸　《魏書》卷 84，〈盧景裕傳〉，北京：中華書局，1974 年，頁 1859。
❸　《北史》卷 64，北京：中華書局，1984 年，頁 2269。
❸　慧遠，《維摩義記》卷 1，《大正新脩大藏經》第 38 冊，頁 439。
❸　以上說明參見《漢語大詞典》及丁福保《佛學大詞典》。

理。《居士傳》已經揀擇了對象,彭紹升自述「予是書持擇之間頗存微指,不敢將就影響」,但他並沒有明確劃定取與標準。在該書「發凡」中提到「五戒」說「登地證果根基五戒」❸,意謂「居士」應當受戒律規範,但在實際立傳時這個標準很難執行。其收錄的一百零三人中,僅記有黃輝、鍾惺、袁黃等五人受五戒。因而在總結編撰的「跋語」中只好把範圍擴大到「凡偉人碩士有契斯道者,采其言行」。❸

　　雖然在《居士傳》這樣的資料彙編中以「受戒」與否作為身分判斷標準很難實踐,而且也許沒有必要;但在晚明居士佛教研究中把受戒作為標誌並非沒有意義。晚明是居士佛教繁榮的時代,也是在家戒律開始成熟並被整理奉行的時代。「在此之前,在家的戒律附屬於比丘戒律……特為在家戒律而集成一書的現象卻從來沒有發生過。」到了明末清初,蕅益智旭編寫《在家律要》,見月讀體有《傳授三皈五戒八戒正範》,在犙弘贊有《歸戒要集》、《八關齋法》。❸這些著作出現說明居士佛教興盛已經到了必須加以引導和規範的程度了。

　　此外,一些居士(尤以受雲棲袾宏影響者為多)自動持戒和受戒,說明他們的佛教信仰產生了行為標誌需要,也就是「皈依者」身分認同的需要。這一標誌區分出學理研習

<hr/>

❸　〈居士傳發凡〉,《居士傳》,《卍新纂大日本續藏經》第88冊,東京:株式會社國書刊行會,1975-1989,頁180。
❸　〈居士傳跋〉,《居士傳》,頁291。
❸　參見釋聖嚴,〈明末的在家戒〉,《菩薩戒指要》,頁140-141。

的「智慧」和精神皈依的「信仰」兩種不同需求。被《居士傳》等資料收錄，作為晚明居士佛教主要研究對象的人基本屬於士人階層，而許多士人研習佛教是出於追問身心性命下落的智慧需求。佛教常常只是作為與儒、道等共存的思想資源，不一定是其精神力量的主幹，也不具有行為約束力。舉行儀式意味著以佛教為精神皈依，自覺遵守戒律，一般來說是有明確宗教信仰者才會採取的行動。對於研究者來說，留意「智慧」與「信仰」之別，也就是留意佛教在士人精神世界的不同位置，是十分必要的。

「晚明居士」處在宗教與世俗的交匯地帶，研究也相應有「佛教」和「士人」兩種立場。以「佛教研究」為立場，著眼於士人對佛教的貢獻，包括信眾培養、佛學闡釋和教團護持等方面：士人被作為佛教世界的一部分看待。以「士人研究」為立場，一般考察佛教在士人生活中呈現的樣態，對士人的價值取向、思想邏輯、心理狀態、行為方式等方面的影響：佛教是探索士人世界的一扇窗口。以往的佛教研究集中於居士的儒士背景給佛教帶來了哪些衝擊或新的活力，士人研究則多討論居士如何利用佛學自我安頓或解決社會問題，總的來說都偏重在「智慧」一方面。然而，居士是否「信仰」影響到他們利用佛學資源的方式、他們的精神狀態乃至生活型態，不應被忽視。尤其是佛教研究中「信仰程度」更應該受到重視；「受戒居士」作為世俗信眾的核心成員，是佛教社會影響力的重要來源。

現在晚明居士文獻較易取得，可以支持精細化研究。如果重視「信仰」議題，認定研究對象時可能有新的眼光。例

如，在《居士傳》中附見於瞿汝稷的鍾惺，一直沒有受到佛教研究者重視，但鍾惺卻是虔誠的佛徒。1. 他離世前三日，在兩位法師的見證下受菩薩五戒，取法名斷殘，並遺願「生生世世願作比丘、優婆塞」。❸ 2. 他本人擔任了家族的信仰引導者。其愛妾曾血書《法華經・普門品》，❹ 其長子鍾肆夏「好道奉佛，喜為世外之論、方外之遊。暗室中夜，禮斗焚香，持日月齋禁，行之數年不倦」❹，其五弟鍾快「長齋持戒」猶如僧侶 ❹。3. 鍾惺熱衷參與佛教儀式。他的《焰口施食頌》詳細記錄儀式的整個過程；他曾演說《佛說救面然餓鬼陀羅尼神咒經》，讚頌佛法救度恆河沙數惡鬼的大慈悲。他自己也多次發起此類儀式，如萬曆四十六年為遼東戰事陣亡的將士作薦疏。4. 他參與不少佛教公共事務。❸ 如為家鄉圓通庵、東禪寺玻璃閣集資募緣，為京山多寶寺募五大部經，為南京大報恩寺募修觀音殿、為南京牛首山重裝祖師像。以上行動在當時就激起了社會反響。❹ 以往的居士佛教

---

❸ 鍾惺著，李先耕、崔重慶標校，《病中口授五弟快草告佛疏》，《隱秀軒集》卷 30，上海：上海古籍出版社，1992 年，頁 510。

❹ 《內人吳氏血書普門品偈》，《隱秀軒集》卷 39，頁 591。

❹ 《告亡兒肆夏文》，《隱秀軒集》卷 34，頁 552。

❹ 譚元春著，陳杏珍標校，《喪友詩三十首其十三》，《譚元春集》卷 15，上海：上海古籍出版社，1998 年，頁 425。

❸ 其文集裡留下不少募疏碑記文，顯示了他對佛教公益的積極行動。關於鍾惺募疏文，可參見吳惠珍，《菩薩精神的實踐——試從鍾惺募疏文觀察募疏文類的蓬勃現象》，《光武國文學報》2004 年 1 期。

❹ 例如牛首山祖師像重裝後不久，就有新安居士找畫家臨寫而另置一組於黃山。見《募畫祖像疏》，《隱秀軒集》卷 29，頁 500。

研究者大都看重佛學著作、僧侶交往而忽略這些宗教活動。
然而如果立足於「佛教研究」考察佛教信仰如何通過居士在
世俗社會傳播擴散，鍾惺這樣的典型人物卻應該受到高度關
注。即使以佛學著作而論，其《楞嚴經如說》在清初佛教界
評價也很高。❹他遭受研究者冷遇，可能和竟陵派在文人圈
子裡所受的排擠有關。

## （二）文獻資料的獲得與處理

〈明末的居士佛教〉依據的傳記，除錢謙益之外，基
本來自《居士傳》；該文第九節所列「明末居士的佛教著
作」，則僅列現存於《卍續藏經》者。三十餘年前文獻資料
不易取得，局限無可厚非。今日取得文獻材料的便利遠勝於
昔，大體而言主要渠道如下：

### 1. 近年陸續影印出版的大型佛教叢書

藏經類除《卍續藏》外，可以使用《嘉興藏》，因其
「獨家所收書絕大部份是中國佛教著述，出自明清二代的
尤多」❹。《嘉興藏》有三次整理影印。第一次是一九八七
年，新文豐出版公司將《中華大藏經》第二輯重印發行，命
名為《明版嘉興大藏經》，這是目前使用最廣泛的版本。第
二次是二〇〇八年民族出版社以北京故宮博物院藏本為基

---

❹ 參見李瑄，〈鍾惺的佛教生活及其佚詩三首〉，《中國詩歌研究》2017
　　年第 14 輯。
❹ 藍吉富，〈嘉興大藏經的特色及其史料價值〉，《佛教的思想與文化：
　　印順導師八秩晉六壽慶論文集》，臺北：法光出版社，1991 年。

礎，同時徵集浙江、廣東、四川、雲南各省藏本，重輯影印的線裝本。第三次是二〇一六年國家圖書館出版社重輯影印的二百三十冊，題名《徑山藏》。

藏外佛教叢書。如《禪宗全書》（臺北：文殊出版社，1988）、《禪門逸書初編》（臺北：明文書局，1980）、《禪門逸書續編》（臺北：明文書局，1990）。

佛寺志叢書。常用者有杜潔祥編《中國佛寺史志彙刊》（臺北：明文書局、丹青圖書公司，1980-1985），張智編《中國佛教寺志叢刊》（揚州：廣陵書社，2006）。

### 2. 其他大型影印叢書中的居士著作

《四庫全書存目叢書》、《續修四庫全書》、《四庫禁毀書叢刊》、《四庫未收書輯刊》等，或多或少收錄一些佛教著述。例如袁宏道所著《金屑編》和《珊瑚林》，各類藏經未收，但見於《續修四庫全書》中。此外，不少晚明居士的文集也都可以從這些大型叢書中找到。文集過去不受佛教研究者重視，但有關於居士日常習佛的直接記錄，在著作之外提供了大量信息。

### 3. 明清傳記、方志類叢書

目前便於利用的工具書如《明人傳記資料索引》（臺北：文史出版社，1978），便於利用的傳記類叢書如《明代傳記叢刊》（臺北：明文書局，1991）。方志類大型叢書如《國家圖書館藏地方志珍本叢刊》（天津：天津古籍出版社，2016）、《日本藏中國罕見地方志叢刊》（北京：書目文獻出版社，1992）。

### 4. 各地圖書館的線上閱覽和館藏文獻 ❹

以上散見於各種大型叢書和各地圖書館的居士佛教文獻種類繁多、數量巨大，研究者利用有困難。個體研究尚可竭力搜羅，整體研究卻需要首先完成文獻整理工作。第一步是晚明居士成員的考察。彭紹升《居士傳》十分之五從朱時恩《居士分燈錄》、郭凝之《先覺宗乘》節取，又「別徵史傳、諸家文集、諸經序錄、百家雜說」❹，總和編撰而成。其所用材料皆標出處，因之可考可信。要擴大晚明居士的成員範圍，仍當以此書為中心。根據其居士名錄進一步細讀《明代傳記叢刊》和明人文集收錄的傳記，即可發現一些前人忽略的對象。同時，可以通過僧侶的士林交遊搜索晚明居士，如調查「明末四大師」的交遊，大抵可以聚焦晚明社會最活躍的居士成員。另外，還可注目特定居士群體。如清初的遺民入釋現象極為突出，考察遺民傳記可清理出上百「遺民僧」，是為一類特殊的居士群體。再如以佛寺志為中心，輔以地方志和相關傳記，可纂輯地緣性居士資料。第二步，在統合居士成員基礎上，可編撰「晚明佛教居士著述目

---

❹ 簡凱廷近年致力考察明清佛教文獻，其博士論文（〈晚明五臺僧空印鎮澄及其思想研究〉，清華大學 2017 年）使用的王肯堂《成唯識論標義》，即為上海圖書館藏明萬曆刊本。另可見參簡凱廷〈被忘卻的傳統──明末清初《成唯識論》相關珍稀註釋書考論〉（《漢學研究》2017 年第 35 卷第 1 期）。再如吳孟謙〈震旦弘法，扶事為急：曾大奇《通翼》初探〉（《法鼓佛學學報》2017 年第 20 期）一文考察的《通翼》，僅見於日本內閣文庫。

❹ 〈居士傳發凡〉，《居士傳》，頁 180。

錄」。這兩項工作如能完成，研究可進入新的階段。然而所
需工作量極大，既要涵蓋數量眾多的文獻，又需要細緻地閱
讀和考辨，恐非輕易成就之事。

## （三）非官僚階層居士研究

〈明末的居士佛教〉緒論云：「明末的居士，以他們的
社會地位而言，大多數屬於士大夫階級。」[49]

這個結論，在文中從「明末居士的功名地位表」得到印
證；「功名地位表」又以彭紹升《居士傳》作為資料來源。
因為結論建立在彭紹升收錄「凡偉人碩士有契斯道者」原則
上，必然以社會上層為主體。然而晚明社會的層級結構相比
前代有明顯變化，中下層士人，即那些沒有仕宦經歷的非士
大夫階層數量極其巨大，他們在文化生產和流播環節中也占
據了重要地位。如果我們要了解佛教如何滲透到不同社會層
面，應該重視非士大夫居士。

以生活在嘉靖至萬曆時代、八次鄉試失利的徐渭為例，
他是現今最受推崇的晚明文化代表之一，其佛教活動卻很少
被研究者提及。若以佛學修養而論，徐渭自稱「曩時亦嘗留
意於此宗（禪宗），作一看經僧過來」[50]，陶望齡所作傳記
云其曾著「首楞嚴經解」[51]，錢謙益《楞嚴經疏解蒙鈔》愰

---

[49] 《明末居士佛教研究》，《法鼓全集》1-1，頁 263。

[50] 《答錢刑部公書》，《徐文長逸稿》卷 21，《徐渭集》，北京：中華書
局，1983 年，頁 1020。

[51] 陶望齡，《徐文長傳》，《徐渭集》附錄，頁 1341。

歎此書「惜未行於世」❷。徐渭文集中記錄的各色佛教活動是後世了解晚明佛教社會化的窗口。如名詩〈陰風吹火篇呈錢刑部君〉敘寫嘉靖三十年刑部官員錢楩在蕭山做法事，超度倭亂死難者。❸通過此詩，可知嘉靖時期有在職官員公然「作法事於西陵」❹；進而可見當時民間佛教信仰非常普遍，儒家士大夫中有人推波助瀾：國家政權對佛教社會影響的控制相當鬆弛。再如徐渭以畫名世，文集中存有不少佛教像贊等，如果把〈白描觀音大士贊〉、〈提魚觀音圖贊〉、〈書瀘水羅漢畫贊〉、〈蓮葉大士贊〉……與畫作結合研究，對佛教藝術史和民間佛教信仰史或許可以提供一些新信息。

目前史學界的晚明士紳研究已經取得了大量成果，但佛教研究者區分不同身分者活動效應的意識還很淡薄。「晚明居士佛教」是一個人數巨大，活動種類眾多，影響到社會信仰、風俗、消費、公益、建築、時尚、外交等諸多領域的綜合性對象。居士是佛教和世俗社會交集的橋樑，其立體研究格局的建立，首先需要把視野擴大到包括士大夫在內的各階層對象。

---

❷　《楞嚴經疏解蒙鈔》卷 10，《卍新纂大日本續藏經》第 13 冊，頁 866。
❸　《徐文長三集》卷 5，《徐渭集》，頁 113。
❹　《答錢刑部公書》，《徐文長逸稿》卷 21，《徐渭集》，頁 1020。

# 參考文獻

## 專著

卜正民（Timothy Brook）：*Praying for Power: Buddhism and the Formation of Gentry Society in Late Ming.* (Cambridge and London: Harvard University Press, 1993)（中譯本《為權力祈禱：佛教與晚明士紳社會》，張華譯，南京：江蘇人民出版社，2005 年。）

王紅蕾，《憨山德清與晚明士林》，北京：中國社會科學出版社，2010 年。

左東嶺，《李贄與晚明文學思想》，天津：天津人民出版社，1997 年。

朱時恩編，《居士分燈錄》，《卍新纂大日本續藏經》第 86 冊，東京：株式會社國書刊行會，1975-1989。

江燦騰，《晚明佛教改革史》，桂林：廣西師範大學出版社，2006 年。

吳孟謙，《融貫與批判：晚明三教論者管東溟的思想及其時代》，臺北：允晨文化實業股份有限公司，2017 年。

林其賢，《聖嚴法師年譜》，臺北：法鼓文化，2016 年。

荒木見悟，《明末宗教思想研究：管東溟の生涯とその思想》，東京：創文社，1979 年。

荒木見悟，《憂國烈火禪——禪僧覺浪道盛のたたかい》，東京：研文出版，2000 年。

郭凝之編，《先覺宗乘》，《卍新纂大日本續藏經》第 87 冊。

陳永革，《近世中國佛教思想史論》，北京：宗教文化出版社，2012 年。

陳垣，《明季滇黔佛教考》，石家莊：河北教育出版社，2000 年。

彭紹升編,《居士傳》,《卍新纂大日本續藏經》第 88 冊。

廖肇亨,《忠義菩提:晚明清初空門遺民及其節義論述探析》,臺北:中央研究院中國文哲研究所,2013 年。

潘桂明,《中國居士佛教史》,北京:中國社會科學出版社,2000 年。

釋聖嚴,《中國佛教史概說》,《法鼓全集》2-2,臺北:法鼓文化,1999 年。

釋聖嚴,《明末中国仏教の研究》,《法鼓全集》9-1,臺北:法鼓文化,1999 年。(中譯本:關世謙《明末中國佛教之研究》,臺北:學生書局,1988)

釋聖嚴,《明末佛教研究》,《法鼓全集》1-1,臺北:法鼓文化,1999 年。

釋聖嚴,《菩薩戒指要》,《法鼓全集》1-6,臺北:法鼓文化,1999 年。

釋聖嚴,《聖嚴法師學思歷程》,《法鼓全集》3-8,臺北:法鼓文化,1999 年。

釋聖嚴,《歸程》,《法鼓全集》6-1,臺北:法鼓文化,1999 年。

## 論文

白文固,〈明中後期的居士佛教初探〉,《青海民族學院學報》,2007 年第 2 期。

艾靜文(Jennifer Eichman),"Spiritual Seekers in a Fluid Landscape: A Chinese Buddhist Network in the Wanli Period (1573-1620)", Princeton University, 2005.

艾靜文(Jennifer Eichman),"Humanizing the Study of Late Ming Buddhism",《中華佛學學報》2013 年第 26 期。

吳惠珍,〈菩薩精神的實踐——試從鍾惺募疏文觀察晚明募疏文類的蓬勃現象〉,《光武國文學報》2004 年 1 期。

李瑄，〈建功利生：清初遺民僧會通佛儒的一種途徑——以晦山戒
　　顯為代表〉，《中山大學學報》2016 年第 3 期。

李瑄，〈鍾惺的佛教生活及其佚詩三首〉，《中國詩歌研究》2017
　　年第 14 輯。

荒木見悟，〈仏教居士としての陸光祖〉，《名古屋大學中國哲學
　　論集》2004 年第 3 集。

荒木見悟，〈張聖嚴氏の批判に答える：『明末中国仏教の研究』
　　の所論について〉，《中国哲学論集》，1977 第 3 期。

荒木見悟，〈趙大洲の思想〉，《陽明學》（二松學社大學）第 4
　　號。

連瑞枝，〈錢謙益的佛教生涯與理念〉，《中華佛學學報》1994 年
　　第 7 期。

野口善敬，〈遺民僧晦山戒顯について〉，《禅文化研究所紀要》
　　第 16 號，1990 年。

陳永革，〈論晚明居士佛學的思想特質及其效應〉，《世界宗教研
　　究》2004 年第 4 期。

陳玉女，〈晚明僧俗往來書信中的對話課題——心事·家事·官場
　　事〉，《玄奘佛學研究》2010 年第 14 期。

廖肇亨，〈明末清初遺民逃禪之風研究〉，臺灣大學碩士論文，
　　1994 年。

謝正光，〈錢謙益奉佛之前後因緣及其意義〉，《清華大學學報》
　　2006 年第 3 期。

# Master Sheng Yen's Research on Late Ming Lay Buddhism

Xuan Li

Professor, Institute for Non-orthodox Chinese Culture, Sichuan University

## ▌ Abstract

This article contributes to the historiography of Late Ming Buddhism through examinations of Master Sheng Yen's research publications and following academic publications after "Research on Late Ming Lay Buddhism" from 1981. Reviewing Sheng Yen's works, this article declared that he is the pioneer of this filed and made the foundation with eight basic topics, providing scholars a quick grasp and a sight of future picture. Thereafter, most research have been moving on in depth, but not discussed topics beyond the eight aspects except Timothy Brook's *Praying for Power: Buddhism and the Formation of Gentry Society in Late Ming*. While evaluating Sheng Yen's work, this article offers some suggestions for future study as well, highlighting a few of unclear problems such as the definition of identity of "Lay".

**Keywords:** Master Sheng Yen, Late Ming Lay Buddhism, Historiography of Late Ming Buddhism, Documents of Late Ming Lay Buddhism

# 《教觀綱宗》在江戶略論
## ——從聖嚴法師《天台心鑰——教觀綱宗貫註》提示的線索談起

簡凱廷

國立成功大學中國文學系專案助理教授

## ▌摘要

聖嚴法師在古稀之年後，撰作了《天台心鑰——教觀綱宗貫註》（以下簡稱《教觀綱宗貫註》）一書，獲得了「中山學術著作獎」的肯定。該書的撰作是基於弘揚漢傳佛教的心願。在他的理想規畫中，《教觀綱宗貫註》的撰就只是一個起點，他希望後進者能在此基礎上進一步深入展開研究。實則，聖嚴法師提示了一條重要的學術研究線索，亦即智旭《教觀綱宗》、《教觀綱宗釋義》在東亞內部的傳播與接受的問題。他在撰作《教觀綱宗貫註》一書時，參考了數部日本江戶時期《教觀綱宗》註釋書。這些書籍迄今仍少為學術界所注意。本文從聖嚴法師《教觀綱宗貫註》提示的線索談起，整理江戶時期《教觀綱宗》、《釋義》相關註釋書目，並以德義《教觀綱宗贅言》為例，討論這些註釋書的價值。指出若將這些文獻納入視域，將進一步豐富《教觀綱宗》詮釋史的內涵。

**關鍵詞：**聖嚴法師、蕅益智旭、江戶時代、《教觀綱宗》、

《教觀綱宗貫註》

# 一、前言

學界一般將蕅益智旭（1599－1655）與憨山德清（1546－1623）、雲棲袾宏（1535－1615）、紫柏真可（1543－1604）三人合稱為明末四大師，然而這樣的成說卻不無可商榷之處——對於德清、雲棲、真可來說，智旭是晚輩，且他的影響力在晚明是否可與三位前輩等量齊觀，不無疑義。❶晚近這樣的反思，著重的是歷史人物在所身處時代的影響力。不過，有趣的是，倘若我們把關注的焦點挪移到對後世的影響上，智旭的影響力可以說不下於德清等三人；此亦即是說，四大師成說的形成乃與智旭對後世的影響有關。可惜的是，或由於智旭的著作繁多，思想體系宏大精深的緣故，當代的研究大多集中在其思想內部的闡明，卻少有著眼於接受史的研究。

其中，智旭著有《教觀綱宗》（及《教觀綱宗釋義》），體現了他對於天台教觀的總體理解，該書被後世當成是除高麗諦觀（?－971）《天台四教儀》❷之外，另一部重要

---

❶ 關乎此，目前尚未有細緻的論述，但初步的觀點可見於廖肇亨，〈一卷殘經且自劬：八不道人蕅益智旭〉，《巨浪迴瀾：明清佛門人物群像及其藝文》（臺北：法鼓文化，2014年），頁113-114；此外，《中國文化中的佛教：中國Ⅲ宋元明清》一書由野口善敬執筆的第二章〈元明佛教〉，雖然仍舊按照通行的慣例將四人並列討論，但標題卻作「萬曆三高僧（明末四高僧）」，也可見有相區別的意態。見沖本克己、菅野博史編，辛如意譯，《中國文化中的佛教：中國Ⅲ宋元明清》（臺北：法鼓文化，2015年），頁126。

❷ 關於《天台四教儀》文本的基本介紹，參見池田魯參，〈諦觀錄『四教

的天台教學概要書。研究智旭的專家聖嚴法師（1930－2009）在古稀之年後對於該書進行了註釋以及白話語譯，撰成《天台心鑰——教觀綱宗貫註》（以下簡稱《教觀綱宗貫註》）。聖嚴法師希望透過《教觀綱宗貫註》的引介，使當代讀者了解《教觀綱宗》的內涵，從而「認識天台學的綱要；透過天台學，可領會全部佛法的組織體系及實踐步驟」❸。當初他在註解《教觀綱宗》時參考了幾部日本的註釋書，此一舉措提示了我們智旭該書曾在江戶日本有所流行的歷史過往。可惜此一過往此前未曾被學界當作是一研究主題，嚴肅對待。其實，從近世到當代，特別是因著智旭著作在東亞各區域間的往復傳播，東亞內部智旭形象與思想的接受是一段複雜而有趣的歷史，是東亞漢字文化圈的共同資產。過往漢傳佛教的研究比較容易受到地域或國別的制約而有所不見，將智旭及其著作置放於東亞視域中進行考察是亟待開發的研究新視域。

　　本文嘗試討論聖嚴法師《教觀綱宗貫註》一書所提示的線索，及對於我們開展有關智旭研究新視域的啟示。

## 二、關於聖嚴法師《教觀綱宗貫註》的撰作

　　聖嚴法師是明代佛教研究的先驅，除了博士論文《明末中国仏教の研究》❹對於蕅益智旭的生平、著作及思想，展

儀』序說——成立意義と問題点〉，《駒沢大学仏教学部研究紀要》，第 34 號（1976 年 3 月），頁 113-131。
❸ 釋聖嚴，〈自序〉，《天台心鑰——教觀綱宗貫註》（臺北：法鼓文化，2015 年修訂版），頁 7。
❹ 該博士論文日文版於 1975 年出版，見聖嚴法師，《明末中国仏教の研

開全面的研究之外,《明末佛教研究》❺所收數篇文章——
〈明末的禪宗人物及其特色〉、〈明末的淨土教人物及其
思想〉、〈明末的唯識學者及其思想〉、〈明末的居士佛
教〉,皆為明末佛教研究的幾個重要主題,奠立了良好的研
究基礎。不僅如此,古稀之年後,聖嚴法師還撰作了《教觀
綱宗貫註》一書,得到了「中山學術著作獎」的殊榮。該書
是智旭《教觀綱宗》的註解書。聖嚴法師自稱花了相當多的
時間和心力研究智旭的《教觀綱宗》,他說:

> 對於禪宗、念佛及戒律,我已經寫了不少書和文章,
> 對天台則寫得不多,因此,我花了相當多的時間和心力,
> 探討研究天台學的最後一部名著,那就是明末蕅益智旭
> 的《教觀綱宗》。那是從西元二〇〇〇年夏天開始,到二
> 〇〇一年七月,完成了一部《教觀綱宗貫註》,法鼓文化
> 給了它另外一個書名《天台心鑰》,在二〇〇二年四月出
> 版問世。今年(二〇〇二年)夏天,我也特地為這本書給
> 法鼓山體系內的講師群撰寫講義,上了八堂課,還只是講
> 了一半,準備次年春天再繼續講下半部。但是,我沒有想
> 到法鼓大學的校長曾濟群博士,把這本書送到中山學術文
> 化基金會,經過初審和複審,都是以高分數通過,而獲得

究:特に智旭を中心として》(東京:山喜房佛書林,1975 年)。中譯
本另見聖嚴法師著,關世謙譯,《明末中國佛教之研究》(臺北:台灣
學生書局,1988 年)。
❺ 釋聖嚴,《明末佛教研究》(臺北:東初出版社,1987 年)。

> 本年度的學術著作獎。……十一月十一日在台北市國家圖
> 書館舉行頒獎典禮，我正在美國弘法，就委請中華佛學研
> 究所所長李志夫教授代表領獎。我是透過傳真，以書面發
> 表了感言，茲錄如下：能在晚年到來時，還有一部著作獲
> 得學術獎肯定，不僅是個人的光榮，也有賴於漢傳佛教的
> 內涵，本身就富有博大精深的學術價值。❻

文中所提為法鼓山體系內的講師群所撰寫的講義，複本目前
收藏於法鼓文理學院圖書館。❼後來的幾年中，法鼓山農禪寺
及各地分支機構也陸續開辦了《教觀綱宗貫註》研習講授課
程。❽至於「把這本書送到中山學術文化基金會」、「獲得本
年度的學術著作獎」云云，指的是第三十七屆（2002 年）中
山學術著作獎。該獎項創立於民國五十五年，有獎勵全國學術
研究之目的，有當時時空背景之歷史因緣。聖嚴法師《教觀綱
宗貫註》是第一位以佛教研究獲獎的作品。某個程度而言，可
說是佛教界從學術的層面獲得全國性性質獎項的肯定。

　　聖嚴法師用心撰作《教觀綱宗貫註》一書，體現了他致

---

❻ 釋聖嚴，《真正大好年》，《法鼓全集》6-13，頁 258-259（臺北：法鼓
　文化，2005 年網路版，網址：http://ddc.shengyen.org/pc.htm）。閱覽時
　間：2020.07.19。以下同。
❼ 釋聖嚴，《天台心鑰——教觀綱宗貫註講綱》，索書號：BT 826 1666。
❽ 後續法鼓山對於該書的教研推廣情況，參見黃國清，〈聖嚴法師在臺灣
　法鼓教團推動天台教觀的努力——以《天台心鑰》一書為中心〉，收入
　聖嚴教育基金會學術研究部編，《聖嚴研究》第三輯（臺北：法鼓文
　化，2012 年 6 月），頁 376-382。

力於弘揚漢傳佛教的心願。他在很多地方都提及了此事，如：

> 　　最近，我有一本書──《天台心鑰──教觀綱宗貫
> 註》，得到了「中山學術獎」。我寫這本書，是因為近來
> 漢傳佛教被中國人自己視為無用的東西，結果都跑去學藏
> 傳佛教、南傳佛教，因此寫這本書以闡明漢傳佛教的價
> 值。可能的話，我還要寫一本有關華嚴的著作，因為天
> 台、華嚴、禪是我們中國漢傳佛教的代表。對我而言，天
> 台、華嚴是我的教理背景，禪是我的方法，戒律則是我生
> 活的指引。❾

又如：

> 　　由於我在推動漢傳佛教的復興運動，因此，我所寫的
> 《天台心鑰──教觀綱宗貫註》一書，去年榮獲了中山學
> 術基金會的學術著作獎。所謂「漢傳佛教」，就是中國佛
> 教之中屬於漢文系統的佛教。近半個世紀以來，中國的佛
> 教徒似乎對漢傳佛教失去了信心，認為漢傳佛教好像是沒
> 有用處的。其實，漢傳佛教是最有適應性、最有開創性、
> 最有彈性，且最有消融性的宗教，而這正是現在世界的佛
> 教所需要的。漢傳佛教並不呆板，而是非常活潑的。我除
> 了提倡中國的禪宗之外，在義理上也提倡天台學，因此出

---

❾ 釋聖嚴，《法鼓家風》，《法鼓全集》8-11，頁 181。

版了《天台心鑰》這本書。一九九四年,我也曾經以《聖嚴法師學思歷程》一書,榮獲中山學術基金會的「傳記文學獎」,去年則是獲頒「學術著作獎」,這是佛教界第一次的獲獎,對漢傳佛教是一大的鼓勵。這也表示,我們的方向是非常正確的。❿

聖嚴法師認為,要為弘揚漢傳佛教打下穩固的基礎,重點之一在於研究漢傳佛典,而在研究之前,要先能理解,所以他撰作《教觀綱宗貫註》一書,是為了讓後進者能很快地把握書中的要義。他說:

> 所以人們到我們這裡來不是要學藏傳佛教,而是學漢傳佛教,因此我們必須打下漢傳佛教穩固的基礎,在國際上亮出幾張響亮的牌來,這樣法鼓山才有號召力。什麼是響亮的牌?就是老師,還有論文。當然我們的研究生如果能提出深入的研究,也可以變成響亮的。這樣在國際上,大家只要一提到研究漢傳佛教,就想到中華佛學研究所,就必須到法鼓山。如果我們能夠把漢傳佛教的某部經或某一部論,研究得非常透徹,就會有很強的吸引力,而這個吸引力就是一個品牌。因此,不要老是認為我們漢傳佛教已經沒有什麼值得研究了,大概快消失了,這絕對是錯的。我七十歲以後,還寫了兩本漢傳佛法的專書。一本是《天

---

❿ 釋聖嚴,《法鼓山的方向 II》,《法鼓全集》8-13,頁 16-17。

台心鑰──教觀綱宗貫註》，另一本是《華嚴心詮──原
人論考釋》，是今年（二○○六年）才出版的。而這兩本
書都兼具了理解與研究。我們必須先理解，將它的來龍去
脈釐清楚，才能進一步研究。……我這麼說，不是要各位
同學從此以後放棄藏學系、印度系，只是我們現在是顛倒
過來，幾乎已經放棄了漢傳系。我們吃的是漢傳的飯，穿
的是漢傳的衣服，說的是漢傳的話，但是你真的了解漢傳
佛法的內涵嗎？不要說「上早殿」就是漢傳的，那只是形
式上的漢傳。**⓫**

又如：

> 一月一日，星期日
>
> 今天發生了三件事。一是新書《華嚴心詮》由法鼓文
> 化出版；二是為了感謝我的母校日本立正大學對我的培植
> 及眾師友的協助，於母校成立「聖嚴法師獎學金」；三則
> 為推廣我的理念，也是佛學的普化教育，成立了財團法人
> 聖嚴教育基金會。《華嚴心詮》一書，是我繼《天台心
> 鑰》之後的另一本學術著作，這兩本書都是在我七十歲後
> 完成的學術性著作。《天台心鑰》是對明末蕅益智旭大師
> 《教觀綱宗》所做的貫註，《華嚴心詮》則是對唐代圭峰
> 宗密大師《原人論》所做的考釋。到目前為止，天台宗仍

---

**⓫** 釋聖嚴，《我願無窮──美好的晚年開示集》，《法鼓全集》10-10，頁
110-111。

以《教觀綱宗》為綱要書，華嚴宗則以《原人論》為基礎概論書。早期我也寫了一本唐代玄奘大師《八識規矩頌》的註釋，書名是《探索識界》。在漢傳佛教來講，《八識規矩頌》可說是唯識學的綱要書。本來我還想寫一本關於三論宗的中觀思想註釋，我的目的，是希望把印度佛學的各大系，各寫成一本概論書，如此便比較完整了。但是在完成《華嚴心詮》以後，因為害了病，已經沒有力氣再往下寫了。漢傳佛教思想的難於研究，在於不易從整體貫穿來作一認識，我希望通過我所寫的幾本綱要書，能夠幫助有心研究的學生很快進入狀況。《天台心鑰》一書出版以後，曾獲中山學術著作獎，《華嚴心詮》我也是同樣下了很大的工夫，做了非常深厚的研究，有人認為也應獲獎，但是對我來說，此書能夠發行已是欣慰。這是我七十歲以後對學術界的研究回饋。⓬

在這段文字中，聖嚴法師把《教觀綱宗貫註》與《華嚴心詮》及《探索識界》三本書合起來談，清楚表明其撰作目的乃因「漢傳佛教思想的難於研究，在於不易從整體貫穿來作一認識」，希望通過所寫的幾本綱要書，「能夠幫助有心研究的學生很快進入狀況」。也就是說，三書的撰作是為了較好地接引後進者進入漢傳佛教研究的世界。

從上文徵引的諸如「近半個世紀以來，中國的佛教徒

---

⓬ 釋聖嚴，《美好的晚年》，《法鼓全集》10-15，頁 62-63。

似乎對漢傳佛教失去了信心，認為漢傳佛教好像是沒有用處的」、「我這麼說，不是要各位同學從此以後放棄藏學系、印度系，只是我們現在是顛倒過來，幾乎已經放棄了漢傳系」等等可知，《教觀綱宗貫註》等書的撰作是聖嚴法師在當時以梵、巴、藏等佛典原典語言研究的主流佛教學術氛圍下，為推展相對弱勢的漢傳佛教研究所做的努力。

## 三、《教觀綱宗貫註》對於日本註本的參考與引用

《教觀綱宗貫註》一書正文的形式，先原文，次語譯，後有註釋。聖嚴法師稱其註釋往往就是一篇獨立的短論，可以省去讀者「打破沙鍋問到底的死力氣」：

> 本書可以作為讀者們自學之用，也可作為教學講授之用，唯亦須付出一點耐心，先看目次，次閱已經我分段標點的原著《教觀綱宗》，再看我的語譯以及註釋，在有附圖之處，宜文圖對照著讀，始可一目暸然。看完了第一遍，宜連續再看兩遍，便能將天台學的教觀綱格及其內涵，有一個具體而明確的認識。我的註釋，往往就是一篇獨立的短論，可幫助讀者省了不少再去打破沙鍋問到底的死力氣。⓭

由此可見，聖嚴法師在註釋《教觀綱宗》一書時，做了很多

---

⓭ 釋聖嚴，《天台心鑰——教觀綱宗貫註》，頁9。

前置工作，並非僅憑一己之見就對原文展開疏解。他在〈緒論〉中提到了先賢大德對於《教觀綱宗》的註釋時說：

> 因為旭師是學貫大小乘諸系佛法的大通家，所以不會侷於天台一家之說，與其說《教觀綱宗》是介紹天台學，寧可說他是以介紹天台教觀來讓讀者認識整體佛法的綱骨。也可以說，《教觀綱宗》是明末時代的新天台學，是中國天台學派的最後一部名著，旭師自己為之撰寫《釋義》一卷計四十條目，之後迄今仍被傳誦講解，註釋傳世者有默庵的《釋義記》、諦閑的《講錄》、靜修的《科釋》；在日本的註釋更多，自十八世紀以降，有行謙的《釋義講錄》、慧雲的《釋義則解》、德義的《贅言》、守脫大寶的《釋義會本講錄》、高覺的《略解》等。可知旭師的《教觀綱宗》及其《釋義》兩書，一直都受到中日兩國天台學者的研究與弘傳。❹

「默庵的《釋義記》」指清末南岳祝聖寺默庵法師（生卒年不詳）《教觀綱宗釋義紀》，「諦閑的《講錄》」指諦閑法師（1858－1932）《教觀綱宗講錄》，「靜修的《科釋》」指諦閑弟子靜修法師（生卒年不詳）《教觀綱宗科釋》。❺除了這幾部中國註釋以外，聖嚴法師還提及了數部

---

❹ 釋聖嚴，《天台心鑰──教觀綱宗貫註》，頁 22-23。
❺ 見釋慧岳，〈概說〉，收入智旭著，默庵大師釋紀、諦閑大師講錄、靜修科釋，《教觀綱宗釋義紀講錄科釋合刊》（臺北：中華佛教文獻編撰

日本的註釋書，指出智旭的「《教觀綱宗》及其《釋義》兩
書，一直都受到中日兩國天台學者的研究與弘傳」。於此，
聖嚴法師提示了我們智旭《教觀綱宗》一書在東亞內部的流
傳與接受的現象。這是中文學界比較少注意到的部分。

　　在《教觀綱宗貫註》正文的註釋部分，我們還可見法師
對於德義《教觀綱宗贅言》一書的徵引。如在解釋「復有眾
生，未堪聞法華者，或自甘退席，或移置他方，此則更待涅
槃捃拾，或待滅後餘佛，事非一概」一句中的「滅後餘佛」
時，聖嚴法師援引德義的說法：

> 　　如天台南嶽等四依弘經大士是也。玄七云：凡夫之師，
> 亦能此土弘經，令他得權實七益。
> 　　南嶽云：初依名餘佛，無明未破，名之為餘，能知如來
> 秘密之藏，深覺圓理，名之為佛。❶⑥

指出：是則凡夫弘揚《法華經》者，也能算是餘佛了。❶⑦把
弘揚《法華經》的凡夫視為是餘佛的說法未見於默庵、諦
閑、靜修等註釋書，由此表明了聖嚴法師對於在他之前這些
註釋書的觀點是有所擇別選取的。

　　不僅如此，按查法鼓文理學院圖書館的書目檢索系統，
赫然可見日本江戶以降數部與《教觀綱宗》有關的藏書：

---

社，1993年），頁5-6。
❶⑥　釋聖嚴，《天台心鑰——教觀綱宗貫註》，頁112。
❶⑦　釋聖嚴，《天台心鑰——教觀綱宗貫註》，頁112。

| 作者 | 書名 | 年代 | 索書號 |
|------|------|------|--------|
| 狩野逸郎 | 《冠註教觀綱宗會釋》 | 1879 年 | B 826.7 4633 |
| 德義 | 《教觀綱宗會本》 | 1899 年 | B 826.7 2480-2 |
| 德義 | 《教觀綱宗贅言》 | 未著年代 | B 826.7 2480 |
| 大寶守脫 | 《教觀綱宗釋義會本講述》 | 未著年代 | B 826.7 4337 |

　　狩野逸郎，生平待考。而德義，字慧陳，號雷堂道人。
生卒年未詳。初入天台宗，師事靈空光謙，後轉歸依真宗。
受能化法霖推舉，住京都妙覺寺。除《教觀綱宗贅言》外，
尚著有《天台傳佛心印記俗詮》。❶⑧守脫，字大寶，號清
淨金剛，俗姓中川，伊勢國三重郡水沢村人（位於今三重
縣）。父為真宗大谷派常院寺住職。十六歲登比叡山研究天
台三大部，師事安樂律院的慧澄痴空。守脫晚歲已入明治時
期，著名佛教學者前田慧雲曾是其門下弟子。著有《金剛錍
講述》、《天台四教儀集註講述》、《大乘起信論講述》等
三十餘部作品。❶⑨其中，德義《教觀綱宗贅言》與大寶守脫
《教觀綱宗釋義會本講述》皆為複本。前者鈐有「昭和二十
年四月贈／前學長大僧正／清水龍山師遺書／立正大學圖書
館」印記一枚，後者鈐有「昭和　年　月／　贈／立正大學
／圖書館」印記一枚。據此知這兩本複本來自聖嚴法師攻讀
博士學位的立正大學的圖書館。

　　上舉四部法鼓文理學院圖書館藏書，當即為聖嚴法師在

---

❶⑧　市古貞次等編，《國書人名辞典》（東京：岩波書店，1993-1999 年），
　　　第 3 卷，頁 394。
❶⑨　市古貞次等編，《國書人名辞典》，第 2 卷，頁 486。

撰作《教觀綱宗貫註》時的參考用書；提示著我們智旭《教
觀綱宗》在日本是有所流傳與接受的。

## 四、擴大關照的視域：日本江戶時代《教觀綱宗》、《釋義》相關註釋

上節提及的相關文獻不即是江戶《教觀綱宗》、《釋義》註釋書的全部。順著聖嚴法師《教觀綱宗貫註》提供的線索，筆者進一步考察，至少尚有二十種註釋書存世：

| 作者 | 書名 | 版本 |
|------|------|------|
| 高覺 | 《教觀綱宗略解》 | 寶永五年（1708）寫本 |
| 湛月 | 《教觀綱宗釋義會本講述》 | 享保三年（1718）寫本 |
| 盤玉 | 《教觀綱宗考》 | 享保八年（1723）寫本 |
| 行謙 | 《教觀綱宗釋義講錄》 | 享保九年（1724）寫本 |
| 可透 | 《教觀綱宗講翼》 | 寬延三年（1750）寫本 |
| 佚名 | 《教觀綱宗釋義諺詮集成》 | 寶曆十年（1760）寫本 |
| 長蘭堂主人 | 《教觀綱宗釋義箋》 | 安永四年（1775）寫本 |
| 光謙 | 《教觀綱宗講錄》 | 天明三年（1783）寫本 |
| 慈熏 | 《教觀綱宗釋義便詮》 | 天明三年（1783）寫本 |
| 本純 | 《教觀綱宗雜套》 | 享和元年（1801）寫本 |
| 道順 | 《教觀綱宗釋義箋》 | 文化七年（1801）寫本 |
| 綱猷 | 《教觀綱宗記》 | 江戶寫本 |
| 性慶 | 《教觀綱宗講錄》 | 江戶寫本 |
| 智周 | 《教觀綱宗諺詮》 | 江戶寫本 |
| 慧雲 | 《教觀綱宗釋義則解》 | 江戶寫本 |
| 佚名 | 《教觀綱宗釋義問辨》 | 江戶寫本 |
| 佚名 | 《教觀綱宗詮要》 | 江戶寫本 |
| 慈熏 | 《教觀綱宗釋義講錄》 | 江戶寫本 |
| 佚名 | 《教觀綱宗聞書》 | 江戶寫本 |
| 佚名 | 《教觀綱宗箋》 | 江戶寫本 |

　　從已知的抄寫或刊行年代來看，最早的是一七〇八年高覺的《教觀綱宗略解》，最晚的是一八七九年狩野逸郎的《冠註教觀綱宗會釋》，此時已入明治時期。此二書相距一百七十餘年，期間不斷有相關註釋的出現，這是同時期的中國本土無法相比擬的。再就作者的宗派歸屬而言，可知江戶時期以天台宗僧人對此書最為關心。如《教觀綱宗講錄》作者性慶，字義端，俗姓井上，近江人，寬文七年（1667）一月二十三日生。六歲依圓城寺亮慶，延寶三年（1675）得度於慶元。圓城寺又稱三井寺，天台寺門宗總本山。性慶尚從學過宥雅、妙立、宗覺等人，所著有《圓戒答問》、《觀音玄義記講錄》、《即心念佛談義本辨偽》等四十餘部，卒於元文二年（1737）。❷又如《教觀綱宗諺詮》的智周，字徧詢，號十願王院，俗姓戶田，近江人，萬治二年（1659）生。從蘆浦觀音寺朝舜得度，登比叡山，為瑞雲院五世；元祿六年（1693）出任江戶東叡山明王院五世；寶永六年（1709）於薩摩佛日寺開山；元祿八年（1695）出任大僧都；寶永二年（1702）任權僧正。卒於寬保三年（1743）。所著有《圓頓章合記句解俗詮》、《台宗二百題》、《別教十住正修傍修之記》等。❷

　　這些作者中，最值得注意的當屬《教觀綱宗講錄》的靈空光謙（1652－1739）。光謙，字靈空，號幻幻庵、有門庵，俗姓岡村，福岡人。十四歲從松源院豪光剃髮，十七歲入

---

❷　市古貞次等編，《國書人名辞典》，第 2 卷，頁 510。
❷　市古貞次等編，《國書人名辞典》，第 3 卷，頁 265。

比叡山正覺院，繼而移居觀泉坊。光謙師事妙立慈山（1637－1690），修習天台教觀及律學。延寶六年（1678）從慈山受梵網戒；元祿六年（1693）受命輪王寺宮公弁法親王（1669－1716），住持安樂院，光謙於是改葬慈山，尊之為開山第一祖，後世稱光謙為天台教觀中興之祖。❷除上文提過的德義曾師從過光謙以外，《教觀綱宗講翼》的可透❸、《教觀綱宗雜套》的本純❹，亦皆出自光謙門下。以靈空光謙為首的天台安樂律院僧人非常關心當時中國傳來的天台典籍，村上專精（1851－1929）曾就其學風流弊而言，說：「自從靈空繼承妙立的遺志以後，三山之徒只知有妙立和靈空，而幾乎不知有傳教、慈覺、智證；只知外國的知禮、藕益和南都的覺盛、叡尊，而不知本國北嶺（叡山）的列祖。」❺又說：「天台宗的律制和學風，雖然有山門的圓耳和寺門的顯道倡

---

❷ 市古貞次等編，《國書人名辭典》，第 2 卷，頁 211。關於光謙更詳細的傳記材料，見玄門智幽，《靈空和尚年譜》，收入鷲尾順敬，《國文東方佛教叢書・傳記部下》（東京：國文東方佛教叢書刊行會，1925年），頁 517-524。

❸ 可透，號祖關，備前人，生於天和二年（1682）。元祿七年（1694）從金山寺賢厚德度；十二年（1699）登比叡山，師事光謙。卒於享保十二年（1727）。所著有《行事鈔請翼》、《金剛錍鈔》、《金光明經文句并記正義》等。見市古貞次等編，《國書人名辭典》第 1 卷，頁 483。

❹ 本純，字守篤，號庵園，俗姓瀧，駿河府中人，出生於元祿十五年（1702）。十二歲從智滿寺純庸出家，登比叡山從光謙學習天台。卒於明和六年（1769）。所著有《金光明經玄義記聞書》、《山家式論逃責》、《四明十義書雜鋪》等。見市古貞次等編，《國書人名辭典》第 1 卷，頁 483。

❺ 村上專精著，楊曾文譯，《日本佛教史綱》（北京：商務印書館，1992年），頁 246。

導復古論，但在元祿年間以後的大勢，仍然為妙立、慈山的門徒所左右，而在以後東叡山癡空慧澄和尚繼承靈空的事業，使其門流越加繁盛，因此，現在的天台宗學者和律僧，大部分都是妙立的法裔，可以說這是與傳教大師的精神是不一致的。」❷⁶不過，我們也可以說，從另一個角度來看，妙立、靈空師徒弘揚知禮、智旭的著作，對於江戶天台宗教學的發展不啻注入新的元素與活力。❷⁷只可惜關於這段歷史，甚少為中文學界所關注。

　　蕅益智旭作品的初刻本大多是《嘉興藏》版，《教觀綱宗》、《釋義》亦然。❷⁸隨著《嘉興藏》的傳進日本，智旭的著作引起了江戶僧人的關注，甚至也出現了和刻本在坊間流通。其中，有天和元年（1681）《教觀綱宗》和刊本，《教觀綱宗會本》則有享保二年（1717）本、享保三年（1718）本，以及天保四年（1833）本。今《大正藏》所收《教觀綱宗》底本即是江戶時期的和刻本。❷⁹根據筆者初步的調查，江戶時期對於智旭著作的注釋約有百餘種，數量最多的是關於《佛說阿彌陀經要解》的註釋書，其次便是《教

---

❷⁶ 村上專精著，楊曾文譯，《日本佛教史綱》，頁 246。

❷⁷ 以上見拙著，〈晚明唯識學作品在江戶時代的流傳與接受初探〉，收入林鎮國、簡凱廷編，《近世東亞《觀所緣緣論》珍稀注釋選輯》（高雄：佛光文化，2018 年），頁 372-373。

❷⁸ 附帶一提，今在外流通最廣的新文豐版《嘉興藏》未收《教觀綱宗》、《釋義》。

❷⁹ 大正藏校勘按語作「【原】德川時代刊宗教大學藏本」。

觀綱宗》、《釋義》相關註釋書。❸ 究其原因，可能是因為
《教觀綱宗》、《釋義》是天台教觀的概論書的緣故，因此
從學習的立場上引來較多的講錄與註解。

　　單就智旭著作的註釋數量而言，可以說智旭對江戶日
本佛教的影響遠大過於同時期的有清一代。不唯我們對於智
旭著作在江戶日本為何以及如何受到廣大的關注一事所知甚
少，清末民初智旭在中國重新被重視，其間是否以及有多大
的成分源自於日本的影響因素，相關的研究也付之闕如。聖
嚴法師到日本攻讀博士學位，挑選智旭做為研究主題，乃至
撰作《教觀綱宗貫註》所提到及運用的註本，揭示了上溯於
江戶佛教的思想史淵源，從而指向了一個相當寬廣的研究新
墾地——從東亞的視域看待近世以降智旭作品在其內部區域
間複雜的往復傳播以及接受史等問題。

## 五、江戶註本的研究價值：以德義《教觀綱宗贅言》為例

　　以德義《教觀綱宗贅言》為例，其基本寫作模式是針對
智旭《教觀綱宗》的文字進行解釋。對於佛教以外的一般字
詞，引用傳統中國文獻進行釋義；對於佛教的字詞、術語，
則徵引佛典以及智旭其他著作的文句加以疏解。解釋字詞的
註解模式是古代注釋書的通例，無論中國或江戶的《教觀綱

---

❸ 以上另見拙著，〈蕅益智旭在江戶：其著作的流傳、出版與注釋初
　　探〉，第二屆「近世東亞佛教的文獻和研究」國際學術研討會（宜蘭：
　　佛光大學，2018 年 6 月 2-3 日）。

宗》註本，乃至聖嚴法師的《教觀綱宗貫註》都不脫此一基
本寫作取向。從學習或理解的角度來說，這些註本各異多元
的解釋有助於幫助讀者對於智旭《教觀綱宗》的內容形成自
己的認識，如同聖嚴法師在撰作《教觀綱宗貫註》時需要參
考其前的註本一樣，做為可供資取的認識資源，正是這些江
戶註本可體現的價值之一。

　　其次，若從接受史的角度來看，任何一位讀者對於文本
內容的認識與解釋，當無法脫離他自身的知識傾向，以及所
處時代或大或小的學術網絡、思潮與氛圍。這是這些註本值
得被研究的另一價值。就此而言，德義的《教觀綱宗贅言》
有兩點值得注意。

　　其一，智旭《教觀綱宗》做為概要書，體現的是他對
於天台教觀的總體理解，其理解是不是穩當、有否歧出，便
是一個問題。德義既然註解《教觀綱宗》可能隱含了他對於
智旭的立場的認同。《教觀綱宗貫註》有多處以「或曰」的
方式提出相反立場者對於智旭對於天台教觀理解的商榷，如
《教觀綱宗》「化法四教」中「通教」，原文說道：「此教
亦具三乘根性，同以滅諦為初門。然鈍根二乘，但見於空，
不見不空，仍與三藏同歸灰斷，故名通前。利根三乘，不但
見空，兼見不空，不空即是中道，則被別圓來接，故名通
後。」❸針對「利根三乘」一語，德義註曰：

---

❸　智旭，《教觀綱宗》，CBETA, T46, no. 1939, p. 940, a12-16。

或曰三乘當作菩薩。余曾謂此說是也。是蕅益率爾誤矣。今謂不然。今引諸文，次評定之。……㉜

又如〈附轉接同會借說〉最後：「問曰：藏、通同詮真諦，何故藏以四果為究竟？通必佛地為究竟耶？」㉝德義註「通必佛地為究竟耶」一句，說：

或又曰「通必」下八字當刪之。今謂不然。既云佛地，豈非究竟？此是且約當分而論，莫以被接果頭無人為難也。㉞

或曰者以其對於天台教觀的認識對智旭《教觀綱宗》的文句提出商榷。德義則站在認同智旭的立場，提出辯駁。凡此可看出江戶僧人對於《教觀綱宗》接受的辯證過程，值得探究。而若更擴大來說，智旭曾批評「四教儀出而台宗晦」，諦觀的《天台四教儀》在江戶有比智旭《教觀綱宗》更多的註釋書。宗《教觀綱宗》者與宗《天台四教儀》者彼此間對於天台教觀認識的異同是否有所諍辯？此一思想主題更是值得進一步展開研究。

不僅如此，德義《教觀綱宗贅言》幾處註釋還涉及日本

---

㉜ 德義，《教觀綱宗贅言》（新北：法鼓文理學院圖書館藏複印本），下卷，頁7右。
㉝ 智旭，《教觀綱宗》，CBETA, T46, no. 1939, p. 942, b9-11。
㉞ 德義，《教觀綱宗贅言》，下卷，頁48左。

叢林關於天台教義的批評與諍辯。如在「性具為因等」一句
下說：

> 真言家曰：天台所談三諦，於因緣所生法上建立而說
> 故，非真言所謂六大本有之義。然今家意論因緣生而有四
> 種，圓教既以性具為因，何云非是本有乎？**㉟**

「性具為因等」，對應的原文文脈段落為：

> 知一切法從因緣生亦有四教差別。若知性具為因，迷
> 悟為緣，三千性相為所生法，即屬圓教。若謂一切種識為
> 因，展轉熏習為緣，分段變易乃至四智菩提為所生法，即
> 屬別教。若以六識相應有漏種子為因，六塵美惡中庸境界
> 為緣，三界依正色心因果為所生法，即屬藏、通二教。但
> 通教則知若因、若緣、若所生法皆如幻夢；藏教則以為實
> 法耳。**㊱**

真言宗所言的六大指地、水、火、風、空、識，是構成宇宙
萬物的六種根本要素。德義所言「真言家」不知特指何人。
此真言家指出天台宗所說的三諦：空、假、中，是建立在緣
生法上，沒有自宗六大「本有」之義。德義則以智旭文句為
據，認為天台圓教所言之性具為因即含本有的意思。當然，

---

**㉟** 德義，《教觀綱宗贅言》，上卷，頁 32 右。
**㊱** 智旭，《教觀綱宗釋義》，CBETA, X57, no. 974, p. 504, b8-15。

所謂「本有」很容易讓人聯想到當代學界討論佛教形上思想的「實體義」。實際如何，需耙梳更多文獻進行討論。

再如「無生而生，三千宛然止無生」一句下，德義說：

> 近人撰《分別佛魔章》破《止觀》所立三千不合無生。淺見僻解，不勞辯論。《臨濟錄》四七云「夫出家者，須辨得平常真正見解，辨佛辨魔，辨真辨偽，辨凡辨聖。若如是辨，得名真出家。若佛、魔不辨，未得名為真出家。只如今有一箇佛、魔同體不分，如水、乳合，鵝王喫乳。如明眼道流，魔、佛俱打。你若愛聖憎凡，生死海裡浮沉」云云。指四依說而為魔法，未知以何為佛？生死海裡浮沉，此人可哀。❸⁷

「近人撰《分別佛魔章》」，具體指義範❸⁸的《護法集：分別佛魔章》。主要是引經證加以詮釋來批評《摩訶止觀》的主張。義範說：「心具三千亦是世諦，若以心具得聖道者，一切凡夫即應是佛。」❸⁹又說：「不知如來由世諦三假故說有十界。若著世諦三假名相，分別十界或是性具或性起等，即是不見諸法實性。菩薩應當以如是相教化眾生。」❹⁰推敲

---

❸⁷ 德義，《教觀綱宗贅言》，下卷，頁3右。
❸⁸ 義範另著有《因明入正理論俗詮》、《金剛錍論消毒》等書。生平事蹟待考。
❸⁹ 義範，《護法集：分別佛魔章》（京都：龍谷大學圖書館藏刊本），頁2右。
❹⁰ 義範，《護法集：分別佛魔章》，頁3左。

義範的說法，應該是反對把天台性具說當成是第一義諦；所謂「諸法實性」當為無自性空。

又如「非是生死等」一句下說：

　　……夫今家修性之說，不可一準，皆使學者知其不二，是故隨文釋義，各有所歸。若固執名數，則還令融談而不自在。既昧其旨，徒成名相之學而已也。良可悲焉！諸師異論，不欲枚舉。昔者元祿中靈空、覺門共諍離合水濁玉昧云云。㊶

靈空，即靈空光謙。覺門，著有《修性離合論》，生平事蹟待考。天台教學關於「修性離合」的討論始於唐代湛然（711－782），後來引起宋代山家、山外派的不同詮釋而引起當代天台研究者的注意。㊷日本江戶學僧靈空、覺門的諍論也應該進一步納入天台此一詮釋史的範疇中來考量才是。

　　綜上所述，以德義《教觀綱宗贅言》為例，我們不僅看到了對於智旭《教觀綱宗》詮釋與接受的辯說，還看到當時天台宗宗內宗外對於天台教學義理的論辯；對於這些批評與諍辯，若進一步擴大相關文獻搜查，當可發展為很好的思想史研究材料與課題。

---

㊶ 德義，《教觀綱宗贅言》，下卷，頁 12 左。
㊷ 詳細的討論參見弓場苗生子，〈趙宋天台における修性離合義の解釈について〉，《早稲田大学大学院文学研究科紀要（第 1 分冊）》，第 60 輯（2015 年 2 月），頁 131-142。

# 六、結語

　　聖嚴法師撰作《教觀綱宗貫註》，對於其前中、日相關註本的參考與引用，是為了更好地闡明智旭《教觀綱宗》的內容，有其接引後進者從認識、理解，從而進入漢傳佛教研究世界的用心。而他援用江戶註本的此一舉措，提示了我們智旭著作在江戶日本的接受史問題。若循著聖嚴法師的提示而進，我們將發現智旭著作在東亞內部區域間複雜的接受問題。而其間有大量的認識空白需要研究者進行填補。即以《教觀綱宗》為例，把江戶的註本納入考慮，將擴大與豐富《教觀綱宗》詮釋史的內涵。

　　聖嚴法師《教觀綱宗貫註》的創作背景是希望在以梵、巴、藏等佛典原典語言研究的主流學術氛圍下鼓吹相對弱勢的漢傳佛教研究，認為漢傳佛教有其自身可貴的價值。江戶佛教對於智旭作品的廣大接受與回應恰好是一極佳的個案研究，有許許多多此前從未被嚴肅對待的文獻材料仍深藏在各地圖書館與寺院中，等待被看見。筆者相信，漢傳佛教，特別是近世以來的漢傳佛教，為何有其自身可貴的研究價值此一問題，未來將可進一步從這些個案研究的累積中得到相當程度的解答。

# 參考文獻

弓場苗生子，〈趙宋天台における修性離合義の解釈について〉，
　　《早稲田大学大学院文学研究科紀要（第 1 分冊）》第 60 輯，
　　2015 年 2 月，頁 131-142。

市古貞次等編，《國書人名辞典》，東京：岩波書店，1993-1999
　　年。

池田魯參，〈諦観録『四教儀』序說 —— 成立意義と問題点〉，
　　《駒沢大学仏教学部研究紀要》第 34 號，1976 年 3 月，頁
　　113-131。

村上專精著，楊曾文譯，《日本佛教史綱》，北京：商務印書館，
　　1992 年。

沖本克己、菅野博史編，辛如意譯，《中國文化中的佛教：中國 III
　　宋元明清》，臺北：法鼓文化，2015 年。

林鎮國、簡凱廷編，《近世東亞《觀所緣緣論》珍稀注釋選輯》，
　　高雄：佛光文化，2018 年。

智旭，《教觀綱宗》，CBETA, T46, no. 1939。

智旭，《教觀綱宗釋義》，CBETA, X57, no. 974。

黃國清，〈聖嚴法師在臺灣法鼓教團推動天台教觀的努力 —— 以
　　《天台心鑰》一書為中心〉，收入聖嚴教育基金會學術研究部
　　編，《聖嚴研究》第三輯，臺北：法鼓文化，2012 年 6 月。

義範，《護法集：分別佛魔章》，京都：龍谷大學圖書館藏刊本。

釋聖嚴，《天台心鑰 —— 教觀綱宗貫註》，臺北：法鼓文化，2015
　　年修訂版。

釋聖嚴，《我願無窮 —— 美好的晚年開示集》，《法鼓全集》10-
　　10，臺北：法鼓文化，2005 年網路版。

釋聖嚴，《法鼓山的方向Ⅱ》，《法鼓全集》8-13，臺北：法鼓文化，2005 年網路版。

釋聖嚴，《法鼓家風》，《法鼓全集》8-11，臺北：法鼓文化，2005 年網路版。

釋聖嚴，《美好的晚年》，《法鼓全集》10-15，臺北：法鼓文化，2005 年網路版。

釋聖嚴，《真正大好年》，《法鼓全集》6-13，臺北：法鼓文化，2005 年網路版。

廖肇亨，《巨浪迴瀾──明清佛門人物群像及其藝文》，臺北：法鼓文化，2014 年。

德義，《教觀綱宗贅言》，新北：法鼓文理學院圖書館藏複印本。

默庵大師釋紀、諦閑大師講錄、靜修科釋，《教觀綱宗釋義紀講錄科釋合刊》，臺北：中華佛教文獻編撰社，1993 年。

鷲尾順敬，《國文東方佛教叢書‧傳記部下》，東京：國文東方佛教叢書刊行會，1925 年。

# Master Sheng Yen's Utilization of the Commentaries from the Edo Period for Composition of *Jiaoguan Gangzong Guanzhu* 教觀綱宗貫註 and Its Inspiration

## Kaiting Chien

Project Assistant Professor, Department of Chinese Literature, National Cheng Kung University

## ▍ Abstract

*Jiaoguan Gangzong Guanzhu* 教觀綱宗貫註 was written by Master Sheng Yen in his 70s and was awarded the Sun Yat Sen Academic and Cultural Foundation Academic Publication Award. The incentive to start writing this book was founded on the dedication of promotion of Chinese Buddhism, and to elicit further research by succeeding researchers. In fact, Master Sheng Yen had proposed a cue to academic research, the acceptance and proliferation of Ouyi Zhixu's *Jiaoguan Gangzong* 教觀綱宗 and *Jiaoguan Gangzong Shiyi* 教觀綱宗釋義 in East Asia. During the composition of *Jiaoguan Gangzong Guanzhu* 教觀綱宗貫註 , copious commentaries on *Jiaoguan Gangzong* 教觀綱宗 from the Edo period served as references, notwithstanding their unobtrusiveness in the academic circles until today. This paper discussed Master Sheng Yen's utilization of the literature and the inspiration of the literature on bolstering of related research on Ouyi Zhixu.

**Keywords:** Master Sheng Yen, Ouyi Zhixu, the Edo Period, *Jiaoguan*

*Gangzong* 教觀綱宗 , *Jiaoguan Gangzong Guanzhu* 教觀綱宗貫註

# 僧俗互動視角下的江南佛教團體
## ——以早期《方冊藏》刊刻為中心

王啟元

復旦大學中華古籍保護研究院副研究員

## ▌摘要

　　僧俗菁英之間頻繁的互動，是晚明佛教復興最為重要的呈現形式，而最為知名的方冊《大藏經》的刊刻流行，便是這復興運動中最重要的成果。這其中，最為關鍵的人物群體便是紫柏真可大師師徒，及嘉興籍士大夫，尤以晚明佛教史被嚴重忽略的人物：密藏道開禪師與馮夢禎最為關鍵。從今天存世的文獻來看，這對緇素法友曾在復興運動中發揮過無可比擬的作用。歷來解說《嘉興藏》刊刻初期事蹟，多圍於僧人自述及後人總結的文字，片面突出紫柏大師的地位，而對密藏道開與馮夢禎的互動與貢獻關注較少。道開與馮夢禎曾留下不少的尺牘文獻，馮氏還有日記存世，若取尺牘與日記對讀，可以從瑣碎的晚明社會生活中，釐清佛教史發展的現場，糾正對早期《嘉興藏》刊刻史的敘述偏差。從社會生活史角度，輔以晚明諸位高僧、居士著述，可以全面考察早期《方冊藏》刊刻的機緣與經過，還能有助於還原晚明佛教的社會基礎，以及佛教復興的複雜狀況與來之不易。

關鍵詞：《嘉興藏》、馮夢禎、密藏道開、快雪堂日記、紫柏
　　　　真可、憨山德清

# 一、楔子：萬曆朝江南僧俗間的互動

　　以往明清佛教研究多以高僧為中心，關注其著述、思想及方外交遊，而又因晚明高僧之中頗有能與禁宮結緣者，晚明佛教與政治的話題同樣為學界重視。相較而言，基於居士士大夫及僧人別集著述的研究，仍多停留在對僧詩審美的分析上，尚未能深入為佛教史研究服務。當然充分使用僧俗著述的進一步研究，曾經確實存在諸多問題，比如面對浩如煙海的晚明僧俗別集，便讓人頗難找到關鍵線索。而另一方面，便是晚明僧俗對象群體的確認，尤其是以居士士大夫為重要研究對象佛教史敘述，也有諸多問題需要推進。就晚明士大夫群體而言，並非所有的高官名流而親近佛法，皆有其佛教史的價值，而又有不少護法居士生平未有功名，研究對象與相關著述文獻的擇取，需要相當深入的判斷而後才能確定。在考察晚明江南僧俗互動時，筆者發現圍繞浙江嘉興府有一支重要的居士群體，圍繞在晚明高僧紫柏真可師徒身邊，尤其積極參與了紫柏大師倡議的《方冊藏》（又名《嘉興藏》、《徑山藏》）的聚緣與刊刻，同時又因其中多位重要士大夫的身分，捲入多次政治摩擦，並在佛教團體產生影響。此類晚明僧俗的互動，成為晚明佛教信仰、學術及社會影響力逐漸上升的基石。❶

---

❶ 關於《方冊藏》研究，前有藍吉富、方廣錩、李富華、何梅等學者的研究，近則成功大學陳玉女教授〈明清嘉興楞嚴寺《嘉興藏》之刊印與其海內外流通〉，《佛光學報》新 6 卷第 1 期，2020 年。

　　此處的「僧俗互動」實際包含多重維度，最直觀的文獻便是出家人與在家居士間往來與書信詩文交流，互動的過程與結果可以從各自別集中的尺牘、傳世傳記、塔銘等文獻中找到佐證。其次，「僧俗互動」中不僅有在家人親近佛教的信仰生活，更多的是出家人以世法行事的表現，這在晚明高僧中也非常突出。最後，僧俗間互動的內容與呈現，最終也成為考察此一時期佛教史的重要視角，近世佛教史研究中的主角成為高僧與居士的集合體。本研究所關注的萬曆朝刊刻《方冊藏》事業前後因緣及政教之間磨合齟齬，皆將高僧徒眾與護法居士視為弘法一體，亦因其團隊皆圍繞於一代高僧紫柏真可周圍，亦稱之為「紫柏僧團」，此團隊之中出家眾以紫柏及其弟子密藏道開、幻於法本、幻居真界、寒灰如奇、澹居法鎧、洞聞法乘等，而在家居士早期則有嘉興士大夫陸光祖、馮夢禎、袁黃及其家族成員，後期加入了蘇州府、松江府、常州府及江北等多地士人參與，募緣、刻經、校讎、流通等多環節，亦已不能輕易分隔僧俗職權，而當視之為共同理想，此為本研究「僧俗互動」視角的出發點與其後的論證前提。

　　本研究所圍繞的《方冊藏》刊刻事業，研究界已頗有涉及，成果亦極為豐富。但筆者並非就刻藏而論刻藏、局限於經本文獻學、《大藏經》流通傳播等話題的討論，而是將視角放在共同刻藏的僧俗菁英之間，互相匯聚的緣起、日後團隊的維護，及至萬曆朝第一期刻經事業的終止，這其中的內部人事與外部政治的變遷，並由此證明《方冊藏》事業本身，至少在當時並非一單純的佛教文獻事業，背後有當時多

方面來自政治、上層與世俗的干預，甚至萬曆初佛教復興運動的興起，有不少主動結緣上層的用意與嘗試。在圍繞刻藏事業而起的江南佛教復興潮流之中，除了重要的領袖高僧紫柏真可外，還有兩位舉足輕重的僧俗菁英為之左臂右膀，具體落實著大師諸多理想，這對禪悅法友，便是紫柏大弟子密藏道開禪師，與秀水會元、日後的南京國子祭酒馮夢禎。他們不僅操辦了諸如尋找經場、興復舊剎以及具體的刻書、印數及籌措資金的事務，還留下了重要的僧俗互動文獻紀錄，為後人留下了生動的晚明佛教生活史資料。本研究即以這對法友傳世文獻為主，輔以相關材料，考察自萬曆十四年至二十年間，江南刻藏團體的興起與活動。

馮夢禎（1548－1606），浙江秀水人，萬曆五年丁丑科會元；儘管廷試時落到了二甲，馮太史依然成為當日政治新星中，相當矚目的一顆；不過也就是因其清流用事，很快便遭到貶官，之後更是官場蹭蹬，年逾半百才做到南京國子監祭酒。在他中年丁憂在家的歲月裡，協助紫柏及地方士紳興復楞嚴寺，並與密藏道開禪師開始有了接觸，二人由此開啟了一段重要的交誼。馮氏傳世有六十四卷《快雪堂集》，其中留下了一部明代名人罕有且詳實的十八卷日記，加上十餘卷的尺牘，其中多有關於當日佛教社會生活的生動記載，但仍未得到學界全面重視。而做為後來《方冊藏》前期刊刻總裁的密藏道開，同樣留下了兩卷以尺牘為主的遺稿作品《密藏開禪師遺稿》，曾入續藏流傳，然其價值亦長期得不到有效的研究，確實有違高僧生前盛舉。❷道開禪師最先開法嘉興，後北上赴刻藏因緣，最終在五臺山經場南遷前後，悄然

隱去，消失在茫茫傳世文獻之中。即便在他為《大藏經》奔走的那幾年，關於道開本人的記載，亦頗為支離破碎。不過在對讀馮氏日記尺牘與道開遺稿之後，發現其中多有可論者，話題不僅涉及二人間的互動，同時還有更為豐富的佛教史現場，這也是本文強調的「僧俗互動」的宏觀視角切近佛教史敘述的重要的實踐。

因本文所引密藏道開與馮夢禎間通信甚夥，遂錄二人存世通信序列篇目於下，以便查閱。

| 道開致馮序列 | 篇名 | 首句 | 卷數 | 寫作時間 |
|---|---|---|---|---|
| 1 | 與馮開之居士 | 別來兩易寒暑 | 上 | 萬曆十六年春 |
| 2 | 又與馮開之居士 | 苕溪別袂 | 上 | 萬曆十七年冬 |
| 3 | 與真實居士 | 世路崎嶇 | 上 | 萬曆十五年春 |
| 4 | 又 | 數日太勞身體 | 上 | 約萬曆十五年冬 |
| 5 | 又 | 本師度夏滁陽 | 上 | 萬曆十三年秋 |
| 6 | 又 | 仲淳攜足下手書至 | 上 | 萬曆十六年底至十七年初 |
| 7 | 又 | 彭城別去 | 上 | 萬曆十四年八月 |
| 8 | 又 | 居士為兒女婚嫁所迫 | 上 | 萬曆十九年 |
| 9 | 又 | 刻藏因緣，科臣有言 | 上 | 萬曆十九年 |
| 10 | 與馮開之居士 | 別來如昨律候載遷 | 下 | 萬曆十八年夏秋 |
| 11 | 與馮開之居士 | 《大乘止觀》序 | 下 | 萬曆十七年 |
| 12 | 與真實居士 | 金山道場 | 下 | 約萬曆十八年 |

❷ 釋道開，《密藏開禪師遺稿》，收入《嘉興藏》續藏第 266 函，第 7-8 冊，北京：民族出版社，2008 年。同時 CBETA 系統亦收入，著錄 J23, no. B118。本文引用皆從 CBETA 版。

| 13 | 又 | 光陰轉眼 | 下 | 約萬曆十八年 |
|---|---|---|---|---|
| 14 | 又 | 潤州鶴林寺 | 下 | 約萬曆十八年 |
| 馮致道開序列 | 篇名 | 首句 | 卷數 | 寫作時間 |
| 1 | 與藏師兄 | 朔日至武林 | 34 | 萬曆十六年冬 |
| 2 | 答藏師兄 | 別師兄倏已半月 | 34 | 萬曆十七年春 |
| 3 | 與藏師兄 | 某年餘四十 | 34 | 萬曆十七年夏秋 |
| 4 | 答藏師兄 | 別來幾兩月 | 35 | 萬曆十七年春夏 |
| 5 | 與藏師兄 | 子晉病數日不差 | 35 | 約萬曆十七年春 |
| 6 | 報藏師 | 自十一月懸望北使至今 | 36 | 萬曆十八年春 |
| 7 | 報密藏師兄 | 春間王佛子行 | 38 | 萬曆十五年夏 |
| 8 | 與藏師兄 | 勞山印經使來 | 42 | 萬曆十五年秋冬 |
| 9 | 與藏師兄 | 別師兄後 | 43 | 萬曆十七年春 |
| 附馮致紫柏 | | | | |
| 1 | 與達觀師 | 藏師兄南來 | 34 | 萬曆十八年春夏 |
| 2 | 與達觀師 | 唐佛子捧致老師一紙 | 34 | 萬曆十七年夏 |
| 3 | 與達觀老師 | 去冬十一月十八日 | 35 | 萬曆十八年春夏 |
| 4 | 上達觀老師 | 頃老師兩次書來 | 39 | 未詳 |
| 5 | 答達觀師 | 八月七日 | 41 | 未詳 |
| 6 | 與達觀老師 | 已至錫山 | 41 | 萬曆十七年 |

## 二、未有五臺山刻經場之前：萬曆十四至十五年（1586－1587）

　　《嘉興藏》刻印場地有前後之變遷，前期於五臺山妙德庵，四載而南還餘杭徑山後，又屢遷諸寺址，前人多有論及。研究者以為當時擇五臺山原因，或為五臺地近京師，方便遊走公卿之故，此皆地緣之考慮，略觀紫柏、道開師徒長期遊走京師周邊，即能推知；然此說尚有不周之處，有待進

一步考略。今欲察紫柏僧團最初選擇刻經場地的機緣與原因，進一步推知開雕大藏的早期因緣，及這一事業背後的政教影響。

萬曆十四年之前的幾年，紫柏大師已離開嘉興，於江南諸地遊方，據後來多位士大夫在《刻藏緣起》中回憶：十四年之前，彼中便已有刊刻《方冊藏》流傳的想法。直到十四年春，道開赴京與個別護法士大夫如傅光宅等商討募緣刻經事，同年紫柏師徒共赴憨山德清所在的青島嶗山拜訪，這一年也成為《方冊藏》事業的實際籌備的起點。高僧倡議刻經的舉動，與十四年正月皇宮誕下皇長子，起碼在時間上似乎有不少的聯繫。而這一年的準備，是為了次年、十五年正月十五，在京師龍華寺的刻經會盟，京中眾多護法居士都參與其間。在護法檀越確定之後，剩下最重要的事務，便是選定刊刻和貯存經版的經場，但這次空間場所的選擇，比一年前選定人選要複雜得多；其中需要兼顧的因素逐漸涉及到上層。

關於五臺經場的遴選過程，保留在密藏道開與傅光宅的幾封信中，尤其《密藏開禪師遺稿》上卷〈與傅侍御〉一通透露關節。「傅侍御」即傅光宅，字伯俊，萬曆五年進士，為紫柏大師弟子信徒中少有之北人（傅係山東聊城人）。傅氏於萬曆十三年任河南道監察御史，遂有「侍御」之稱，其間巡按山西。❸筆者曾考證此信確切寫作時間在萬曆十六年

---

❸ 于慎行，《四川按察司提學副使傅公光宅墓誌銘》，中言：「乙酉，召（傅）拜河南道監察御史，……按行二關，疏薦故薊帥戚繼光，眾論快

戊子（1588）正月十五日，❹信中最重要的資訊，莫過於大藏刊刻經場的選擇之上，信中云：

> 刻經期場，向已十八九決策靈巖。昨歸清涼，有僧告以此地信名勝，第與黃巢故址比鄰，其遺風流俗猶有存者。迄今四山多豪客，竊發業於鹵劫，不以為怪，雖有司莫可奈何。不獨四山，即靈巖禿民，大多其種族；謂此山凡行人，欲入泥水、試堅利、化驍頑則可，藉欲舉緣事、集檀越，則不可。此僧曾居彼三年，且老成練達，其言有足信者。因作思：惟此期場非眇小，所有一切因緣，大小美惡，始終彼此；惟諸佛如來，悉知悉見，終非隔礙凡愚，所能測識趨避。至元旦，遂以清涼、雙徑、牢盛、靈巖四名山，求卜於釋迦如來、文殊遍吉兩大士，及諸護法善神，以決狐疑。乃三舉三得清涼，今則有不得不遵如來敕命矣。清涼山水，渾厚盤旋，足下一入遊觀，當亦肯心自許。此去聊城，道僅倍靈巖，亦不甚遠。法門最近肉骨亦惟足下，足下當不以東西而異視之。❺

---

之；廟堂意弗是也，有詔讓公。公方受命按晉，因請告歸。」參《穀城山館文集》第 22 卷，頁 643。另參馮夢禎《快雪堂日記》戊子（1588，萬曆十六年）二月二十三日載：「得傅伯俊書。傅為山西巡按。」（馮夢禎，《快雪堂日記》，頁 12）

❹ 具體考證參拙作〈從五臺山到徑山：密藏道開與《嘉興藏》初期經場成立考論〉，《法鼓佛學學報》第 20 期，2017 年。

❺ 前引《密藏開禪師遺稿》卷上，頁 47。

　　以信中所言，自萬曆十四年丙戌春初次倡議，至十六年元旦之前的時間裡，以紫柏、道開師徒為主的《大藏經》籌備工作的重心與成果、即刊刻《大藏經》的「期場」選擇，並非是五臺山，而「十八九決策靈巖」，基本上定在山東濟南城南之五峰山大靈巖寺之中，但最終未能如之所願，道開信中做出了解釋。那是因為道開聽說山東民風驃悍、「豪客鹵劫」，而不容易匯集檀施、護持，此為一現實的考慮，今天看來亦頗有其合理性。今觀清涼、雙徑、牢盛、靈巖四山選項：餘杭之徑山地處江南，本距紫柏、道開、幻予輩出家地近，眾江南檀越人脈密集；牢盛即憨山所住之東海牢山，以憨山之威望，亦為一大資源。濟南之靈巖，除新敕重建大寺，並有藩王護持。僅當時清涼五臺一山，似於萬曆十七年《大藏》開雕前，準備最不夠充沛的候選之地；至少較前三山之選，絕不在上風。道開所謂「求闔於釋迦如來、文殊遍吉兩大士及諸護法善神，以決狐疑，迺三舉三得清涼」，《遺集》中又與多人信中亦談及此「卜吉」之說，僅可做宗教徒至虔誠所致之遐想看；然其借助神靈附會之語，亦得見清涼之選，雖有可供支撐之有利資源，或不能盡言之於翰墨，但與數年前五臺山與憨山德清、妙峰福登舉辦無遮法會為內宮求儲有直接聯繫。

　　但紫柏、道開師徒與五臺山本地僧團亦不甚相睦，也在至傅光宅的信中流露出來。❻但即便如此，經場最終留在

---

❻ 如此信中直接直斥塔院寺已今非昔比，不值得護持，其對塔院寺一方極為鄙薄則一目了然。此通信中還透露另一信息，憨山德清曾致書傅光

五臺山，其中一大因緣，是有一位高僧捨其僧舍成就經場所致，五臺有位無邊大師，施捨其道場，用於刻經，事見瞿汝稷作〈五臺山大博庵無邊和尚塔銘〉（《瞿囧卿集》卷十一，《補續高僧傳》卷二十二的〈無邊傳〉即據塔銘而成），時間即在萬曆十六年中，且在道開當年元旦卜吉四山之後；道開在是年正月間給傅光宅寫信時，尚不知曉此一大好消息。即便在臺山經場基本可定的同時，道開本人似乎卻並沒有完全確認這一選擇；甚至一直以來，務實的道開禪師，對刻經場地的選擇，都有非常清醒的預案準備。在給傅光宅快信之前，萬曆十五年的春夏之間，他曾給南方的士大夫好友馮夢禎去信，談到過刻經場地的備選方案。而此時的馮夢禎剛剛因十五年那次京察時，被「以浮躁謫官」，❼居家杭州城內，並開始了漫長的日記生涯。當年六月二十一日記載：「廬山僧心悟，以曾于健、藏師兄書求見，為其師徹空禪師求塔銘。行狀，憨山筆也。留悟上人齋，送往昭慶文上人房。悟云：聖母遣僧某，送法藏至天臺，秋初當至。」❽日

---

宅，內容似乎與五臺及妙峰所在蘆芽山有關；而關乎五臺者，則必與開設刻經場有關。揣摩道開信中之意，似乎在擔心憨山勸傅氏護持塔院寺，而正中道開的難言之隱。信中「妙、憨二師皆注念塔院寺」一語，即是指二位高僧萬曆十年初，於此舉辦無遮大會，之後宮中誕下皇長子之事，五臺山、尤其大塔院寺成為一政教交織的神聖空間，而被當事人推崇。但道開以當時現狀出發極力阻止傅氏，「當以不肖所云為準，彼不足馮（憑）也」可以看出：此時以道開為主的刻經集團，與五臺本地塔院寺矛盾似不可調和。

❼ 語出錢謙益為馮夢禎所撰墓志銘，《牧齋初學集》，頁 1299。

❽ 前引《快雪堂日記》，頁 3。

記中這封廬山心悟和尚帶來的道開信箚，正好保存在遺稿之中，署〈與真實居士〉（密 3）一通，因信中云「廬山徹空老師為江南大善知識，其徒心悟者，不遠萬里，奔逐為求塔銘」❾，就是此事。信中此前有云：

> 老師二月間往清涼，夏畢之峨嵋，不肖不遠亦且往清涼，俟老師行。時或隨其杖錫西遊秦晉乃返，或竟歸燕都，或密走江南、江北，定刻經場所，此皆至清涼始決之。刻經因緣肯苟就，無勞旦夕，即大舉就不難。第不肖意不欲居北，又兼此時緣，有所當諱避者，即失一時之近利，存法門之大體。❿

萬曆十五年間道開之行程，可據前引致傅光宅信中，略可確定其南北行程，與其預計相去不遠；可能是之後冬天與妙峰的會面，加深了紫柏個人對在五臺山設場的意願，才如此授意道開，所以道開才會在信中直言，自己是不願意把經場放在北方，但因為信中「有所當諱避者」，所以只能暫時擱置把經場放到南方來的安排。⓫

至於道開信中所說的，若是刻經工程「肯苟就」，不需太多時間就能完成大概，「即大舉就不難」。這裡的「苟

---

❾ 前引《密藏開禪師遺稿》卷上，頁 52。
❿ 前引《密藏開禪師遺稿》卷上，頁 52。
⓫ 這個有所「避諱」的內容，遺稿及當時傳世文獻中幾無痕跡可尋，但以情勢推之，當與憨山、妙峰等建議重回五臺山建經場，以及僧錄司與塔院寺的脅迫分不開，甚至，內宮的旨意可能也參與其間，俟日後詳考。

就」顯然是按照他的思路，把經場置之南方，成功率會非常高。所以即便被迫要在五臺山不利環境下苦苦經營刻經場的同時，道開依然同時積極安排南方徑山經場的籌畫，這點見得其眼光獨道，事實上，最終《方冊藏》確實離開了五臺山，歸來餘杭的徑山，並最終在此完成重要集結——不過，在五臺山刻經場確定的那一刻，徑山暫時失去存在感。

## 三、徘徊南北：萬曆十六、十七年（1588-1589）

　　萬曆十六年，江南刻經團隊的主要任務，從五臺山放到了設立南方備用刻經場的計畫上，其中圍繞的就是道開的師弟、高僧幻居真界，駐錫餘杭徑山的計畫。幻居約在十六年底至十七年初來到杭州，道開集中有兩封關於叮囑馮夢禎護持幻居南下駐錫的尺牘，年初的二月初七日馮夢禎收到道開來信；**⓬**依據文意，其中的一封當即馮氏日記中二月間來信。其一〈與馮開之居士〉（密1）：

> 別來兩易寒暑，信光陰易度，人命無常，不委足下邇者作何面目？夫三界種子，不越瞋愛二芽，然荊棘法身，戕滅慧命，則愛纏視瞋，毒其功能，輕重大小，又不啻百倍。故古德於愛見，有以腦後箭喻之者，蓋覷面者易見，腦後者難知。易見者可回，難知者必犯也。青山白雲，足發幽想，聲色貨利，多滋俗情。不佞謂居士于城市山林，

---

**⓬**　《快雪堂日記校注》：載：「尤生至，雲僧疊廓至京師。遣藏師兄書。」（頁42）

當分時而處。若也沉湎市井，久卻林泉，無乃不可乎？幻
居兄飛錫南還，意在雙徑，雙徑去武林密邇，足下儻能以
肩輿時相過從，則松風竹月之下，爐香碗茗之間，可以滌
煩襟而袪俗慮，澄性宇而湛心田也。刻楞嚴纂注，方待參
評，惟足下圖之。刻經期場，南北終始，業已言之仲淳。
雙徑之圖，似不可緩，足下與仲淳其密留意焉，務使彼輩
歡欣樂，成事乃可久，且於化風無損也。不盡。**⓭**

其中尺牘開頭「別來兩易寒暑」，應該就是從萬曆十四
年、道開從楞嚴寺辭行北上京師，至龍華寺唱緣刻經算起，
至十六年初，剛好兩年。道開因馮氏謫居後「久卻林泉」，
戲言給他找了位「滌煩襟而袪俗慮」的法侶幻居。當然，幻
居南來的真正目的，是潛為勸說徑山萬壽禪寺僧侶，參與到
刻經事業中來，信中的「雙徑之圖」，即是此意。前論《方
冊藏》經場於萬曆十六年正月才底定五臺山，但徑山經場早
在選定五臺山前，就已經提上議事日程；道開在與當時即將
南下的傅光宅信、及馮夢禎致時任南禮部的張位信中，都提
到了希望徑山參與設立經場的想法。時至年底，密藏道開南
下，馮夢禎與其兩年內的第一此會面。馮有〈與藏師兄〉一
通（馮1）：

朔日至武林，以史使君方行款之，碌碌數日，偷閒複作

---

詩文，新舊逋文，負幾至堆案，頗以為苦。朱先生暫還海上，又當督護兩兒。望仲淳來，何為不至？豈別有所適？或留滯楞嚴耶？師兄行在何日？晤處檇李、苕溪惟命。朱先生約望前至館，至此時更無繫累耳。❹

其中「以史使君方行款之」，可參其日記當年十二月初五：「赴史使君席，盡歡而別，至西關登舟。」❺則馮夢禎彼時剛剛回到杭州。鑒於半月後他與道開即已相會，則此信即作於臘月中上旬。信中提到相會的地點「檇李、苕溪」，分別為嘉興與吳興，最後二人在吳興城山聚首，商討徑山與五臺山經場事宜，參是年《快雪堂日記》十二月十八日載：

日中，索肩輿，同仲淳至城山晤藏師兄。師兄言臺山無邊師捨道場事甚奇，世乃有此烈丈夫。細談至夜，分而臥。城山屋宇甚固，此止庵之功。主人以規模稍大，不易完，欲改造，甚無謂。城山積雪無恙，眺四山如積玉，亦奇觀也。夜，星月皎潔。❻

十九日：

與藏師兄約會于彌陀寺。夜，與藏師兄敘譚良久，商榷

---

❹ 《快雪堂集》，頁 480。
❺ 《快雪堂日記校注》，頁 99。
❻ 《快雪堂日記校注》，頁 101。

《莊子·養生主》，出蕩然淺解，甚可笑。臺山空印者，作《駁物不遷》及《正心論》。從藏師兄借觀。**⑰**

這兩日城山詳談，身在江南的居士代表方才知道：《方冊藏》的主刻經場因為無邊禪師捨宅，將設在五臺山。二人年底作短暫分別，十七年正月，又約會於杭州，馮夢禎在此時間有信〈與藏師兄〉（馮9）致道開：

別師兄後，惟余星星鬢絲，落落襟素，至論道業，慚負多矣。頃者城山之晤，如坐冰雪中，塵骨叫一洗，終願依棲名山，痛錐猛鍛，了卻多生公案，加此悠悠忽忽，日月幾何，恐遂流浪，言之傷心。仲淳求地葬親，不妨息黥補剷以待緣，至此區區六尺，不惟作法門精進光明幢。葬親生子，亦是根本，奈何輕之，此非師兄誨敕，安得一日休息耶？戴升之俊流，但世福太薄，病骨棱棱，終非壽子，師兄可諭令禮懺楞嚴，略植微福。太史、連四簍付慈航師兄，印《宗鏡》已下法寶，《楞嚴論》、《中峰廣錄》留紙吳江印造，工食先付白金一兩，書目另開。新正初四、五，佇望飛錫，佛慧方丈，及西溪草堂，俱堪靜處，幸勿以塵俗為嫌。印老駁物不遷，膚見似未敢許，可容相見盡之。幻居師兄幸拉同赴，至感。**⑱**

---

**⑰** 《快雪堂日記校注》，頁 102。
**⑱** 《快雪堂集》，頁 622。

　　信中馮太史約道開於十七年正月初四、初五左右，相期
於杭州，馮夢禎有兩處提供的駐地，一是西湖西面桃源嶺上
的佛慧寺方丈室，一是他自己營建的西溪別墅。不過看後幾
日日記所載的行程，道開似乎沒有住在這兩處城西的住址。
甚至，一直到了正月初十那天，道開才與一眾江南居士們，
姍姍來遲：「藏師與幻居上人、繆仲淳、周季華至。藏師乞
了然關主塔銘，季華乞母薛傳。幻居名真界，善談經，所著
楞嚴物不遷新解，大有勝義。」⑲此時馮夢禎注意到了那位
道開的師弟幻居上人，不僅「善談經」，而且與五臺山月川
鎮澄一樣，他對於「物不遷論」同樣也頗有研究。所以在遇
到幻居之後，馮夢禎竟像遇到了學問的知己，與其多有切磋
佛學，尤其提到的「因明論」，這與晚明復興的唯識學有密
切的關係。⑳

　　幻居於唯識、因明學方面的研究學界尚不多見，唯有楊
維中教授〈明末華嚴、唯識學大師幻居真界與常熟的因緣〉

---

⑲　《快雪堂日記校注》，頁 107。又第二天十一日：「風，晦，漸開，下
　　午甚寒，春來所無。仲淳從藏師往徐村，幻居留商因明論。藏師宿于徐
　　氏。」（《快雪堂日記校注》，頁 107-108）

⑳　在後來幾天裡，馮夢禎陪同道開度過當年的元宵節。正月十六那天，道
　　開、幻居師兄弟與繆希雍等居士，共同赴徑山，馮夢禎沒有隨行，日記
　　正月十五：幻居自西溪來。藏師將以明日往雙徑，來道之忽欲從行，太
　　奇事，阻之愈奮。夜月甚佳。《快雪堂日記校注》，頁 108。但與道開
　　約定，清明前會於嘉興楞嚴寺；商討的內容，應該與江南刻經募集資金
　　有關，但最終，這次會面也被推遲了。見馮夢禎有尺牘〈答藏師兄〉
　　（馮 2），《快雪堂集》，頁 481。

（《華嚴學研究》第二輯）等文章，**㉑**及林鎮國、簡凱廷編
《近世東亞佛教文獻與研究叢刊》第一冊之《近世東亞《觀
所緣緣論》珍稀注釋選輯》「真界《觀所緣緣論解集》」題
解中，有過討論。觀晚明江南居士士大夫中，除馮夢禎外，
王肯堂、虞淳熙、趙宧光輩，都對在中原失傳良久的唯識
學，表現出極大的興趣，並且各自做出不小的成就，馮夢禎
就為幻居的因明、唯識學作品，作過序言。**㉒**而僧人中除了
「三高僧」外，五臺山鎮澄也有諸多唯識著作。**㉓**晚明這一
學術風潮的漢文佛經的依據起點，就是晚唐時候永明延壽所
著《宗鏡錄》。閱讀《宗鏡錄》的經歷在馮氏日記裡頻繁出
現，而馮氏致道開信中，「太史、連四簍付慈航師兄，印
《宗鏡》已下法寶」（馮9），唯識學與晚明佛教非本文重
點，但由此可以看出以道開、馮夢禎為核心的江南僧俗菁
英，不是一個普通的信仰團體，這種僧俗交融的狀態，是建
立在當時最經典的學術理想之上的。

　　直到當年初夏收到道開來信後的三天（萬曆十七年四

---

㉑ 楊維中教授另有〈幻居真界在徑山的活動考述〉（未刊稿）一文，於第
二屆徑山禪宗祖庭文化論壇發表。文中亦注意到馮夢禎日記及馮、密二
人尺牘文獻中關於幻居法師的記載，但所取繫年似可商榷，如楊教授以
幻居駐錫徑山始於萬曆十九年，則為誤讀馮、密二人尺牘所致，本文中
已有論證。另，楊文中以旁涉密藏道開隱去時日，並與筆者博士論文推
論商榷，雖與徑山刻藏有關，但限於本文主旨，擬另撰文設論。

㉒ 參萬曆十七年五月二十二日日記：余至滴翠軒，作幻居師兄物不遷解
序、因明入正理論疏引、澄公正心論序。（《快雪堂日記校注》，頁
130）

㉓ 可參看簡凱廷博士博士論文《晚明五台僧空印鎮澄及其思想研究》。

月），道開赴嘉興，商討刻經檀施。❷二十八日日記：「以
藏師招至楞嚴，與諸善信定刻經之約。同盟者，包氏父子兄
弟、張君如鏡、陸公子基某與余六人，余作盟詞。余婦正月
發願，歲出五金，余再出五金，共十金，刻經二卷。餘善
信多寡有差。晤雲間康孟修、徐孟孺。」❷這是有關《嘉興
藏》刻經團隊組織的一條重要文獻，證明《嘉興藏》實際執
行時間，在萬曆十七年的四月底，地點即為嘉興佛教聖地楞
嚴寺，而首批也是最重要的居士參與者，多是嘉興籍人士，
除了馮夢禎與姻親包檉芳家族外，還有尚書陸光祖家族，到
場的「陸公子基某」為陸光祖子侄輩（陸長子名基志），張
如鏡應該與著名的「張梅村居士」有聯繫。當日所見另兩位
雲間居士康孟修、徐孟孺，也為刻經捐資不少，經本題記中
廣有留存。《嘉興藏》的刊刻經歷多重阻難與因緣，最終匯
成巨帙，最先就從道開禪師與馮太史及其居士圈中促成的。
之後一月內，道開一直留在江南。〈又與真實居士〉（密
6）載：

　　仲淳攜足下手書至，展讀不覺哽結。末世有情，大多誑
　　曲成習，求真心直心、自急急人者絕少。足下赤心片片，
　　甚足爍我中懷，故為動念。貧衲此行，蓋為事有不可思慮

---

❷ 日記四月十七日：「藏師書來，歸華嚴論。」（《快雪堂日記校注》，
　頁 127）又日記四月二十日載：「藏師來，議刻經緣事。夜夢一僧東南
　來，破壁直至榻前，驚而寤，今應之矣。」（《快雪堂日記校注》，頁
　128）
❷ 《快雪堂日記校注》，頁 128-129。

所測識者。且光陰箭疾，恐到老猶然，話杷無實，究竟不
得不急。大都事在南方，斯為定議，第足下亦當早晚切切
心願，共期成辦。地事烏陵，萬萬無議。赤山太陰星，但
無甚縈結之土地，卻真正開穴，若得淡白之土，上少有沙
穴，中亦無，即可厝耳。無太為榮辱所惑，空延歲月，至
祝至祝。聞子晉病楚，貧衲寒竦毛骨。幸足下善調護之，
蓋貧衲法門一左臂也。❷⑥

　　此信時間，當在十六年底至十七年，因無日記佐證，
尚不能非常精確地定位。信中「地事烏陵，萬萬無議」一
語，本事為繆希雍葬母卜地湖州烏陵山。日記中有關此事有
記載，十六年年冬繆希雍去烏陵看地，「為開山計」，十七
年夏則已開始「展墓」。❷⑦道開信中對烏陵地事並不看好，
因為「無甚縈結之土地」，若真欲葬母於此，則需要堪輿家
的布置。既然此馮氏信是由繆氏轉達，則道開對這一地事態
度，顯然已經告訴過繆居士了，寫信時間應該就在「仲淳往
烏陵山展墓」前後；甚至，繆希雍五月「展墓」時應當已經
得到道開的建議。

　　觀此信中「事在南方，斯為定議」實際上還是反覆強調
《方冊藏》的檀施，當以南方為主，所以期望馮夢禎能夠在
這一方面盡量聚攏信眾共舉善緣。則在道開心中，南方居士

---

❷⑥ 《密藏開禪師遺稿》第 1 卷（CBETA, J23, no. B118）。
❷⑦ 日記十六年十一月二十日：仲淳詣烏陵，為開山計；十七年五月二十二
　　日：仲淳往烏陵山展墓。（《快雪堂日記校注》，頁 97、130）

士大夫、甚至南方諸寶剎，始終是支撐《大藏》刊刻的重要基石。至於道開信中所說「事有不可思慮所測識」與「不得不急」的本事，與當年徘徊南北經場的選擇，或有關係。❷❽

　　五月二十六日，二人自杭州分別，道開北上，馮夢禎一路送到吳興碧浪湖附近。❷❾之後的六、七月間，馮夢禎皆有得道開書信，彼時道開應在金壇陪同紫柏。❸⓪道開別後不久，馮夢禎有信致之，可見〈與藏師兄〉（馮3）十七年秋冬時，馮夢禎收到密藏道開寄自五臺山的書信〈又與馮開之居士〉一通（密2）：

　　　　苕溪別袂，返楞嚴，未幾即詣金沙，躬侍本師。旬月
　　　始北發，九月至山。山中事宜，粗為條析，南來之眾，俱
　　　入堂校對《華嚴合論》，寫刻頗精，不亞弘明諸書，大藏

---

❷❽ 另信中說道「子晉病楚」，樂晉似乎身染重病，在老友馮夢禎的尺牘中也有過反應。樂晉壽之不永，在五臺山經場撤銷的前後就殞命了。馮夢禎有〈與藏師兄〉（馮5）言：「子晉病數日不差，旅況良苦，急須仲淳起之，即日或未能必至。借一佛子促之何如？方字函經奉上。」（《快雪堂集》，頁502）馮夢禎作此書時間殊不易確定，似乎與上文道開關係樂晉病痛有關，甚至即是作於上引道開尺牘（密6）之前，道開遂有此回信。因信中資訊不足，遂有此推測。

❷❾ 日記五月二十三日：「日中，藏師兄同周仲大、季華至……再作因明入正理論疏引，藏師不許前作，示意更之。」二十六日：「早別藏師兄。正心論留閱，尊宿語錄四函、雲門錄、五祖演錄，又抄本，一共三峽，付師兄北去。自峴山曆碧浪湖，甚淺澀。忽轉北風，楊帆而行，亦事之偶然者。」（《快雪堂日記校注》，頁130、131）

❸⓪ 日記六月初四：「信奴回，得藏師兄、仲淳、李君實報書。」七月初五：「唐佛子齎到達觀老師、藏師兄二書……遣唐佛子報徐孺東之訃于仲淳。」（《快雪堂日記校注》，頁132、137）

終始，盡得如斯，誠所願也。合論即吳江新刻八卷，亦甚
潦草訛落，至若去經存論亦有未妥。蓋志甯合論時，已失
長者故物，而慧研刪厘合論，則又失之以故，子晉筆削，
大都於長者血脈，無從聯續，而志寧、慧研，私增科判，
亦未敢輕削。是不惟無補長者，反增重其迷誤，不若存舊
猶間，有得失可指議也。本師寓金沙久之，居士曾往參謁
否？夫末法眾生，易於懈退，非善知識無由策進；學人知
見，易於淆訛，非善知識無由揀辯。故曰：水中乳惟鵝王
能擇之。又曰：大唐國不是無弟子，只是無師。有師矣，
而又慢於請決，則報緣一謝，束手長往，業海茫茫，出頭
無期，伊誰之過也。身世匪堅，光陰迅疾，惟居士勉力自
強。古人三日刮目，吾輩三年之別，各猶故吾，則繈褓中
兒，不可久違慈母信矣。傅伯俊久遲居士，同了清涼之
願，昨過聊城，聞已南遊，此時想曲盡江南諸勝，兼得本
師為之指南，所謂捷足者先之，伯俊之謂矣。仲淳精神疲
極，良可哀憫，儻其親已葬，孤東已吊，居士當攜之同入
清涼，少事將息可也。㉛

　　此信所作時間如道開自述，為其九月回到五臺山後。彼
時經場初建，千頭萬緒，皆需道開一人經營，而紫柏大師猶
在金壇於玉立處。信中說道四月間馮夢禎吳江送別之後，他
又去了嘉興楞嚴寺，取道金壇見過業師，居一月北上。途中

㉛ 《密藏開禪師遺稿》第 1 卷（CBETA, J23, no. B118）。

經過聊城，探聽到傅伯俊已經南下，當欲至紫柏處參訪。而
信中最大的篇幅，談及對樂晉所校對《華嚴合論》的方式，
提出了不滿，用今天的話來說，有點菲薄古人注疏，擅自筆
削的意思。信末又規勸馮氏早日脫出樊籠，同至五臺山，並
提到等繆母與徐貞明兩椿喪葬事畢，即可成行。這兩椿江南
士大夫有關的喪葬事，一併護持徑山等信息，還在另一封道
開至繆希雍的信中提到，且更為直接。道開希望幻居等能對
徑山諸僧「潛為啟發」，再由馮、繆二人「因之往返」，要
讓徑山寺僧對刻藏「無所猜忌，傾心樂成」，則可見道開彼
時心中刻藏安排的複雜狀況。

另有〈與馮開之居士〉（密 11）一通：

《大乘止觀》序，海瀛居士想屬筆矣，足下入苕，當領
之付梓。人氏脫有萬一未妥更當共討論之，務使海瀛居士
筆頭上光明，足以熏照未來，將必有一人兩人焉，于此光
明中發大信心，入此止觀門，然後斯文為不徒作。不爾，
則徒文非我教所貴矣。《成唯識論》，三月間可完刻，亦
不可無序。昨文卿、中甫寄貧衲尺一，甚言武林虞德園居
士，欲與貧衲一見，不知貧衲與居士從曠劫來初無間隔亦
無背面可得乃今欲面者形骸耳。既是法脈中人，必有覿面
時節，敢乞足下代為合掌，求其先撰論序，以作後日相見
香儀。聞居士刻意西方，此亦堪作往生助行。居士文名遍
寰宇，況法門著作，諒其不怠。張星岳居士頗有助緣刻經
意，足下當乘其熱念，如包瑞老故事，為定奪之。逐年捐
貲既不苦，而積以十年，則功勳且多矣。舟次草草，餘圖

便再悉。㉜

　　此信所作雖不能確定具體時間，但憑信末「舟次草草」
一語，便知必在十七年，道開於南方頻繁奔走之際；是年秋
道開北上後，即長期駐錫五臺。此通尺牘中有多重刻藏因
緣，並涉及多位江南居士。首先信中之「海瀛居士」為烏程
人朱長春，字太復，萬曆十一年進士。其所作《大乘止觀》
序言，收入氏著《朱太復文集》卷二十四，目錄標注「丁
亥」所作，當為萬曆十五年。此序之書，似為《嘉興藏》
《大乘止觀法門》四卷，然宮藏大藏此經未收序言，後牌記
亦為康熙六年刻本，似為日後補入，俟考。朱長春序末有寫
作緣起言：「是卷南嶽思大禪師說，今江右密藏師重演，以
長水馮太史開之為教主，過烏程，目予慧而授之以難，因為
題。」㉝可知此序是應道開與馮太史之請。朱長春尺牘中亦
有一通〈與馮開之〉談及作序事：「往歲藏公所托〈止觀
序〉，向知藏公北遊，遂不奉見。子晉複道相索，因便呈
去。僕不解禪，如隔壁語耳，不堪觀，大匠當賜一削，便如
百重障。」㉞此信當可視作朱長春交稿之時，並承送馮夢禎
的。那道開致馮夢禎信時，應尚還未收到此序，而婉言求馮
氏催促。其次為《成唯識論》序言及其作者。「武林虞德園

---

㉜　《密藏開禪師遺稿》第 2 卷（CBETA, J23, no. B118）。
㉝　朱長春，《朱太復文集》第 24 卷，收入《續修四庫全書》第 1361 冊，頁 412 上。
㉞　朱長春，《朱太復文集》第 47 卷，收入《續修四庫全書》第 1361 冊，頁 650 下。

居士」為虞淳熙，字長孺，錢塘人，與朱長春同科、萬曆十
一年進士，是晚明著名佛教居士和學者，馮夢禎好友。其所
作之序並非是玄奘所譯《成唯識論》原本，而是俗解此論的
《成唯識論俗詮》之序，序言收入氏著《虞德園先生集》卷
六。有趣的是，宮本《成唯識論俗詮》序言，收入顧起元、
吳用先以下十餘人所作之序，卻無虞序，不知為何。道開知
有虞淳熙甚晚，是經松江人徐琰（字文卿）與金壇人於玉立
（字中甫）推薦；徐、於二人亦為《嘉興藏》重要施主。道
開這兩次讓馮夢禎出面求序，除了仰仗江南檀施之外，亦有
借重江南知識菁英學識與名望，來弘揚佛法的意味。

## 四、艱難來臨：萬曆十八至二十年（1590－1591）

時間來到萬曆十八年。馮夢禎似乎已經適應了家居閒適
的生活，日記中多有其在西湖岸的踏青會友的紀錄。二月二
十那天，他收到了一封道開寄自五臺山的信。八天後他寫下
回信。這時二人的交流，早已習慣兩地的遠隔；似乎在太史
的日記中，道開有些漸行漸遠了。❸道開的來信今不可知，
馮夢禎春間的回信，當為〈報藏師〉一通（馮6）：

> 自十一月懸望北使至今，何為遲遲。乃爾寄到《華嚴合
> 論》數紙，捧覽歡喜，仍合經刻，雖乖初因，亦見師兄為
> 慎重大法之意，敢不服膺。繆迷之人，為俗緣所絆，尚未

---

❸ 日記二月二十：〈得藏師兄五台書及龍泉住山永慶書〉。二十八：〈答
藏師兄書〉。（《快雪堂日記校注》，頁163、165）

及請教老師，聞目下已寓錫攝山矣。踐清涼之約，不過三
年，但伯俊出處未定，恐不能同行耳。伯俊去冬十一月相
陪，一宿昭慶，病軀尫然，正月得其廣陵書，知已漸強，
歲前北返矣。仲淳葬親，已定宜興，畢事即往豫章哭徐孺
東先生。今春尚未面梅穀師，去夏相別，不知孤雲野鶴，
何所棲泊。承其到山，亦一喜也。便信馳此，不能細敘，
惟祝為法，珍重而已。㊱

　　信中所說傅光宅「去冬十一月相陪」即生病的事，就是
萬曆十七年冬傅氏南遊，訪同年馮夢禎之事，㊲信中的「正
月得其廣陵書」，則此書即作於十八年春。㊳去冬最後一封
道開來信，為十一月所寄，時隔多月後，道開寄來新刻《華
嚴合論》數頁，應該就是二月二十日那天收到的。此時紫柏
已經駐錫南京攝山，當為棲霞寺內。而繆希雍葬母及徐貞明
的喪事，尚未完結，所以信中又一次提到了「清涼之約，不
過三年」的承諾。觀萬曆十八年時，五臺山刻經已經步入正
軌：從十七年冬道開來信中看到，南方編輯團隊於五臺山校
對《華嚴合論》；至十八年初，即已刻出若干卷，而《楚石
語錄》業已成冊，身在南方的馮夢禎在去年冬亦已收到。

---

㊱　《快雪堂集》，頁 516。
㊲　日記萬曆十七年十一月初十：「看陳公衡、周申甫、傅伯俊。下午，公
　　衡、長孺、申甫同敘，長孺為不宿之客。」（《快雪堂日記校注》，頁
　　147）
㊳　信中「今春尚未面梅谷師」語，則知信當作於春日。梅谷禪師為馮氏老
　　友，日記中時常出現。

　　萬曆十八年初馮夢禎收到的《華嚴合論》數紙，究竟是多少卷，頗可一論。宮本《嘉興藏》中《華嚴合論》全名作《大方廣佛新華嚴經合論》。如同《嘉興藏》所收入的大部分作品一樣，每卷《華嚴合論》後有牌記一條，記述捐刻者的姓名、官銜、所在地域，捐刻的原因、捐資的銀兩數額，以及經名、卷次、字數和版片數量、寫刻工匠姓名、刻書時間和地點等資訊。前三卷的施刻人正是時任監察御史的傅光宅，時間是萬曆十七年十月八日。前述傅光宅去年南來，想必與經書出版有關。第四卷的捐資者是同為監察御史、傅馮二氏的同年進士的宜興人吳達可，時間在十七年冬，卷五為時任南禮部侍郎的常熟人趙用賢所施，時間為十八年春，卷六則同為常熟人的瞿汝稷所施，時間已經是十八年夏。則馮夢禎年初所收到的數紙，很有可能就是他的同年傅、吳二人所施的前四卷；趙祠部十八年春所施刻的，恐怕未必能及時刻出。

　　僅觀前幾卷的施刻者，可以看出早期五臺山經場的組織者，不僅大都來自江南諸府（傅光宅為此中唯少的北方人），其實同屬於道開、馮夢禎身邊的交友圈之中，傅光宅、吳達可與馮夢禎為科考同年；馮、瞿為居士摯友，趙用賢為南中士大夫如馮、吳的前輩兼日後的上司（趙領禮部，馮任祭酒），又與瞿氏同鄉兼年丈（趙為瞿父景淳晚輩），此後施刻者如曾幹亨、唐文獻、徐琰等等，莫不是出自這一居士圈中，由《華嚴合論》一書牌記可以窺見，早期五臺山刻經檀施，正是由紫柏、道開師徒身邊以馮夢禎為代表的一眾居士士大夫所組成，將已有同鄉、同年等相對鬆散的聯繫

紐帶，進一步緊密勾連，參與到宗教文獻的刊刻與傳播中來，其中因緣不僅有自身及家族的信仰依託，也與晚明時代的政治生活的外延，有千絲萬縷的交織重合與互相影響。❸

　　當年又有一封道開致馮夢禎信〈與馮開之居士〉（密10）：

　　　別來如昨，律候載遷。信人命無常，浮生能幾？吾輩於法門中自稱雄傑，而複優遊退墮，無異尋常虛浪沉埋，甘為塗炭，生無所建立，死無所指歸，誠何以仰追先哲，取信後昆，而免嘵嘵拔舌之苦乎？且眾生從無量劫來，能一念發菩提心，奚啻優缽羅華一現，此而損失後得，何期爐炭鑊湯，蛆蟲蚊蠓，剎那萬狀，寧複終窮言。及於茲涕淚中隕，願共居士勉之。刻藏因緣雖已就緒，然期場南北，未卜終始。此方撰述，校讎端屬名賢，幸無忘念。新刻《楚石語錄》諸典各一部，遠充法供。幻居兄掛錫徑山否？護持之責，舍足下其誰，並乞留意。❹

　　此信中有「新刻《楚石語錄》」一書，據宮本《嘉興藏》《楚石語錄》牌記，皆為萬曆庚寅（十八年）秋，則此信必在秋冬之季。此經施刻者多位嘉興籍人事，第一卷為陸光祖所施，第二卷包樨芳，第三卷即為馮夢禎。則馮夢禎所

---

❸ 可參拙作〈浮生的日曆：快雪堂日記中的晚明生活〉，《文匯學人》，2017 年 9 月 22 日。
❹ 《密藏開禪師遺稿》第 2 卷（CBETA, J23, no. B118）。

收此書或有如今日之「樣刊」同類。同時，除感嘆時不我
待，功業難建外，道開再一次提到雖然刻藏因緣已定，但
「期場南北，未卜終始」，可以看出，即便萬曆十八年底，
道開依然不能完全認可五臺山經場的運轉。此外，更有可注
意的，是道開又一次向馮太史提及，需要江南護法留意，幻
居禪師身在徑山的工作情況。可見彼時徑山仍是道開信中掛
念的理想刻經備選。

　　萬曆十九年春末，五臺山刻經場遇到一次非常嚴重的危
機；一年後經場被迫南遷，與之有著相當大的關係。據《神
宗實錄》萬曆十九年閏三月二十四日條載：

> 禮部題：異端之害，惟佛為甚。緣此輩有白蓮、明宗、
> 白雲諸教，易以惑世生亂，故禁宜嚴。近福建有僧，妄稱
> 欽差，欲重建支提寺，以覬銀坑之利。又有番僧，亦乞內
> 地造寺，為通番之計。漢上棧道，亦複有遊僧，妄稱差
> 遣。即京師中，近有五台僧自號密藏禪師，潛住惑眾，合
> 嚴行禁逐。上命：嚴逐重治之。❹

　　這條實錄是治《嘉興藏》研究者所熟知的材料，也是明
實錄中唯有一條涉及密藏道開禪師的。這條禮部的奏議，將當
時在大明出現的諸多民間教派及番教（藏傳佛教），歸為異端

---

❹ 《神宗實錄》萬曆十九年閏三月。檢索通過「中研研究院歷史語言研究
所」與韓國國史編纂委員會開發的系統：http://hanchi.ihp.sinica.edu.tw/mqlc/
hanjishilu?@3^310524288^807^^^60211001001502360022^22@@@425549574。

教派，從事者無非圖財或者「通番」。話鋒一轉，即提到當日
人在京師的五臺山僧道開禪師「潛住惑眾」。以文句理路，禮
部此題中的諸派異端外道，恐怕就是為引出道開之行不當，而
應驅逐出京師，則五臺山刻經僧團實際已經遭到記恨與譭謗，
在京師與五臺山的行為開始受限制。禮部此題上奏後不久，
道開有信〈又與真實居士〉（密9）致南方馮夢禎：

> 刻藏因緣，科臣有言，幸宗伯題覆無恙。此以世眼觀
> 之，似屬魔嬈；以道眼觀之，實所以增法海之潤，助天鼓
> 之音也。今且聞者益眾，而受浸潤者益廣矣。矧未事之
> 先，已逆睹有此，茲何尤焉？足下之補，實出輿情，而台
> 翁特從中從臾之，其未來節次，業已有成議，或不至久稽
> 外職；惟足下無守舊見，濡滯林泉。丈夫出處，當自有時
> 節因緣，不以人情暌合，世境依違，而作進退。足下今
> 日，固當出之時，此實世外人，以便眼從中諦察，即足下
> 亦弗自知。若徒以見私揣量，於人情世境上決擇依違，非
> 道人之護念也。昔古德有為知己舉住持，弗應，後自往索
> 之，知己詰其終始，所以異日，偶欲之耳。此真孤光獨
> 露，照世法幢，所謂「師子無伴，大象不拘」者也。惟足
> 下以之。台老護法心真切，其知足下，尤非群情所可及，
> 當更無以一時人情，而作親疏想。祝祝。知己之言，肝膈
> 寸寸，幸直下當之。❷

---

❷ 《密藏開禪師遺稿》第1卷（CBETA, J23, no. B118）。

　　此信中開頭科臣所言的刻藏因緣，即是上引《實錄》中禮部上的奏章。《實錄》中提到神宗皇帝批示「嚴逐重治之」，實際上恐怕並沒有執行。時任禮部尚書的于慎行，應該將此事壓下，「題覆無恙」，刻經及募緣遇到的魔障，暫時告一段落。儘管五臺山刻經事業即將走到盡頭，但剛得到禮部尚書庇護的道開，依然覺得其情可慰。他那段「世眼」與「道眼」的觀點，頗可以見得當時的自信；即便被科臣和禮部參了一本，但刻藏舉動能在世人面前增加知名度，實際上也能看作對恢弘佛法助力，所以才會有「聞者益眾」，而「受浸潤者益廣」的態度。此信當為回覆馮夢禎問詢所作，則那封不存的馮氏信中，可能表現出某種對刻經及僧團的擔憂，但這種擔憂在道開回信筆下，已然煙消雲散。

　　下一段內容頗值得關注，是關於馮夢禎本人的起複問題，這一材料在馮氏別集中殊難尋覓，而錢謙益所作墓誌銘也含糊其辭。馮氏萬曆十五年京察被貶後，到了萬曆十九年前後，就得到時任吏部尚書、同鄉陸光祖的提攜，道開所謂「從中從諛（臾）之」的說法，頗為精巧貼切。信中道開對馮氏寄託極大的希望，並勸其放棄歸隱林泉的想法，積極入世，「丈夫出處，當自有時節因緣」。若馮夢禎能重歸仕途，任一方大員，則為佛教於世間又一大護法，道開亦未必不明了此事。揣摩道開此信中「古德」為知己舉住持事，恐馮太史此次復起，亦與道開為之在陸光祖面前的引薦，不無關係。❹

---

❹　然萬曆十九年《快雪堂日記》闕漏不少，二十年日記更是整年不存，相關其個人記載亦不明顯，此二年間馮太史之個人榮辱與僧俗交往，已不

　　萬曆十九年的紫柏師徒甚至馮夢禎的記載都是模糊的，但我們直到萬曆二十年時五臺山經場停滯的事實，便希望盡量推測停滯前究竟發生了什麼，這其中最大量的文獻集中在萬曆二十年初期。因去年冬自徑山北返五臺山，❹次年春正月初三，紫柏師徒一行自五臺山來到山西壽陽的方山，拜謁唐代華嚴學巨匠李通玄大師像。❺後再返回五臺山，在山中又度過月餘。其間除了途經青石村會友之外，❻便返回五臺山妙德庵，抽空為江南法友寫了一篇〈《吳山淨端禪師語錄》序〉（《紫柏尊者全集》作〈題師子端禪師語錄〉，但未錄寫作時間 ❼）在出發京西潭柘寺之前的這段時間裡，紫柏在五臺山還遇到一位老朋友，萬曆間著名的居士士大夫、

---

　　易查詢，其本人亦晚至萬曆二十一年才補廣德通判，那已是五臺山經場南遷以後的事了。此信之後，馮夢禎與道開這對法友的直接交往，在二人的尺牘及日記中消失，甚至道開本人，亦在次年的萬曆二十年夏，消失在茫茫傳世文獻之中。以二人為主經營的《方冊藏》五臺山刻經場解散，整個刻經事業也陷入停滯。數年之後，重新開始於徑山的刻經工程，不能簡單地視作五臺經場的延續和補充，其中曲折因緣，同日後江南僧俗菁英組織的重構與更新，有密切關係。

❹ 見紫柏詩〈寶珠泉（有序）〉載：「嘉靖間，有禪者不知何許人，雲行鳥飛，足跡滿天下，而愛杭之徑山。山有凌霄峰，高出群巒，石少土多，可以樹藝。然以乏水，棲者不能久。此禪禱於龍神，一旦泉湧成掬。更三日，泓然厭沃龍象矣。萬曆壬辰仲春，自杭來五臺，言其始末如此，遂賦之。」（《紫柏老人集》第 25 卷，CBETA, X73, no. 1452）

❺ 前揭《紫柏老人集》第 27 卷，CBETA, X73, no. 1452。

❻ 又《覺林字說》載：「萬曆壬辰，春王正月甲子日，自清涼山攜諸法侶，謁晉陽方山李長者遺像，還道青石村，休於寬師禪房，其法孫通香者，字蘊空。」（《紫柏老人集》第 21 卷，CBETA, X73, no. 1452）

❼ 《吳山淨端禪師語錄》卷首（CBETA, X73, no. 1449）。

致仕吏部尚書陸光祖。此時的陸光祖，非有遊冶名山的心
情；在三月壬辰大計之後，他因故遭罷官，才來到法友駐錫
之名山。這也證明三月下旬時紫柏師徒仍在五臺山。陸光祖
此來，與紫柏道開師徒互動，留下一段「玉帶鎮山門」的佳
話。❹這則故事中的輸玉帶以鎮山門的典故，顯然出自蘇東
坡佛印本事，是禪解機鋒典故中，非常有代表性的一則。陸
光祖顯然對這個典故是了然於胸的。在面見紫柏師徒時，道
開「效東坡故事」說道：「盡大地是清涼。」此語含有「一
即一切」的境界，陸光祖當下領略高僧之意，在部庭與在清
涼山亦無分別，故曰「早輸此帶」。此處陸光祖與紫柏師徒
的對話，不僅有蘇東坡輸玉帶之禪悅，還與陸氏在過去的幾
個月裡，於朝中的經歷有關。因時任吏部尚書的陸光祖，於
萬曆壬辰春遭罷官，為萬曆朝黨爭中的一次重要事端，不僅
激化了大明政府內各部院間的對立，還對萬曆朝前期活躍的
佛教事業也帶去不小的影響。❹從之後的結果來看，五臺山
刻經場的不存，與陸氏去官有莫大的關係。

在陸太宰遊歷五臺山後的一個月，紫柏來到了他熟悉的

---

❹ 據《（光緒）平湖縣志》「真可傳」，彭潤章《（光緒）平湖縣志》第
25 卷。另參許瑤光《（光緒）嘉興府志》第 62 卷，也有相似記載。並
參五臺山志書《清涼山志》中「明吏部尚書陸光祖傳」條，釋鎮澄編，
清初補編，《清涼山志》（CBETA, GA79, no. 81, p. 264-265）。

❹ 從「閣部之爭」的政治角度來看，陸光祖失去入閣機會，吏部中層官員
遭到黜退，當年官員考核之後，吏部元氣大傷；二十年時的內閣終以神
宗本人的態度略勝一籌。陸光祖被彈劾案，可參《萬曆癸巳乙巳辛亥丁
巳京察始末》，網址：https://www.douban.com/note/367270717/。

潭柘寺，並在此遇到了來自內宮的宦官。這期間，紫柏給他
們呈上了一件潭柘寺特有的法物：潭柘寺的拜磚，❺並在當
年夏天時被宦官「匣取入覽」，獻於慈聖皇太后。據《帝京
景物略》所載內容推知，此拜磚含有多重意義：一為至孝，
二為觀音崇拜，三為精誠之志。前二者同內宮慈聖皇太后的
現實與宗教身分，有緊密的聯繫。慈聖皇太后身為神宗的生
母，又曾畫觀音像易以己容，分贈天下名山，後又自封「九
蓮菩薩」，所以紫柏於潭柘寺所獻法寶，有其現實考量的。
第三條則與紫柏本人有關。初夏時紫柏在潭柘寺另撰有〈潭
柘山嘉福寺觀音殿足跡贊並序〉：

> 夫差雪恥而破越，勾踐嘗膽而亡吳；伍員覆楚，申包
> 胥哭秦庭以復楚，皆苦心志、勞筋骨，積歲月、忘寒暑，
> 而後其願始克。今此道人，以有情之踵，磨無情之磚，磚
> 穿跡成，雙趺宛然，使後之見者，毛髮俱豎，涕淚交下，
> 懈怠之習，精進之光，雲迸日露。以夫差等四子，心力所
> 積，較此道人，足力淺深，其何如哉？余感而贊之，不惟
> 見賢思齊，願人人因贊生奮，因奮生恒，因恒生克。（贊
> 略）❺

即為紫柏激賞妙嚴「精進之光」、願力堅韌的。妙嚴

❺ 劉侗、于奕正，《帝京景物略》，上海：古典文學出版社，1957 年，頁
112。
❺ 《紫柏老人集》第 18 卷（CBETA, X73, no. 1452）。

「以有情之踵，磨無情之磚」，堪比夫差、勾踐、伍子胥與申
包胥等四位先人。紫柏因此而感「願人人因贊生奮」。這篇贊
文所透露的資訊，有關乎恒久與精進的寓意，則紫柏所獻此
磚，就不能不與其所關注的事業：刊刻《大藏》發生聯想。

離開潭柘寺後，紫柏由慈聖皇太后身邊內瑢陪同，來
到房山的石經山，於寺中驚現佛舍利，遂發之呈貢內廷。石
經山雲居寺，紫柏大師六年前曾一造訪。萬曆十四年初北京
龍華寺倡議刻《大藏》後，紫柏曾南下膠東嶗山尋訪老友憨
山德清；後再次北還，目的地之一，就是房山的石經山。那
時紫柏見到開鑿石經的發起者隋靜琬法師靈塔，大有荒廢之
相，不禁痛哭流涕。六年後的萬曆二十年初夏，紫柏一行再
至石經山時，發現千年前隋文帝分舍利建塔時留下的佛舍利
後，激動不已，立刻囑內瑢送入內宮供養。此時，紫柏的老
友憨山德清，亦來到京城，在石經山與之會面。

紫柏這年夏天修復琬公塔院的因緣，得以記錄在憨山
德清所作〈復涿州石經山琬公塔院記〉❷，其中提到紫柏初
見琬公塔抱幢痛哭，「若亡子見父母廬墓」，是在萬曆十四
年。同時，他也將十四年以後紫柏行程，歸納為龍子保佑其
西遊峨眉山而還金壇，顯然是受了紫柏自撰龍子文的影響。
不過，憨山點出了老友逗留金壇的另一大因緣，是要「為報
父母恩，手書《法華》、《楞嚴》二經」；數十年後憨山為

---

❷ 〈復涿州石經山琬公塔院記〉詳《憨山老人夢遊集》第 22 卷（CBETA, X73, no. 1456）。

紫柏所作〈徑山達觀可禪師塔銘〉也持此說。❸此言非虛，馮夢禎《快雪堂日記》載萬曆十八年底，紫柏於金壇縣南雲林于氏別墅書經事跡：「十一月二十四。中午後，訪達觀師於顧龍山，以寫經將畢，約明日午後相見。」❹即是此書經之事。憨山〈塔院記〉中「越六年」之語，顯然不是從紫柏書經開始計算，而是從萬曆十四年開始；以下的「六月」也非實錄，在下引憨山〈舍利記〉中已有交代，應為四月。紫柏所書經，本為托京中居士士大夫、松江人徐琰，外置「琅函」，送由另一位高僧法友妙峰福登所駐錫的蘆芽山萬佛塔供奉。因此，紫柏在潭柘寺，實際為會面太僕寺臣徐琰的。

但是，最終慈聖皇太后派內官陳儒與趙賓，「齎齋具往供」，供養紫柏，再隨紫柏一同西行至石經山，地現佛舍利，「一眾稱異，悲喜交集」。趁此良機，紫柏倡議恢復久已破敗的靜琬塔院，並得到內宮帑金及內官弟子「徐法燈」的布施捐助，雲居山靜琬塔院終得以修復，憨山遂有這篇〈復涿州石經山琬公塔院記〉。憨山原碑今存，據資料介紹，「開山琬公大師之塔」及憨山碑，原在水頭村靜琬塔院內，一九七六年經有關部門同意遷於今雲居寺內；憨山碑文的落款，傳世本《夢遊集》不存，原碑保留，立石時間在「明萬曆壬辰秋七月望日。」❺

---

❸ 憨山德清〈徑山達觀可禪師塔銘〉：「時至曲阿金沙，賀、孫、于、王四氏，合族歸禮。師于於園書《法華經》，以報二親，顏書經處曰墨光亭，今在焉。」（《紫柏尊者全集》第 1 卷，CBETA, X73, no. 1452）

❹ 前揭《快雪堂日記校注》，頁 188。

❺ 資料來自互聯網：http://blog.sina.com.cn/s/blog_67e994ec0102wlmq.html。

　　修復塔院的同時，石經山雷音窟即發現舍利；其中經過，保留在憨山另一篇長文〈涿州西石經山雷音窟舍利記〉❺❻，這篇文字中，對紫柏進京的行程又多了一些細節，比如自五臺山至京西潭柘寺的時間，在當年初夏的「四月十五」，前論〈送龍子歸潭柘文〉寫作時間即在此時。同中官一同西行至石經山的時間，已是五月十二。六月初一己丑，在慈聖皇太后齋戒三日之後，新發現的佛骨舍利被請入內廷慈寧宮，「供養三日」，而遲至中秋過後八月二十日，從宮中迎回舍利，安置在新製石穴之中。紫柏大師恢復靜琬塔院，就在舍利進宮供養的這段時間。紫柏本人也於石經山寫下長文一篇〈房山縣天開骨香庵記〉❺❼，可與憨山所記參看。

　　無論憨山德清還是紫柏本人，都在傳世文字中反覆強調，此行中佛舍利的發現與靜琬大師塔院的恢復，二者有相當之聯繫；與之相對應的隋靜琬大師刻經願力，同樣「充滿法界」，無處不在。其中意味，其實不難理解。靜琬大師排除萬難刊刻石經、後有弟子接續百餘年，而成著名的《房山石經》，正是紫柏開雕《方冊藏》的最佳楷模。所以紫柏、憨山這對法友在多篇文字中，反覆暗示石經山佛舍利與刊刻石經的靜琬大師間有內在的共通之處，便不足為奇了。

　　根據上引文字，我們可以探知萬曆二十年秋，二位近

---

❺❻　〈涿州西石經山雷音窟舍利記〉詳《憨山老人夢遊集》第 22 卷（CBETA, X73, no. 1456）。
❺❼　〈房山縣天開骨香庵記〉詳《紫柏老人集》第 14 卷（CBETA, X73, no. 1452）。

世最重要的高僧，於一個半月間的對談，最有可能發生的時間，應當在七月憨山與紫柏會合後，一直聊到中秋節後、石經山舍利自內宮返回雷音窟為止。在這段時間裡，他們通過內官得以密集地與內宮交流；恐怕二人的話題中，不僅僅只是關注禪宗研究這麼簡單——其中，至少還有條重要因素為學界忽略，萬曆二十年夏秋之際，紫柏、憨山等高僧團體，進獻、舍利、拜磚入宮的時間，正是神宗皇帝朱翊鈞的三十歲整壽。神宗生日、「萬壽聖節」時間在八月十七日，高僧敘述中，這麼重要的高層互動關鍵，似乎被刻意忽略掉了。如果放在神宗萬壽聖節，舉國同慶的背景下看，紫柏、憨山在這年的一些舉動，似乎有了更值得討論的空間。比如僅一點，憨山〈舍利記〉一文提到舍利「迎入慈寧宮，供養三日」，這究竟是哪三日，很可能就是作者文中表露的：自迎回舍利的八月二十日，上推到神宗生日的八月十七這三日內。憨山素以諳熟「春秋」筆法而自許，「供養三日」與「八月二十」之記恐為其刻意而為，因述及神宗生日，附記於此。

## 萬曆二十年紫柏時間簡表

| 日期 | 地點 | 人物 | 出處 | 本事 | 備註 |
|------|------|------|------|------|------|
| 正月初三 | 山西壽陽方山 | 紫柏及道開等三弟子 | 紫柏〈謁方山李長者還定襄道中（有序）〉 | 訪方山李長者遺跡 | |
| 二月十三 | 五臺山妙德庵 | 紫柏 | 紫柏〈吳山淨端禪師語錄序〉 | | |

| 三月末 | 五臺山妙德庵 | 紫柏與陸光祖 | 《清涼山志‧明吏部尚書陸光祖傳》 | 陸光祖乞罷，許之，仍予馳驛歸。 | 《神宗實錄》萬曆二十年三月十四，陸光祖去職 |
|---|---|---|---|---|---|
| 四月十五 | 潭柘寺 | 紫柏師徒 | 憨山〈涿州西石經山雷音窟舍利記〉 | 撰〈送龍子歸潭文〉、獻「拜磚」，慈聖太后內侍接見 | |
| 五月十二／十九日 | 石經山雷音窟 | 紫柏師徒 | 紫柏〈房山縣天開骨香庵記〉／憨山〈涿州西石經山雷音窟舍利記〉 | 發現舍利，進獻內侍 | |
| 六月己丑（初一） | 石經山 | 紫柏與內侍 | 憨山〈涿州西石經山雷音窟舍利記〉 | 迎舍利入慈寧宮，供養三日 | |
| 七月 | 石經山 | 憨山 | 《憨山大師年譜疏註》 | 至京於上方山訪紫柏 | |
| 七月十五望日 | 石經山 | 憨山 | | 〈復涿州石經山琬公塔院記〉立石；之前靜琬塔院當已開始恢復 | 原碑所記 |
| 八月十七日 | 內宮 | 神宗皇帝朱翊鈞 | 《神宗實錄》 | | 神宗皇帝朱翊鈞萬壽聖節，且三十歲整壽 |
| 八月二十日 | 石經山 | 紫柏 | 憨山〈涿州西石經山雷音窟舍利記〉 | 迎回舍利，安置石穴 | |

　　此後關於紫柏師徒與刻經場的記載便不易覓得，可以確定的是密藏道開也在本年或者次年隱去，而經版南下徑山，再由馮夢禎、繆希雍等居士整合刻經資源，重新開工，已是

多年以後的事了。做為早期經場的五臺山經場，在紫柏最後一番努力之後很快戛然而止。如果需要詳細考察這其中的政治內幕以及道開離去的隱情，似乎有重新考察晚明政治史的必要，亦溢出本文關注僧俗互動與早期刻經場生存的本意，遂擱筆於此。

## 五、結語：承其後者，在於流通

時值抗戰期間，近代佛學名家歐陽竟無居士（1871－1943）所創支那內學院，內遷到四川江津。一九三八年，在〈支那內學院經版圖書展覽緣起〉一文中，歐陽竟無居士講述了流通佛法與士大夫的關係：

> 予，士也。予之所事，承先待後之事也。釋迦以至道救世，承其後者事乃在於流通。迦葉、阿難，結集流通；龍樹、無著，闡發流通；羅什、玄奘，翻譯流通。自宋開寶雕版於益州，至予師楊仁山先生刻藏于金陵，為刊刻流通。**❺❽**

這段名言中，歐陽居士明確了做為信徒士大夫的責任，就是傳播世間佛法，「承先待後之事」。正如王雷泉教授解

---

**❺❽** 歐陽漸，〈支那內學院經版圖書展覽緣起〉。收入王雷泉編，《悲憤而後有學──歐陽漸文選》，上海：遠東出版社，1996 年。另參王雷泉，〈釋迦以至道救世，承其後者事乃在於流通──大眾閱藏對於構建網路佛教之體的意義〉，《法音》，2016 年第 8 期。

這段話時提到，「士」的使命就是弘道。佛陀所證悟的至道，和教法流通之間，佛教知識分子是起到樞紐作用的人。《論語》之謂「人能弘道，非道弘人」的說法，在恢弘佛法中依然適用。這些，在晚清楊文會、歐陽漸師徒的生平行止中，可以得到淋漓盡致的體現；而之前歷代佛教傳播史中，出現的迦葉、阿難，玄奘、義淨，及近世以來多部《大藏經》的集結，也直觀地展示出各自「承其後者事乃在於流通」的實踐。而在晚明時代，江南僧俗共襄盛舉的《方冊藏》的刊刻與傳播，同樣是吾國佛教史上，一次功勳卓著的流通佛法之舉。

《嘉興藏》唱緣於萬曆初年，在經歷四年的五臺山刻經場時期後，被迫南遷，自此長期一蹶不振；直至崇禎年間，大護法與卓越的出版家重新出世，才又掀起一輪刻經的高潮。《方冊藏》後期的刊刻，仍嚴格依據《嘉興藏》早期的規制與版式，出版的狀態長期延續；直到清中葉，依然有新印經本歸入藏中。對這一綿延百餘年的佛教經典出版事業，今日研究不可謂不多；本文所聚焦，為此一大事業最開端的幾年，即其與時政、上層與江南士大夫結合最為密切的階段裡，刻經機緣的形成，及其在居士圈內付諸實踐的過程。尤其通過考察晚明江南士大夫與菁英僧侶間書牘日記的文獻，另闢一條蹊徑，從之前甚少被關注的日常瑣碎中，釐清萬曆朝刻藏事業，如何融入進居士士大夫的生活，並具體影響著佛教復興的進程。在當日僧俗交往互動的禪悅生活裡，有諸多著名的嘉興菁英法侶，值得受到更多的關注；晚明僧俗之間頻繁的往來，最終成為《嘉興藏》因緣最重要的開啟者。

# 參考文獻

《吳山淨端禪師語錄》，CBETA, X73, no. 1449。

《密藏開禪師遺稿》，《嘉興藏》續藏第 266 函，北京：民族出版社，2008 年。

《紫柏老人集》，CBETA, X73, no. 1452。

《憨山老人夢遊集》，CBETA, X73, no. 1456。

方廣錩，《中國寫本大藏經研究》，上海：上海古籍出版社，2006年。

王啟元，〈浮生的日曆：快雪堂日記中的晚明生活〉，《文匯學人》，2017 年 9 月 22 日。

王啟元，〈從五臺山到徑山：密藏道開與《嘉興藏》初期經場成立考論〉，《法鼓佛學學報》第 20 期，2017 年。

王雷泉，〈釋迦以至道救世，承其後者事乃在於流通——大眾閱藏對於構建網路佛教之體的意義〉，《法音》，2016 年第 8 期。

王雷泉編，《悲憤而後有學——歐陽漸文選》，上海：上海遠東出版社，1996 年。

朱長春，《朱太復文集》，收入《續修四庫全書》第 1361 冊，上海：上海古籍出版社，2002 年。

李富華、何梅，《漢文佛教大藏經研究》，北京：宗教文化出版社，2003 年。

陳玉女，〈明清嘉興楞嚴寺《嘉興藏》之刊印與其海內外流通〉，《佛光學報》新 6 卷第 1 期，2020 年。

彭潤章，《（光緒）平湖縣志》，上海：上海書店，1993 年。

馮夢禎，《快雪堂日記校注》，上海：上海人民出版社，2019 年。

馮夢禎，《快雪堂集》，《四庫全書存目叢書》集部第 164 冊，濟

南：齊魯書社，1997 年。

劉侗，于奕正，《帝京景物略》，上海：古典文學出版社，1957 年

歐陽漸，〈支那內學院經版圖書展覽緣起〉，收入王雷泉編，《悲
　　憤而後有學──歐陽漸文選》，上海：遠東出版社，1996 年。

藍吉富，《佛教史料學》，臺北：東大圖書股份有限公司，2011
　　年。

釋鎮澄編，清初補編，《清涼山志》，揚州：江蘇廣陵古籍刻印
　　社，1993 年。

# Vulgar interaction of Jiangnan buddhism group:
## Take the engraving activities of Jiaxing Canon for example

### Qi-Yuan Wang

Assistant Research Fellow, Chinese Ancient Books Preservation and Conservation Institute, Fudan University

## ▌ Abstract

The reaserch of buddism during Ming Dynasty, which start from Sheng Yen, which was a successful beginning of academia.This study will examine the interaction between the inner palace, the eminent monk and the literati in the late Ming Dynasty, especially focus on the necessity of the eminent monk combining with the literati, whose faith life has an impact on political life. Among them all, planning publishing Tripitaka in book style（方冊藏）, also name as Jiaxing Tripitaka（嘉興藏）, was a successful cooperation between elite doctors and eminent monks in late Ming Dynasty. The moment of publishing, carved by the site selection, application and maintenance, and later younger connection etc. are vividly depicted in late Ming Dynasty and the activity of communication.

**Keywords:** Vulgar interaction, Jiaxing Canon, Feng Mengzhen, Revive of Buddism

# 禪門修證指要

# 《禪門修證指要》與明清禪學

**廖肇亨**
中央研究院中國文哲研究所研究員

## ▌摘要

　　《禪門修證指要》是聖嚴法師（1930－2009）從《大正藏》、《卍續藏經》中輯出重要的資料，做為禪門修證的依據，既是重要的禪學思想史資料集，也是修行實踐的重要指南。《禪門修證指要》選錄的資料中既有繼承傳統備受重視的資料（例如〈信心銘〉），也有聖嚴法師的發明與創新。特別是明清部分。

　　聖嚴法師一向以明代佛教專家自許，除了以蕅益智旭為主題的博士論文外，《禪門修證指要》也展現了聖嚴法師對於明代禪學的深厚造詣。《禪門修證指要》選錄了數種重要的明清禪學資料，包括雲棲袾宏（1535－1615）《禪關策進》、憨山德清（1546－1623）〈觀心銘〉、〈初心修悟法要〉、無異元來（1575－1630）《博山參禪警語》、晦山戒顯（1610－1672）《禪門鍛鍊說》四種。萬曆三高僧中有其二，無異元來嗣法曹洞宗壽昌派，晦山戒顯眺法臨濟宗三峰派。其中《禪關策進》、《博山參禪警語》二書流傳日本，在江戶時代的禪門廣為流行，屢經翻刻，又有各種名家

註釋。晚年住持杭州靈隱寺的三峰派重鎮晦山戒顯雖然也有語錄行世，但《卍續藏經》只選入《現果隨錄》、《禪門鍛鍊說》。不過，標舉《禪門鍛鍊說》做為禪門修證的指南，完全出自聖嚴法師的睿見。從《禪門修證指要》選錄的資料，或許可以就聖嚴法師對於明清禪學的認識有更深一層的體會。

**關鍵詞：**明代佛教、《禪門修證指要》、雲棲袾宏、憨山德清、無異元來、晦山戒顯。

# 一、前言

　　《禪門修證指要》是聖嚴法師（1930－2009）從《大正藏》、《卍續藏經》中輯出重要的資料，做為禪門修證的依據，既是重要的禪學思想史資料集，也是修行實踐的重要指南。《禪門修證指要》選錄的資料中既有繼承傳統備受重視的資料（例如〈信心銘〉），也有聖嚴法師的發明與創新。特別是明清部分。

　　聖嚴法師一向以明代佛教專家自許，除了以蕅益智旭為主題的博士論文外，《禪門修證指要》也展現了聖嚴法師對於明代禪學的深厚造詣。《禪門修證指要》選錄了數種重要的明清禪學資料，包括雲棲袾宏（1535－1615）《禪關策進》、憨山德清（1546－1623）〈觀心銘〉、〈初心修悟法要〉、無異元來（1575－1630）《博山參禪警語》、晦山戒顯（1610－1672）《禪門鍛鍊說》四種。萬曆三高僧中有其二，無異元來嗣法曹洞宗壽昌派，晦山戒顯嗣法臨濟宗三峰派。其中《禪關策進》、《博山參禪警語》二書流傳日本，在江戶時代的禪林廣為流行，屢經翻刻，又有各種名家註釋。晚年住持杭州靈隱寺的三峰派重鎮晦山戒顯雖然也有語錄行世，但《卍續藏經》只選入《現果隨錄》、《禪門鍛鍊說》。不過，標舉《禪門鍛鍊說》做為禪門修證的指南，完全出自聖嚴法師的睿見。從《禪門修證指要》選錄的資料，或許可以對聖嚴法師禪宗史觀有一個整體的觀照。做為明代佛教的專家，同時也是一代禪門宗匠的聖嚴法師，《禪門修證指要》一書可以說是其思想具體而微的縮影。《禪門修證

指要》一書有繼承，也有新創，更體現了聖嚴法師自我認同與定位，當然也可以看到特殊的時節因緣，在在值得細細尋繹。由於《禪門修證指要》一書體大思精，牽涉範圍太廣，本文只就《禪門修證指要》一書所選明清部分加以探究。

## 二、《禪門修證指要》中禪宗發展史觀的再省思

《禪門修證指要》一書共選錄菩提達摩（？－535）、釋亡名（約521－約616）、傅大士（497－569）、三祖僧璨（？－606）、四祖道信（580－651）、牛頭法融（594－657）、五祖弘忍（602－675）、六祖惠能（638－713）、石頭希遷（701－791）、永嘉玄覺（665－713）、荷澤神會（668－760）、馬祖道一（709－788）、清涼澄觀（738－839）、圭峰宗密（780－841）、臨濟義玄（767－886）、洞山良价（807－869）、宏智正覺（1091－1157）、大慧宗杲（1089－1163）、長蘆宗賾、雲棲袾宏、憨山德清（1546－1623）、博山元來（1576－1630）、戒顯禪師（1610－1672）、虛雲和尚（1840－1959）等二十四人。聖嚴法師曾就選錄諸家的緣由曰：

　　向來的禪者，以及重視實際修行的佛教徒，大都不重視思想史的演變過程，似乎覺得「禪」的修證方式和觀念，從來不曾有過變化，僅憑以因緣而接觸到的某一種或某一些禪的方法或禪的文獻，作為衡斷及修持的標準。縱然是聰明的禪者，涉獵了往古迄今的各種禪籍，多半也僅以同一個角度來理解它們，此與各還其本來面目的認識法，是

有很大出入的。❶

　　也就是說：《禪門修證指要》一書展現了動態的禪宗史觀，所謂「各還其本來面目」，也就是說彼此之間仍然有所差異，不可任意一概而論。另一方面，從這個序文中也不難看出作者博采縱覽的用心所在，嘗試鎔鑄百家，兼容並蓄。

　　聖嚴法師曾經就宋代以前的禪宗發展歷程大致分為：（一）純禪時代，包括菩提達摩、傅大士、道信、法融、惠能。（二）禪機時代，包括石頭希遷、馬祖道一、南陽慧忠（675－775）、百丈懷海（720－814）、南泉普願（748－834）、龐蘊居士（？－808）、藥山惟儼（751－1834）、圭峰宗密、黃檗希運（？－850）、德山宣鑒（782－865）、臨濟義玄、洞山良价，其中選入《禪門修證指要》的有石頭希遷、永嘉玄覺、荷澤神會（668－760）、馬祖道一、清涼澄觀、圭峰宗密、臨濟義玄、洞山良价諸人，其中比較特別的是華嚴四祖清涼澄觀，雖然聖嚴法師說明採錄清涼澄觀只是襲仿《景德傳燈錄》的體例，但是聖嚴法師特別推崇澄觀曰：「能將世出世間的一切學問匯集而為佛法化世的工具，又能集禪、教（天臺、華嚴、三論）、律、密等各類宗旨而熔於一爐的人，中國佛教史上，清涼國師應算是最早而最有功德的大師之一。因此，《景德傳燈錄》的編者道原，也將他的〈心要〉收集在這部禪宗迄今為止仍是最重要

---

❶ 釋聖嚴，《禪門修證指要・自序》，收於《法鼓全集》4-1（臺北：法鼓文化，1999 年）頁 7-8。

的典籍之內。」❷集各類宗旨熔於一爐,視之為聖嚴法師之夫子自道似亦無不可。(三)禪的轉變,主要以大慧宗杲的看話禪與宏智正覺默照禪為主。聖嚴法師標舉看話禪與默照禪兩種禪法,乃是「為了挽救時弊而起的禪宗復興運動」,在〈中國禪宗的禪〉❸一文當中所敘只到看話禪與默照禪,《禪門修證指要》一書則增加了宋代長蘆宗賾、明代雲棲袾宏、憨山德清、博山元來、清代戒顯禪師、民國虛雲和尚六人,成為一部貫串一千四百多年的禪宗通史資料書。

在增補的六人當中,選錄長蘆宗賾〈坐禪儀〉,特別強調它對日本永平道元(1200－1253)〈普勸坐禪儀〉的影響,另外關於《禪關策進》一書,作者說:「(《禪關策進》)對於近世日本的禪宗,此書的影響力亦極大。」❹還有無異元來(博山)的《參禪警語》一書在近世日本禪林亦廣為流播。萬曆三高僧之一的紫柏真可(1543－1603)雖然刊刻《嘉興藏》居功厥偉,但似乎不為聖嚴法師所喜,罕所言及,且在日本禪林流傳未若雲棲袾宏、無異元來之廣,或因如此,故《禪門修證指要》捨之不談。

從《禪門修證指要》的序言來看,作者似乎也有意融合禪淨之諍。作者曰:

❷ 釋聖嚴,《禪門修證指要》,頁96。
❸ 釋聖嚴,《禪的體驗‧禪的開示》,收於《法鼓全集》4-3(臺北:法鼓文化,1999年),頁62-94。
❹ 釋聖嚴,《禪門修證指要》,頁171。

　　北宋以下，參禪與念佛合流，倡導禪淨雙修最有力的是永明延壽禪師（西元九〇四－九七五年），明末的蓮池大師袾宏（西元一五三五－一六一五年）則將念佛分為「持名」與「參究」的兩門，皆以往生西方淨土為其指歸。持名即是念「南無阿彌陀佛」的六字洪名；參究即是以大疑情參問「念佛是誰」。因此，晚近的淨土行者雖不參禪，而參禪者無不念佛；雖有淨土行者排斥禪門，真的禪者則殊少非議念佛之行，因為淨土的念佛法門，即是禪觀方法的一種，如予排斥，就像有人用右腳踢左腳，舉左手打右手，豈非愚不可及！

　　事實上，禪者念佛，早在四祖道信（西元五八〇－六五一年）的〈入道安心要方便門〉，即舉《文殊說般若經》所說的念佛法門，勸導大家照著修行：「心繫一佛，專稱名字」，說明禪門也用持名念佛。又引《觀無量壽經》所說：「諸佛法身，入一切心想，是心是佛，是心作佛」的觀點，說明禪門的「是心是佛」，淨土經典中，也早有此說。我本人亦常勸念佛不得力的人，先學攝心的禪觀方法，心安之後，專心持名，庶幾容易達成一心念佛的效果。因為念佛往生極樂者，一心念要比散心念更有力。一心念，心即與佛相應，散心念，則不能與佛相應；所以永明延壽的《宗鏡錄》內，數處提到「一念相應一念佛，念念相應念念佛」的主張，那也正是《楞嚴經‧大勢至菩薩念佛圓通章》所說：「都攝六根，淨念相繼，得三摩地」的道理。要是六根不收攝，淨念不相繼，而想「以念佛心，入無生忍」、「攝念佛人，歸於淨土」，是不容易的

事。故請淨土行者，不可盲目地非議正確的禪門修持。❺

是以《禪門修證指要》在長蘆宗賾下曰：「他是一位主
張禪淨雙修的大師，既著有禪宗的《禪苑清規》十卷，又著有
更多關於淨土宗的書，他說：『念佛參禪，各求宗旨，黐山雖
異，雲月是同。可謂處處綠楊堪繫馬，家家門戶透長安。』
（見《淨土簡要錄》）」❻在雲棲袾宏下說：「一生致力於
戒殺放生，提倡參究念佛，禪淨雙修。傳受了遍融的華嚴教
理、德寶的禪宗心法，而以淨土法門為其指歸。」❼陳劍鍠曾
經指出聖嚴法師參究念佛的路數相當程度乃承繼雲棲袾宏而
來。❽事實上，淨土法門一直是禪門內部普遍流行的修證方
式，聖嚴法師《禪門修證指要》一書雖然是禪學思想史的資
料集，但去取之間以及全體構成之間仍舊展現出作者獨特的
價值取向與知識結構。

## 三、雲棲袾宏《禪關策進》

雲棲袾宏固然淨宗祖師的形象堅不可破，雲棲袾宏本人
亦推動淨土法門不餘遺力，但雲棲袾宏早年銳意參禪，其曾
自敘編纂經過云：

---

❺ 釋聖嚴，《禪門修證指要・自序》，頁 8-9。
❻ 釋聖嚴，《禪門修證指要》，頁 151。
❼ 釋聖嚴，《禪門修證指要》，頁 171。
❽ 陳劍鍠，《禪淨何爭？──聖嚴法師的禪淨思想與體證》（臺北：法鼓
　文化，2017 年），第六章〈聖嚴法師「以禪攝淨」的詮釋及其運用〉，
　頁 260-263。

　　予初出家，得一帙於坊間。曰：《禪門佛祖綱目》，中所載多古尊宿，自敘其參學時始之難入，中之做工夫，經歷勞苦次第，與終之廓爾神悟。心愛之慕之，願學焉。既而此書於他處，更不再見。乃續閱五燈、諸語錄、雜傳。無論緇素，但實參實悟者併入前帙，刪繁取要，彙之成編。易名曰：《禪關策進》。居則置案，行則携囊，一覽之，則心志激勵，神采煥發。勢自鞭逼前進。或曰：是編也，為未過關者設也，已過關者，長往矣，將安用之。❾

　　觀此，《禪關策進》似乎是《禪門佛祖綱目》一書的增補修訂版。綜觀《禪關策進》一書，重在提撕苦功，而且來源多方，聖嚴法師所用為《卍續藏經》本，書後有日本東嶺頭陀圓慈（1721－1792）的跋語曰：「雖然，此書間以念佛，參究自己。是則是，甚奪衲僧頴氣，落往生門者不少。若依老僧意，一齊削去可也。何故？獅子不食鵰殘，猛虎不飡伏肉。往生一機，還他淨家。衲僧門下實智尚不要，何況假名耶？驅耕夫之牛，奪飢人之食，始可以為真參詳而已。」❿寫作這段跋文的東嶺圓慈，是江戶時代號稱臨濟中興的白隱慧鶴（1686－1769）門人，享保六年（1721）四月十四日生，卒於寬政四年（1792）閏二月七日。著有《宗門

---

❾ 釋袾宏輯，《禪關策進》，〈序〉，收於《大正藏》第 48 冊，No. 2024，頁 1097 下。

❿ 東嶺圓慈，《禪關策進》，〈重刻禪關策進後序〉，收於《大正藏》第 48 冊，No. 2024，頁 1109 下。

無盡燈論》等。東嶺圓慈對雲棲袾宏的看法其實代表了日本臨濟禪者一般的看法，認為雲棲袾宏雜合淨土，非純禪，故有此文之作。

　　不過收入新文豐版徑山嘉興藏的《禪關策進》，底本為晚明錢養庶刊刻的崇禎十二年刻本。錢養庶，明浙江仁和人，字國畢，號廣慶，萬曆中舉於鄉，歷遷南兵部郎，旋歸隱，崇釋氏，受菩薩戒，法名廣雲。崇禎間刻印過釋袾宏《竹窗隨筆》及《二筆》、《三筆》各一卷、《正誤集》一卷、《直道錄》一卷、《遺稿》二卷。❶ 其為雲棲袾宏弟子，其謂刊行《禪關策進》一書的經過曰：「《禪關策進》一刻，乃先師集諸祖參學得悟實究之公案也。曰禪曰宗曰淨，歷歷具載。先師出入與居，藉其鞭逼，雖出願學之虛衷，其示我學人入手捷徑，無如此精切著明者。庶最駑庸，每覽一過，即鼓一銳。自媿悠忽，垂老無成，而凡遇病關、愁關、一切不能、斷不易忍之戀關，實藉此稍稍得力焉。今庶重刻藏板，願見者生精進心，步步踏上，無虛佛祖及我師如鞭之意可已。……崇禎十二年己卯七月中元，雲棲菩薩戒弟子望八老人錢養庶廣雲謹識。」❷ 則是推崇不已，毫無間然之辭。不難看出兩者之間的差別：中國方面幾乎是一味推崇，而日本方面的臨濟一系的禪者堅持純禪的立場，對雲棲

---

❶ 瞿冕良編著，《中國古籍版刻辭典》（濟南：齊魯書社，1999 年），頁696。
❷ 錢養庶，《禪關策進》，收於《嘉興藏》第 32 冊，〈刊行記〉（無題名，暫擬），No. B277，頁 609。

袾宏略有不滿。

　　曹洞宗方面，以獨庵玄光（1630－1698）為例，對獨庵玄光而言，在晚明清初的中國僧人當中，最為推崇雲棲袾宏與永覺元賢（1578－1657）二人，其曰：「獨雲棲之袾宏、鼓山之永覺，行古道於今世，不失於故步，實今世之所希有。所以二師之著述，句句誠語，語語不失宗，大異於海棗之談，真末世之藥石」❸、「予看雲棲袾宏、鼓山永覺二師之著述，實今日之水火也。不可一日無也，矯正邪猾，擁護法門，微此二師，佛法悉皆沉於矯詐，所謂功不在禹下者，正謂斯也。」❹

　　將雲棲袾宏與永覺元賢並列，後者自是洞宗門徒，而雲棲雖仍是晚明中國的傑出人物，但也並非絕無僅有。聖嚴法師雖然推崇雲棲袾宏，但基本立場則是接近曹洞宗，從他對古音琴禪師的部分看法或能略窺一二。《禪關策進》錄古音琴禪師示眾曰：

　　　　坐中所見善惡，皆由坐時不起觀察，不正思惟。但只瞑目靜坐，心不精采。意順境流，半夢半醒。或貪著靜境，為樂致見種種境界。夫正因做工夫者，當睡便睡一覺。一醒便起，抖擻精神，挪抄眼目，咬住牙根，捏緊拳頭，直

---

❸　見獨庵玄光著，鏡島元隆監修，《獨庵玄光護法集》第 3 卷（東京：至言社，1996 年），〈自警語七〉，頁 38。

❹　見獨庵玄光著，鏡島元隆監修，《獨庵玄光護法集》第 3 卷，〈自警語七〉，頁 39。

看話頭落在何處。切莫隨昏隨沈，絲毫外境不可采著。❶

　　這段話之後原本尚有「行住坐臥之中，一句彌陀莫斷。須信因深果深，直教不念自念。若能念念不空，管取念成一片。當念認得念人，彌陀與我同現」❶，顯然是說參「念佛是誰」的工夫。雲棲袾宏雖然沒有直接評論此則公案，但基本上當無異議，聖嚴法師於此處另外說道：

　　此語錄中所云「抖擻精神，挪掌眼目，咬住牙根，捏緊拳頭，直看話頭」等語，可能不適合用於所有的學人。抖擻精神參話頭，當然是對的，如果將眼睛、牙齒、拳頭都緊張起來用工夫，恐怕會引起生理上的病障，故我常教學人「身體要鬆，精神要緊」。工夫始易成片。❶

　　聖嚴法師嘗言話頭用緊法，默照用鬆法。無論如何，《禪關策進》一書目的本在砥礪禪者用功辦道，不一定專指禪修全體過程，聖嚴法師此處類似《四十二章經》中「學道如調琴」的說法，但也與其接近曹洞默照禪的主張有關。因此在《禪門修證指要》一書刻意選錄永覺元賢曾經從之修道的博山元來《參禪警語》，而曹洞宗又多主張與教下相通。

---

❶ 袾宏輯，《禪關策進》第 1 卷，〈古音琴禪師示眾〉，頁 1104 下。
❶ 袾宏輯，《禪關策進》第 1 卷，〈古音琴禪師示眾〉，頁 1104 下 -1105 上。
❶ 釋聖嚴，《禪門修證指要》，頁 169。

從《禪門修證指要》一書可以不難看出：聖嚴法師雖然對於明代佛教具有深刻的造詣，而且不循流俗，頓探本源，直接從當時最重要的資料集《卍續藏經》中收羅輯佚，足見其識見超卓，但另一方面，聖嚴法師在有意無意之間，似乎有向曹洞宗與強調「禪教合一」的主張靠近的傾向。

## 四、晦山戒顯《禪門鍛鍊說》

相對於大名鼎鼎的雲棲袾宏，標舉晦山戒顯《禪門鍛鍊說》是聖嚴法師獨到的見解，不難體會聖嚴法師對《卍續藏經》所下工夫之深。

在聖嚴法師之前，學界似乎對於晦山戒顯其人所知不多。聖嚴法師似乎亦不詳其人，在作者介紹部分，說作者「傳記不詳」，不過他在綜攝其他資料時說：「南嶽下三十六世，徑山具德弘禮禪師的法嗣，具德弘禮禪師與潭吉弘忍，同為三峯漢月法藏（西元一五七三－一六三五年）的法嗣。從本篇《卍續藏》經本的著作者的自序及自跋看，寫作之時，已在他的晚年，且已當過板首，那是辛丑年的上元日，即是永明王永曆十五年（西元一六六一年），正好是明朝王統的最後一年。」⓲大抵不失。但聖嚴法師又云：「可是從日本的《佛書解說大辭典》的介紹看，本篇著作者的自序是寫於明熹宗天啟元年（西元一六二一年），那應是辛酉年了。在那個時代，佛門僧品複雜，而卻出了不少高僧，除

---

⓲　釋聖嚴，《禪門修證指要》，頁 226。

了蓮池袾宏、達觀真可（西元一五四三－一六〇三年）、憨山德清、蕅益智旭等四大師之外，禪門也是龍象輩出。戒顯禪師的傳記不詳，但從這篇不朽的《禪門鍛鍊說》作品看來，乃是一位宗說兼通的了不起的禪匠。」[19] 嚴格來說，後者記年有誤。近年晦山戒顯的研究頗有進境，頗可補充聖嚴法師的看法。

聖嚴法師敘明發現《禪門鍛鍊說》的經過云：「本人訓練禪眾，一向不用禪門的通套，所以我在禪七中所用方法態度，既不是在近世中國禪寺中看來，也不是從目前日本的禪堂中學來。所以當我讀到本篇《禪門鍛鍊說》之時，內心非常喜悅。文中有些內容不屬於吃緊的部分，酌情加以節略。」[20]

聖嚴法師對《禪門鍛鍊說》推崇不已，謂其「不朽」，足見其心目中地位之高。其曰：

從這篇不朽的《禪門鍛鍊說》作品看來，乃是一位宗說兼通的了不起的禪匠。他特別崇仰妙喜大師大慧宗杲的禪風，注重以善巧方便毒辣的鉗鎚，鍛鍊學禪的後進。反對默照禪的死守枯寂。模仿孫子論用兵之道的方式，以十三章，說明他對於訓練禪者的態度及經驗。他的對象是已成善知識的長老師家，不是初入門的新參學者。[21]

---

[19] 釋聖嚴，《禪門修證指要》，頁 226-227。
[20] 釋聖嚴，《禪門修證指要》，頁 227。
[21] 釋聖嚴，《禪門修證指要》，頁 227。

　　也就是說：對聖嚴法師而言，《禪門鍛鍊說》一書可以說充分具有禪師領眾手冊的功能，《禪門鍛鍊說》一書多處反映出晚明清初禪宗的特殊情境。而聖嚴法師去取之間也頗值得細究。先說《禪門鍛鍊說》一書的作者晦山戒顯。

　　聖嚴法師編纂《禪門修證指要》時，於晦山戒顯之傳記尚不知其詳，林元白雖引用地方志等資料，亦不甚詳。文德翼詳述其生平曰：

　　　萬曆、昌、啟間，佛法始盛於吳越，沿至今茲而遍天下，六詔三韓，莫不被焉。臨濟一宗，自陽歧而下，天童悟、三峰藏、徑山禮，三世其著焉者也。禮有嗣子曰戒顯，名尤振云。顯字願雲，別號晦山，太倉州太原望族周修公季子，母管，好樓居而生師。師性敏異，絕憐愛之，九歲方入里塾，又十年方入州庠，名瀚，字原達，文章為一時祭酒，東南傳傲焉。然師在塾時，隔壁聞大悲咒即成誦，舅氏習天台教，閱至圓教者即心也，輒有省，雖強之婚，興念生死至切，見語風信、瑞光徹，於徹最久參承。抵天童謁悟，授大戒，起名通曉，將持水除艸矣，家人跡至勒歸。無何父卒，妻亦亡，有勸其為宗祀計者，爰作罷菴詩百四十首自誓謝絕之。猶再就試不偶，更值京師賊陷，帝后殉社稷，師大悲憤，約同學某翰林逃去，某不果，遂獨持衣冠書冊，辭拜先師文廟曰：「瀚雖不弟，不為羅昭諫，終為饒子操耳。」走金陵華山，依昧律師圓頂受具，年三十有五矣。旋侍昧於三壇，輔香雪於上方，平陽忞、古南門、天界盛，皆耆舊也，招，師師俱不往，至

高郵地藏見禮和尚，令看雲門扇子話，四旬不得入處。
一日入室，有僧字赤子，禮問：「如何是赤子之心？」
曰：「敲磚打瓦。」「如何是赤子之用？」曰：「著衣
喫飯。」曰：「雲門扇子踔跳上三十三天聻！」僧無語。
令理前問，禮作小兒曰嗚嗚，師聞豁然大悟，如鐵壁洞
開，千門萬戶，映攝光明，禮驗以高峰枕子、德山托鉢
訛公案，無不牛解犀照，禮乃上堂曰：「有箇大闡提人，
眼赤赫地，捲拳挓臂，滅竺種族，釋迦老子二千年已前預
為證據道，觀自在菩薩行深般若時，雲門扇子踔跳上三十
三天，築著帝釋鼻孔，大小德山未會末後句在，無夢無
想，怎麼大用現前，是大神咒，是大明咒，是無上咒，是
無等等咒。」師喝曰：「這老漢錯與人下註腳。」禮便下
已。應海藏請，復隨禮赴靈隱，旋首眾佛日，禮乃付衣
拂，師授偈曰：「鷲嶺一花開五葉，神州紫氣靄三峰，燈
燈續焰交光處，虎角新生佛日紅。」辭去，遊匡廬，慕慧
遠白社，憩歸宗，復坐夏五老。鄧元昭太史、徐伯羽太守
過訪，欲構青蓮居之，而雲居請疏至矣。師喜天上雲居，
至則率眾耕作，殿堂廚庫，一時頓新，并營壽塔，期將老
焉。過寒溪，復赴安國，主薦福，又受四祖，休漢上蘭
若，更住護國，歷廣長，遷疏山，入閩禮曹溪，遊青原。
甫返四祖，杭州紳士且虛靈隱以迎。靈隱實禮和尚重建
也，師為成之，歲儉人龐，心力俱殫，住持五載，摑鼓以
辭，還居佛日一旬，即示圓寂。蓋師交院天衣乾菴時，作
偈曰：「老來住院已知非，六十三年一夢歸，接得天衣來
鷲嶺，自投黃鶴作天衣。」天衣懷至佛日便入寂，蓋已先

知之矣。師靄如春和，澹得秋素，而人情佛法，則毅然斬然，須斷盡命根，不留一線，乃為證明。祇若寒巖枯木，無為無事人，尚不之許也，故廣大為室，高峻為門，衲子莫不奔走。云語錄滿叢林，茲不重贅。至戒律精嚴，修行勤苦，近古以來，所未嘗有。工於翰墨，求者如林，遊戲慈悲，在而有之。

　師生萬曆庚戌（1610）七月一日戌時，告寂康熙閏七月（1672）十七日辰時，世壽如此。方至雲居，鐘自鳴者三晝夜，夜有白光。四祖時，毗盧塔亦湧光。靈隱六十初度時，殿堂林泉，莫不吐光，非偶然者。得法弟子凡二十有五人。遵遺命，以全身迎塔於雲居常住內青龍窩，左依融師石屋，右拒道容塔基，即師所自卜也。弟子德翼於師為同學舊友、方外至交；雲居、安國、廣長皆龍象嗣，手師無所用器物，并傳末命，屬銘其塔。嗚呼！余雖非大年、天覺手筆，其忍辭哉。銘曰：扇子雲門，曝地深省，俊鶻擊聲，良馬鞭影。我師覷斯，寧恃惺惺，於熟處生，於熱處冷，蓋亦有年，和人和境，產彼婺江，躭此歐嶺，祖宗田地，禪子袖領，雲岫萬重，月湖千頃，過去鼻孔，將來眼睛，何以驗之，墖銘惟永。❷

　原文甚長，但卻是徵考晦山戒顯生平故實最重要的一手資料，故全文錄之。綜上可以得知晦山戒顯生平大概：晦山

---

❷ 文德翼，〈晦山大師塔銘〉，《求是堂文集》第 18 卷，《四庫禁燬書叢刊》（北京：北京出版社，2000 年），《集部》141，頁 713-715。

戒顯，俗名王瀚，字原達，太倉人，生於萬曆庚戌（1610）
七月一日，告寂於康熙閏七月（1672）十七日。曾與吳梅村
同學，年三十五，在寶華山依三昧寂光剃髮出家，後嗣法靈
隱寺具德弘禮（1600－1667）。歷主杭州靈隱寺、雲居山真
如禪寺、武漢安國寺、四祖寺等名山巨剎。著有《語錄》、
《詩文集》、《現果隨錄》、《禪門鍛鍊說》等。文中言
及某翰林即明清之際的大詩人吳偉業，平陽忞即木陳道忞
（1596－1674）、古南門為牧雲通門（1599－1671）、天界
盛即覺浪道盛（1593－1659），不難看出晦山戒顯的法緣深
厚。禪家如木陳道忞、牧雲通門、具德弘禮，教家如蒼雪讀
徹（1588－1656），親受戒於三昧寂光（1580－1645），也
嘗為寶華山隆昌寺首座，故禪宗源流之外，亦傳戒律。文德
翼〈塔銘〉一文是目前筆者耳目所及，關於晦山戒顯生平敘
述最為詳盡者，具有重要的史料參考價值。

　　《禪門鍛鍊說》仿《孫子》之體例，共有十三章。禪學
思想體系當中的軍事話語亦無所不在。以兵喻禪，在公案中
俯拾即是。例如「寸鐵殺人」此一說法，「寸鐵殺人」公案
原出自大慧宗杲，朱子曾經反覆引用，遂廣為人知。朱子
（1130－1200）曾說：

　　　譬如人載一車兵器，弄了一件，又取出一件來弄，便不
　　是殺人手段。我則只有寸鐵，便可殺人。❷❸

---

❷❸ 羅大經，《鶴林玉露》第 7 卷（北京：中華書局，1985 年），頁 75。

「寸鐵殺人」的說法應可視為「一味禪」與「殺人劍、活人刀」兩重公案餘緒的傳衍變形。「寸鐵殺人」指專注凝神於證悟。「一車子兵器」意謂博雜不精。連排佛最力的朱子都對大慧宗杲此一說法推崇備至，屢屢稱引。在朱子經營的儒學話語系統中，「寸鐵殺人」近於「尊德性」，「一車兵器」則近乎「道問學」（在朱子的自我認知當中，絕不承認自己近於「道問學」的路線），朱子之言的意涵先且不論，以兵喻禪，禪宗（特別是臨濟宗）早已有之，但大慧宗杲將其發揮淋漓盡致。在大慧宗杲的禪學思想中，兵學話語意謂著動能無盡與精進不懈，更意謂著公理正義的追求。這一方面反映了大慧宗杲置身所在的時代脈絡，另一方面，也展現出禪門一代宗匠的凌雲壯志與精密手腕。大慧宗杲的思想格局與話語系統對形塑後世禪學樣態影響極大，以武喻禪的禪學話語體系，對後世禪宗的表述型態具有重要的指導作用。《禪門鍛鍊說》一方面繼承大慧宗杲的看話禪，另一方面，也繼承以兵喻禪的基本精神。

在《禪門鍛鍊說》一書中，晦山戒顯的禪學思想雖然主要仍是看話禪一路，但他特別強調：「重綱宗、勤鍛鍊、持謹慎，此三法皆世所未聞而難行者。」其中「勤鍛鍊、持謹慎」皆是站在師資傳授的立場說。只有「重綱宗」一事，可說是臨濟宗三峰派最重要的家法。《禪門鍛鍊說》中有「研究綱宗」一節，其曰：

　　夫所謂真禪者，有根本、有綱宗。根本未悟，而遽事綱宗，則多知多解，障塞悟門，必流為提唱之禪而真悟亡

矣。根本既悟，而撥棄綱宗，則承虛弄影，莽鹵成風，必
流為一橛之禪而宗旨滅矣。是故未悟之，綱宗不必有；既
悟之，綱宗不可無也。❷（句讀略做修改）

佛門有言：「根本智易開，差別智難明。」就禪家說，
「根本智」即開悟一事，「綱宗」則近乎「差別智」。認為
五家宗旨各有特色，主張各不相同。其曰：

蓋參禪一法，打頭喫緊，在乎用已前鍛法，使透根本，
根本既透，又須知此一著之中，有體有用。其為體也，有
明有暗、有背有面、有左有右、有頭有尾。
其為用也，則有殺有活、有擒有縱、有推有扶、有擡有
搦。就對機而言也，則有君有臣、有父有子、有子有母、
有賓有主。就賓主而言也，有順成、有爭分、有暗合、有
互換、有無賓主之賓主。細而剖之，則有有句無句，無句
中有句，有句中無句。有雙明、有雙暗。有同生，有同
死。究而極之，則有向上一機，末後一句，古人所謂「始
到牢關、不通凡聖」者是也。臨濟有見乎此，乃於直捷之
中，立三句、三玄、三要，以正其眼目；建四料揀，同喝
四喝、四照用、四賓主、分三種機器，以盡其機用。乃至
五家立法，各有門庭、各有閫奧。玄關金鎖，百帀千重，
陷虎迷師，當機縱奪。（中略）不如是，不足以斷人命

---

❷ 釋聖嚴，《禪門修證指要》，頁214。釋戒顯，〈研究綱宗第九〉，
《禪門鍛鍊說》第1卷，收於《卍續藏經》第112冊，頁998上-中。

根，而絕人知解也；不如是則學家情關未透、識鎖難開、
法見不消，而通身竄臼也。豈佛祖正法眼藏也哉？㉕

　　晦山戒顯明白區分五家宗旨，以及臨濟「四料簡」、
「四賓主」、「四照用」，原來自當時臨濟宗三峰派的主
張。關於「綱宗」一事，據說淵源自宋代惠洪覺範（1071－
1128），關於「綱宗」，紫柏真可屢屢提及係受惠洪覺範
《智證傳》一書之啟發。是書乃惠洪覺範著成於宣和四年
（1122），其動機因鑑於宋代當時禪者廢經不觀之惡習，
以佛教與世俗經典印證禪理。《智證傳》一書類似「綱宗」
的思想雖然隨處可見，「綱宗」一詞曾經出現兩次㉖，在惠
洪覺範其他的著作，亦有跡可循，例如在《禪林僧寶傳》卷
四〈福州玄沙備禪師〉，惠洪覺範曾經就其「綱宗三句」大
加發揮，另外在卷七〈筠州九峰玄禪師〉的贊語部分，其
言曰：

　　巖頭曰：「但識綱宗，本無實法」，（九峰）玄言：
　　「語忌十成，不欲斷絕；機忌觸犯，不欲染污者。」綱宗
　　也！至引《法華》以證成明佛祖之密說，泮然無疑，藉教

㉕ 釋聖嚴，《禪門修證指要》，頁214-215。釋戒顯，〈研究綱宗第九〉，
　《禪門鍛鍊說》第1卷，《卍續藏經》第112冊，頁999上-下。
㉖ 分別見惠洪覺範，《智證傳》第3卷，《嘉興藏》第20冊，No. B100，
　頁542下；同書卷8，頁554中。而且這兩則記事都與巖頭全豁禪師有
　關。

以悟宗，夫豈虛語哉。❷⃝

　　嚴頭，謂嚴頭全豁（828－887）禪師 ❷⃝。這裡可以看
出，「綱宗」係指學問眼目。「藉教以悟宗」意謂以經論義
理做為禪理修證的判準，「綱宗」一語在惠洪覺範手中，又
帶有以經典做為判準之意味。事實上，若我們追溯「綱宗」
一語之用例，在惠洪覺範之前或同時，已有多人言及，亦非
惠洪覺範之發明。至少，其所稱引之嚴頭全豁禪師便是一個
值得追索的源頭。❷⃝惠洪覺範不止一次稱說嚴頭全豁禪師，
在《林間錄》，惠洪覺範又云：

　　　古之人有大機智，故能遇緣宗，隨處作主。嚴頭和尚

---

❷⃝ 惠洪覺範，《禪林僧寶傳》第 7 卷，《嘉興藏》第 20 冊，No. B101，頁
575 中。

❷⃝ 嚴頭全豁，俗姓柯，泉州人。少禮清原誼公，於長安西明寺具戒，講
《涅槃經》。後參詣德山，嗣其法。初住洞庭臥龍山，又居唐年山，立
院號「巖頭」。唐光啟之後，中原盜起，於光啟三年為賊所殺。世壽六
十，僧臘四十四。僖宗敕諡曰「清嚴大師」，塔號「出塵」。生平詳見
贊寧，〈唐鄂州巖頭山全豁傳〉，《宋高僧傳》第 23 卷（北京：中華
書局，1987 年），頁 588；釋靜、釋筠，〈巖頭和尚〉，《祖堂集》第
7 卷（長沙：岳麓書社，1996 年），頁 158-163；釋道原，〈青原第五
世·德山鑑嗣·鄂州巖頭全豁禪師〉，《景德傳燈錄》第 16 卷（臺北：
真善美出版社，1973 年），頁 112-114。釋普濟，〈德山鑑禪師法嗣·
鄂州巖頭全豁禪師〉，《五燈會元》第 7 卷（臺北：文津出版社，1986
年），頁 375-379。

❷⃝ 臨濟禪師語錄一開卷便有「那隱綱宗」四字，但惠洪覺範與紫柏真可似
乎並未對此加以著意。見入矢義高譯註，《臨濟錄》（東京：岩波書
店，1996 年），頁 15。

曰：「汝但識綱宗，本無是法。」**❸⓿**

　　惠洪覺範編《智證傳》時，又將巖頭豁禪師列在第一
條的傳語部分，以此開宗明義之用心自是昭然若揭。「但識
綱宗，本無實（是）法」──也就是說：禪門一貫拒斥實體
化、凝縮式的思維方向，唯有不斷的提振、反省、精練，
乃為禪師本色。**❸❶**語言文字、經典記錄不是依歸的極則，而
是一個提煉的起點。不過惠洪覺範從巖頭禪師得到的啟發卻
是：「然宗門旨要，雖即文字語言不可見，離文字語言亦
安能見哉」**❸❷**，也就是：巖頭的活躍、游走式的思維被犧牲
了，被「實體化」了，而且是被實體化成為「文字語言」
了。惠洪覺範〈五宗綱要旨訣序〉曰：

　　　　又三十年，還自海外，罪廢之餘，叢林頓衰，所謂通疏
　　　　粹美者又少，況精深宗、教者乎？百丈法度，更革略盡，

---

**❸⓿** 惠洪覺範，《林間錄》卷下，《嘉興藏》第 23 冊，No. B133，頁 500
　　上。
**❸❶** 巖頭全豁禪師在宋代其他燈錄的記載中亦不見特別強調綱宗一事，例如
　　《景德傳燈錄》中巖頭全豁禪師條下隻字未提「綱宗」，贊寧《宋高僧
　　傳》只說他「抉擇綱宗」，不過指四處行腳參學而已。然雍正帝編《雍
　　正御選語錄》時卻以「但取綱宗，本無實法」做為巖頭全豁開卷，在這
　　個意義上，雍正帝也暗中受了「惠洪覺範──紫柏真可」一脈的影響。
　　見清世宗，《雍正御選語錄‧下》，收於《雍正御制佛教大典》（北
　　京：中國社會科學出版社，2004 年），《歷代禪師語錄前集》第 14
　　卷，頁 792。
**❸❷** 惠洪覺範，《智證傳》第 1 卷，《嘉興藏》第 20 冊，No. B100，頁 537
　　下。

輒波及綱宗之語言。❸

　　由此可以看出：惠洪覺範側身環境之嚴峻，與紫柏真可
並無二致。惠洪覺範慨嘆叢林人才凋落的原因之一在於不能
兼擅禪理與教義，故而無法再出手眼。綱宗之語言之所以不
振，並非叢林墮落的根由，而係資具才分的殘落低下、知識
學養的荒疏窳墮、以及戒律廢弛有以致之。如果綱宗不是實
體，只是一個法則，便無墮落與否的問題。因此，「綱宗」
之陵夷，前提必然在於其實體化的結果。惠洪覺範雖然從巖
頭獲得「綱宗」的啟發，但使其帶有文字語言（經典教義）
強烈色彩，乃係惠洪覺範投射的結果。

　　《智證傳》一書，其作法乃係仿效儒家經典之體例，
先引述一段佛教經典（或論典），然後以己意釋之，並參酌
其他資料（主要是《宗鏡錄》、《碧巖錄》等著作），題作
「傳曰」。嚴格來說，也並不完全是惠洪的發明，前人意見
亦常參伍其間。❸《智證傳》一書常標舉五宗七家著名的公
案，若「雲門三句」、「抽顧頌」，❸但其最初用意恐不在
藉此以分別諸家要義，相反地，其藉之以綰合五家宗旨之企

---

❸ 惠洪覺範，《石門文字禪》第 23 卷（臺北：新文豐出版公司，1973
　年），頁 2。
❸ 關於這點，林伯謙有詳細的考證，可以參見氏著，〈惠洪《智證傳》研
　究〉（《東吳中文學報》第 8 期〔2002 年 5 月〕，頁 83-124）一文。
❸ 論「雲門三句」見《智證傳》第 3 卷，《嘉興藏》第 20 冊，No. B100，
　頁 542 下；論「抽顧頌」見《智證傳》第 8 卷，頁 554 上。

圖歷歷可見。㊱例如惠洪覺範便曾說：「（曹洞宗）故有五
位偏正之說，至於臨濟之句中玄、雲門之隨波逐浪，無異味
也。」㊲

　　禪宗雖然講不立文字，但語言文字始終是個巨大的課
題，體契神聖經驗與語言文字，乃至於經典教義之間的關係
亦是爭論不休的課題。各種不同宗派的出現，在某種意義之
上，即意謂著系統化思惟的出現，迨及宋代，不同系統的區
別認識已經成為另外一個龐大的知識系統。「綱宗」從抽象
法則落實成為語言文字，或者說經典知識其實也反映了時代
知識典範變遷的趨勢。時代稍後於惠洪覺範的晦嚴智昭（宋
淳熙間人，生卒年不詳）曰：

　　　予遊方時，所至盡誠，咨扣尊宿五宗綱要，其間件目往
　　往有所未知者，因慨念：既據師位，而綱宗語句尚不知其
　　名，況旨訣乎！將何以啟迪後昆？㊳

　　撇開這段話明顯的炫學姿態不談，綱宗已和語句並稱，
於此可見宋代之際，禪門不同宗派之間的系統化原則已經發
展成龐大的知識體系，即便是禪門宗匠，亦無法隨時掌握，
而須藉助《人天眼目》一類的工具書。

---

㊱ 惠洪覺範不只五家禪法，經史子集、乃至軼事傳聞無一不在其熔鑄之
　 列。詳參林伯謙，〈惠洪《智證傳》研究〉，頁83-124。
㊲ 惠洪覺範，〈題清涼注參同契〉，《石門文字禪》第25卷，頁17。
㊳ 晦嚴智昭，《人天眼目・序》，《嘉興藏》第23冊，No. B132，頁453
　 上。

　　將綱宗改造成具有語言文字層面的知識原則係惠洪覺範之力，此點為紫柏真可完全繼承。如前所述，對紫柏真可而言，《智證傳》一書最大的特色即在於「離合宗、教，引事比類，折衷五家宗旨，至發其所祕，犯其所忌而不惜」❸——也就是說以佛教經論文字做為禪門思想源流的佐證（即「藉教以悟宗」），❹在紫柏真可的解釋之下，綱宗思想成為惠洪覺範的發明，而紫柏真可則成為惠洪覺範真正的繼承人。

　　不過，惠洪覺範與紫柏真可對「綱宗」一事側重的層面亦稍有不同，對前者而言，「綱宗」乃是指神聖經驗相關知識的系統化原則，特別與語言運用息息相關，❹但對紫柏真可而言，已多少帶有判教的色彩。馮夢禎轉述紫柏真可之語說：

　　　禪家綱宗若兵符，信陵君以百騎兵入晉鄙軍中，椎殺主將而奪其軍，六十萬眾莫敢誰何，兵符在手耳。五家宗派各有綱宗，綱宗一得，則殺活在己，凡聖莫測。至於家裡人，雖數千里外，一言相聞，便能鑑定是某家兒孫，寧令野狐外道，羣起為妖祥哉。❷

---

❸　《智證傳》第 1 卷，《嘉興藏》第 20 冊，No. B100，頁 537 上。
❹　關於《智證傳》一書的思想特色，詳細的介紹詳參林伯謙，〈惠洪《智證傳》研究〉，頁 83-124。
❹　關於禪宗的語言觀，詳參周裕鍇，《禪宗語言》（杭州：浙江人民出版社，1999 年）一書。
❷　馮夢禎，〈重刻林間錄跋語〉；亦見收於《快雪堂集》，《四庫全書存目叢書·集部·別集類》第 164 冊，第 30 卷（臺南：莊嚴文化，1997

　　對紫柏真可而言，「綱宗」不僅是定位的路標或羅盤，更是魔力強大的指環，可以呼喚天地間神奇的力量聚攏，可以抵擋千軍萬馬，可以降伏邪魔外道。而且，從這段充滿戰鬥意味的文字而看，綱宗思想已經成為其軍械庫中最具指標作用的火炮。從這段話看來，綱宗無啻禪門迷宮的鑰匙，掌握綱宗，便足掌握禪林萬千門徑的指南。這把鑰匙在砂礫中歷經數百年的隱沒之後，傳付紫柏真可之手，使得紫柏真可在複雜曲折的叢林中行進不致迷失方向。

　　惠洪覺範雖言「綱宗」，其用意絕不在區分各家流派異同，主要在強調語言運用與文字經典的作用。就上文的引證來看，「綱宗」絕非惠洪覺範之發明。因此，將「綱宗」一語之意涵及其效力擴展成為禪學不可或缺眼目，甚至將其功績歸約於惠洪覺範一人等種種，其相當程度來自於紫柏真可的建構，而紫柏真可此一看法也深深影響了明末清初的禪宗，特別是漢月法藏。《禪門鍛鍊說》以兵喻禪、辨明綱宗的說法曰其濫觴於漢月法藏當不無過矣。

　　對於「綱宗」，聖嚴法師曾在解釋蕅益智旭《教觀綱宗》一書的書名時，就「綱宗」一詞說明其主張，其曰：

　　　對於「綱宗」一詞，一般學者，多以「綱要」或「大綱」來解釋，其原名也確有「綱要圖」三字。然而根據我的博士論文《明末中國佛教之研究》第五章所見，旭師於

別處也有用到此一名詞，唯非此書的書名所指，凡他用到「綱宗」二字之處，均與禪法、心法有關，他所說的心法，又異於禪宗明心見性的清淨心或智慧心，乃是天台宗山家派所持的妄心觀，即是以現前一念心，涵括三千界的凡聖功德藏，他是沿用永明延壽禪師《宗鏡錄》的「宗」字義，其經證為《楞伽經》的「大乘諸度門，諸佛心第一。」《宗鏡錄》卷一則云：「佛語心為宗，無門為法門」。於此可知，《教觀綱宗》，明處是介紹天台學，骨子裡含有禪宗的思想。因為教是佛語，觀是佛心眾生心，宗既是佛及眾生的現前一念心，凡能依教觀心，便是「綱宗」。教觀即綱宗，綱宗即教觀，是體用不二的一個書名。❸

觀晦山戒顯〈塔銘〉，其也曾受過天台教觀的影響，或移之以視天台亦無不可。嚴格來說，禪門雖然有各家施設，但從未涇渭分明，過分強調彼此之間的差異，不免可能掉入知解情識的陷阱。但晦山戒顯對於五家綱宗的明確判分當可視作三峰派家法的表現。「綱宗」一詞雖然源自宋代，但大行其道可以說是晚明禪學文化的一種時代特色，蕅益智旭將此移之以論天台教觀，也為天台教觀留下了明顯的時代印記。

---

❸ 釋聖嚴，〈緒論〉，《天台心鑰——教觀綱宗貫註》，收於《法鼓全集》7-12（臺北：法鼓文化，2005年），頁38-39。

# 五、代結語

　　聖嚴法師在禪學史的貢獻崇高，至少有雙重意義不能忘記：（一）聖嚴法師堪為臺灣學界研究明末佛教之先驅，所著《明末中国佛教の研究》（中譯本：《明末中國佛教之研究》）、《明末佛教研究》二書，有其開創性的地位。其中，《明末佛教研究》所收四篇論文，對於所涉及的相關人物、作品進行了梳理統計。不僅如此，更重要的是，還對於其發展特色進行了歸納。聖嚴法師所提出的討論主題，即使從現在的角度來看，仍是充滿洞見。在聖嚴法師的研究基礎上，現在的研究者應當把握的至少有二點，其一是新文獻的發掘與應用，其二是議題討論的深化。聖嚴法師在明末佛教研究的開拓，有其時代價值與意義。在新出文獻紛紛問世，研究方法、工具多元的今日，進一步檢視、深化，乃至拓展聖嚴法師的研究成果，是未來值得的方向。（二）聖嚴法師輯錄眾多禪家資料，編成《禪門修證指要》一書，做為禪修指南。藉著實際選錄的著作，聖嚴法師一方面跟禪學傳統對話，一方面也開展其獨特的禪學思想。《禪門修證指要》一書有傳統、也有新創，意義遠遠超過一部禪門文選，聖嚴法師一方面讚歎歷來禪門大德的功力，一方面也不忘關注堅固平實的基礎工夫。透過《禪門修證指要》一書，聖嚴法師的識見與慧解展露無遺。《禪門修證指要》選入的明清禪學部分，可以看做聖嚴法師結合理論與實踐兩方面的專長，極具特色。本文限於時間與篇幅，只集中處理雲棲袾宏《禪關策進》與晦山戒顯《禪門鍛鍊說》兩個重要的文本。前者在佛

教史上地位崇高，後者則仍屬藉藉無名之輩。但不論何者，
聖嚴法師都能保有禪師本色，不隨人轉，直探本源。本文嘗
試重新回到此等文本的時代文化脈絡，並結合近年發現的新
文獻，就聖嚴法師著作未足之處加以補充，充實漢傳佛教
（特別是禪宗文化）的內涵與視野。特別是以原始文獻為基
礎，重新消化吸收，融會通解，理論與實踐雙管齊下，為禪
宗文化重新注入源頭活水，無論是從歷史或實踐的角度看，
《禪門修證指要》一書都具有重要的參考價值。

# 參考文獻

## 佛教藏經或原典文獻

《禪關策進》，《大正藏》第 48 冊，臺北：新文豐出版公司，1983
　　年。

《智證傳》，《明版嘉興大藏經》第 20 冊，臺北：新文豐出版公
　　司，1987 年。

《禪林僧寶傳》，《明版嘉興大藏經》第 20 冊，臺北：新文豐出版
　　公司，1987 年。

《人天眼目》，《明版嘉興大藏經》第 23 冊，臺北：新文豐出版公
　　司，1987 年。

《石門文字禪》，《明版嘉興大藏經》第 23 冊，臺北：新文豐出版
　　公司，1987 年。

《禪關策進》，《明版嘉興大藏經》第 32 冊，臺北：新文豐出版公
　　司，1987 年。

《禪門鍛鍊說》，《卍續藏經》第 112 冊，臺北：新文豐出版公
　　司，1975 年。


## 古籍

文德翼，《求是堂文集》，《四庫禁燬書叢刊》第 141 冊，北京：
　　北京出版社，2000 年。

清世宗，《御選語錄》，北京：中國社會科學出版社，2004 年。

馮夢禎，《快雪堂集》，《四庫全書存目叢書・集部別集類》，臺
　　南：莊嚴文化，1997 年，第 164 冊。

獨庵玄光著、鏡島元隆監修，《獨庵玄光護法集》，東京：至言
　　社，1996 年。

羅大經，《鶴林玉露》，北京：中華書局，1985 年。

贊寧，《宋高僧傳》，北京：中華書局，1987 年。

釋普濟，《五燈會元》，臺北：文津出版社，1986 年。

釋道原，《景德傳燈錄》，臺北：真善美出版社，1973 年。

釋靜、釋筠，《祖堂集》，長沙：岳麓書社，1996 年。

**專書、論文或網路資源等**

入矢義高譯註，《臨濟錄》，東京：岩波書店，1996 年。

周裕鍇，《禪宗語言》，杭州：浙江人民出版社，1999 年。

林伯謙，〈惠洪《智證傳》研究〉，《東吳中文學報》第 8 期，
　　2009 年 12 月，頁 83-124。

陳劍鍠，《禪淨何爭？──聖嚴法師的禪淨思想與體證》，臺北：
　　法鼓文化，2017 年。

瞿冕良編著，《中國古籍版刻辭典》，濟南：齊魯書社，1999 年。

釋聖嚴，《禪門修證指要》，《法鼓全集》4-1，臺北：法鼓文化，
　　1999 年。

釋聖嚴，《禪的體驗・禪的開示》，《法鼓全集》4-3，臺北：法鼓
　　文化，1999 年。

釋聖嚴，《天台心鑰──教觀綱宗貫註》，《法鼓全集》7-12，臺
　　北：法鼓文化，2005 年。

# Chanmen xiuzheng zhiyao and the Chan School during the Ming and Qing Dynasties

Chao-heng Liao

Research Fellow, Institute of Chinese Literature and Philosophy, Academia Sinica

## ▌ Abstract

*Chanmen xiuzheng zhiyao (The Essentials of Practice and Attainment within the Gate of Chan)* is a collection of the important material that Master Sheng Yen compiled from the *Taisho Tripitaka and Xuzangjing/Zokuzokyo*. As essential meditation practice reference, it is both a monumental historic Chan school of thoughts and crucial guidebook in meditation practice. In this book, some of the material is extremely valuable in lineage (such as *Xinsin ming*) and some are original and innovated thoughts created by Master Sheng yen, especially those during the Ming and Qing sections.

Master Sheng Yen has always considered himself as a Ming specialist. Other than picking Ouyi Zhixu as his dissertation topic, the content of *Chanmen xiuzheng zhiyao* also reveals his broad and profound knowledge in Ming meditation texts. The important meditation-related texts written during the Ming and Qing Dynasties include books written by the following four masters: *Changuan cejin* by Yunqi Zhuhong, *Guanxin ming and Chuxin xiuwu fayao* by Hanshan Deqing, *Boshan canchan jingyu* by Wuyi Yuanlai, and *Chanmen duanlianshuo* by Huishan Jiexian. Two out of the three eminent monks of the Wanli period are included: Wuyi Yuanlai belongs to the Shouchang school of the Caodong lineage while Huishan Jiexian belongs to the Sanfeng School of the Caodong lineage. Among the books named above, *Changuan cejin and Boshan canchan jingyu* were popular in Edo Japan and there were several different printing editions and commentaries at that time. Even though there were many *yulu* written by Huishan Jiexian circulating while he was the Abbott of Lingyin Temple at Hangzhou, only *Xianguo suilu* and *Chanmen duanlianshuo* made into the *Xuzangjing/Zokuzokyo*. It is Master Sheng Yen's ingenuity to raise *Chanmen duanlianshuo* as a tool book in meditation practice. One will understand more about how Master Sheng Yen perceived the Chan school during the Ming and Qing Dynasty from the selection of accounts in the *Chanmen xiuzheng zhiyao*.

**Keywords:** Ming Buddhism, *Chanmen xiuzheng zhiayo*, Yunqi Zhuhong, Hanshan Deqing, Wuyi Yuanlai, Huishan Jiexian

# 身分、歷史與修證
## ——《禪門修證指要》淺論

張德偉

廣州暨南大學哲學系副教授

## ▌摘要

　　聖嚴法師擇取二十四篇歷代禪門重要文獻，編成了《禪門修證指要》一書以供自己和他人在修禪時參考。對此自稱「述而不作」的編著，本文嘗試討論其選擇、說明和述評在事實上所體現的一些重要觀念、其間的內在緊張、聖嚴法師有意無意的解決之道，以及遺留的問題。與此前相類性質著作如雲棲袾宏（1535－1615）《禪關策進》相似，本書確認了禪修乃修行要門，也再次確認了禪悟的超越性、真實性和優勝性。而其與《禪關策進》等著作的不同，在於強調禪門觀念與修證方式的歷史性，且自覺地呈現了其發展演化之過程。對於歷史性的強調，體現了聖嚴法師做為一名深受現代學術思潮影響且有廣泛國際視野的學僧的高度自覺和勇氣，但其與《禪關策進》等著作所隱含的禪對歷史的超越，具有一種根本性緊張。這類緊張此前已然引發胡適（1891－1962）與鈴木大拙（1870－1966）之間關於價值與歷史的爭論。雖然無意捲入此爭論，但是聖嚴法師以自身做為高階禪僧的修證經歷，以「有用」為標準確認了那些有著歷史性

的文獻的合法性，在事實上對那種爭論做了回應。禪修依賴個人努力，悟境在本質上為個人體驗，而大乘佛教普濟眾生的菩薩精神，則要求這種本質上為私人領域的事情通過話語進入公共空間。聖嚴法師完全明白此間的必然與潛在的危險。他反覆強調文字是一種方便以及實踐的優先性，力圖掃除葛藤，但與歷代高僧一樣，其努力結果不免又使葛藤轉多一層。

**關鍵詞**：《禪門修證指要》、隱藏觀念、歷史性與超越性、
　　　　　衝突與解決

　　聖嚴法師曾擇取歷代二十四篇有關禪門修證內容與修證方法的重要文獻，加以較為詳細的按語，編纂而成《禪門修證指要》（此後簡稱《指要》）。無論是這些被擇取的文獻自身，還是它們所集體呈現的聖嚴法師本人對於禪門修證內容與方法的理解，都值得從不同角度進行深入研究。本文無意詳細分析《指要》一書內容，而是對其材料擇取與評論背後所折射出來的觀念更感興趣，追問聖嚴法師編纂此書的主要意趣、他所理解的中國禪史發展、以及他理想中的禪修實踐等問題。在此過程中，受西方書籍史（History of book）研究啟發，❶本文特別著意《指要》背後的人－書關係，希望引入知識社會學角度更好地理解《指要》。所以如此，原因有二：一是法師一生經歷複雜，其《年譜》曾概括為「彙此數奇，於是生命活動之表現型態迭有轉折，饒富異景。」❷一是從知識生產與接受的角度看，聖嚴法師在編纂《指要》時身分特別：對歷代浩如煙海的材料來說，他是讀者；而對《指要》一書來說，他是作者（即編纂者加評議者）。換句話說，在此編纂過程中他既是塑造者又是被塑造的對象。那

---

❶ 目前關於書籍史研究，既多且雜。請參考：Robert Darnton, *The Kiss of Lamourette: Reflections in Cultural History*. New York: Norton, 1990. Marshall McLuhan, *The Medium Is the Massage: An Inventory of Effects*. Revised version. Gingko Pr Inc, 2001. 〔法〕羅杰・夏蒂埃著，吳泓緲、張璐譯，《14 至 18 世紀的書寫文化與社會》，北京：商務印書館，2013 年；戴聯斌，《從書籍史到閱讀史》，北京：新星出版社，2017 年。

❷ 林其賢，《聖嚴法師年譜》（《法鼓全集》11-2，臺北：法鼓文化，2005 年網路版；後同），頁 6。

麼，《指要》之編纂，是否、如何以及在何種程度上折射了這一「彙此數奇」的生命呢？本文以因人知書為主要目的，但附帶地因書知人，應該也有助於加深對聖嚴法師的理解。

一

聖嚴法師自承編纂《指要》之目的在於供自己與他人在修禪時參考之用，但這種實用型參考材料在中國禪宗漫長的歷史上其實相當少見，遠非尋常。此書之編纂體現了聖嚴法師對工具之重視，背後則是他對傳統修禪方式的反思及應對。

中國禪宗一直缺少系統的修行方法指導，聖嚴法師對由此而產生的問題有著清晰而深刻的認知。禪宗雖然一方面大力宣揚自己乃「教外別傳」，貶低文字功用，一方面卻在中國佛教史中產生了各派中最多的著作。即使如此，禪宗或因過於重視師徒之間指授，指導禪修的工具書籍明顯不足。對於禪宗修行者因此而面臨的極大困境，聖嚴法師曾在《禪的體驗·禪的開示》中指出：

中國禪宗在修行上以「無門為門」，以沒有方法為最高的方法，強調頓超直入、不假次第，不像印度的瑜伽及印度的大小乘佛教，均極注重修行方法的次第或步驟。尤其印度晚期的大乘密教，特別重視修行方法的傳授。……這對於根機深厚的人或能終其一生以修行的人，只要能把自我中心的意識，漸漸化去之後，禪門自然會在他的面前大開。可是，對於絕對多數的人，只能站在禪門之外，揣摩

禪境，或者僅能欣賞到禪者們自在灑脫的風格，卻無從身歷其境地來體驗一番了。因此，中國的禪宗，後來被視為只有年輕利根的人才能修習。❸

在與印度瑜伽及大小乘佛教的對比中，聖嚴法師不僅指出了鼓吹「以沒有方法為最高的方法」所造成的困境，而且指出其危害。值得注意的是，這種困境具有普遍性，並不局限於在家禪修者，其影響所及，「事實上在禪宗寺院出家的僧侶，也未必有多少人摸索到了他們主要而適當的修行方法。」聖嚴法師此處並未誇張。事實上，他接續其法脈的虛雲（1840?－1959）老和尚早已注意到此事，曾指出：

> 　　然而為甚麼現代的人，看話頭的多，而悟道的人沒有幾個呢？這個由於現代的人，根器不及古人，亦由學者對參禪看話頭的理路，多是沒有摸清。有的人東參西訪，南奔北走，結果鬧到老，對一個話頭還沒有弄明白，不知什麼是話頭，如何才算看話頭？一生總是執著言句名相，在話尾上用心。❹

做為禪宗修行的一個主要法門，「看話頭」已有近千年的歷

---

❸ 釋聖嚴，《禪的體驗·禪的開示》（《法鼓全集》4-3，臺北：法鼓文化，2005 年網路版；後同），頁 26。
❹ 釋聖嚴，《禪門修證指要》（《法鼓全集》4-1，臺北：法鼓文化，2005年網路版；後同），頁 233。

史。結果到了虛雲老和尚的時代，仍是有人「東參西訪，南奔北走，結果鬧到老，對一個話頭還沒有弄明白」。故此他不得不指出：「故『誰』字話頭，實在是參禪妙法。但不是將『念佛是誰』四字作佛號念，也不是思量卜度去找念佛的是誰叫做疑情。有等將『念佛是誰』四字念不停口，倒不如念句阿彌陀佛功德更大；有等胡思亂想東尋西找叫做疑情，那知愈想妄想愈多，等於欲升反墜，不可不知。」❺在老和尚苦口婆心的背後，其實是他對現狀的無奈。

面對這種困境，聖嚴法師雖然贊同中國禪以無門為門，但他仍然希望有心於修行的人從有門可進的基礎方法學起，先把心安穩下來後再去尋找無門之門。在較早期的《禪與悟》中，聖嚴法師即已從自己非同尋常的人生經歷中，領悟出了一些富於現代意義的原則並確定了目標：「盡量用知性及理性的角度，介紹實用、易懂、健康而且層次分明的禪修理論及禪修方法。」❻他所以有此自覺，與他不自居於禪門中人的身分以及他在海外的教學經歷密切相關。聖嚴法師長期禪修且最終同時接續了曹洞與臨濟兩宗的法脈，但他自承早期並沒有準備做禪師。只是他在一九七五年底自日本抵達美國後，應人之請開了禪修班教授修持方法。這一經歷對其有雙重意義。一方面，身處異域，面對文化背景差異極大、主要希望求取實效的外國學生，法師有著不得不對教學方法

---

❺ 《禪門修證指要》，頁 237。
❻ 釋聖嚴，《禪與悟》（《法鼓全集》4-6，臺北：法鼓文化，2005 年網路版；後同），頁 5。

加以層次化與合理化的壓力。另一方面，因為遠離傳統中國寺院，不受宗門束縛，聖嚴法師獲得了從佛教不同修習傳統中選擇並以自身經驗加以統合的自由。所以他說，「其實，我在美國所教，雖然名之為禪，既不是晚近中國禪林的模式，也不是現代日本禪宗的模式。我只是透過自己的經驗，將釋迦世尊以來的諸種鍛鍊身心的方法，加以層次化及合理化，使得有心學習的人，不論性別、年齡、教育程度，以及資稟的厚薄，均能獲得利益。」幸運的是，經過四年實踐，聖嚴法師最終從自己這套綜合性的修行方法中獲得了自信，認定它們「不但對於美國人有用，對中國人也一樣有用。」❼

在此成功實踐的基礎上，聖嚴法師再進一步，最終編纂了《指要》。這種從實踐向理論的推進，首先根源於法師對「行、解並進」的重視。他在《指要》序言中明確指出：

> 以路標為目的地是愚癡，不依路標所指而前進，更加危險；以研究經教為唯一的工作而不從事實際的戒定慧三學的修證者，那是佛學的領域，不是學佛的態度。所以如永嘉大師起先研究經教，後來以禪悟而遇六祖惠能之後，便說：「入海算沙徒自困，卻被如來苦訶責，數他珍寶有何益？從來蹭蹬覺虛行，多年枉作風塵客。」一般人只見到禪宗大德訶斥文字的執著，殊不知，唯具有淵博學問的人，才能於悟後掃除文字，又為我們留下不朽的著作，

---

❼ 《禪的體驗‧禪的開示》，頁 3。

> 引導著我們，向著正確的佛道邁進。故在悟前的修行階
> 段，若無正確的教義作指導，便會求升反墮。因此，明末
> 的蕅益大師智旭，極力主張「離經一字，即同魔說」的
> 看法。❽

不由經教的末流，將使得禪宗流於盲禪暗證；而拘泥經教又
容易產生見指忘月的弊端。顯然，對此禪宗內部長期的緊
張，聖嚴法師有著平實的處理態度：實踐必須為正見所指
引。這其實是他一以貫之的態度。在較早期的《禪與悟》
中，他也曾說：「由此可見『觀念』還是很重要。雖然禪宗
講『不立文字』，它的意思是說不可以執著語言文字，但是
還是需要從語言文字中得到消息，得到正確的指導，名為
『藉教悟宗』。」❾

　　而聖嚴法師以中國佛教歷史中那些有關禪及禪修指導的
書籍為基礎編纂《指要》，也相應地獲得了來自傳統的權威
保證。例如，天台智者大師（538－597）撰寫《禪門修證》
和《小止觀》，講漸次修行法，後者尤其因為簡單明瞭而廣
受歡迎。他又撰有《摩訶止觀》講圓頓修行法，側重於理論
發揮。此外，圭峰宗密（780－841）著有〈坐禪法〉、宋代
宗賾（活躍於 1103 年左右）著有〈坐禪儀〉、清初晦山戒
顯（1610－1672）所著《禪門鍛鍊說》等。這些典籍對聖
嚴法師《指要》都有影響，而晚明四大高僧之一的雲棲袾宏

---

❽　《禪門修證指要》，頁 4。
❾　《禪門修證指要》，頁 13。

（1535－1615）所撰《禪關策進》對《指要》影響則尤巨。
❿《禪關策進》共分兩集，前集有「諸祖法語節要」和「諸
祖苦功節略」兩門，後集為「諸經引證節略」。其「諸祖法
語，今不取向上玄談，唯取做工夫吃緊處。又節其要略以便
時時省覽，激勵身心」的原則，⓫完全為強調工夫次第、強
調工夫漸進的《指要》所繼承（具體討論見第四節）。

<h2 style="text-align:center">二</h2>

聖嚴法師具有對其生活與事業都有相應影響的多重身
分，⓬做為一位深受現代學術洗禮的學問僧，他在編纂《指
要》時並未被動地接受傳統，而是在所收每則材料後面都提
供按語，整合起來就較為完整地表達了他對於禪史的認識，
揭示了禪修理論和實踐的歷史性、變易性和複雜性。

事實上，此前佛教同類工具書間或也有評語，但功用多
為提醒和勸誡。典型者如《禪關策進》。該書收錄三十九位
祖師語錄，而祩宏按語大體可以分為兩類，或是指出修行關
鍵，尤其是糾正可能的偏失，或是鼓勵實行苦修。例如對於
「莫只管冊子上念言念語，討禪討道，禪道不在冊子上。縱
饒念得一大藏教諸子百家，也只是閑言語，臨死之時，總用
不著」的說法，祩宏即警告說「不可見恁麼說便謗經毀法。

---

❿ 關於雲棲祩宏，請參考：Chün-fang Yü, *The Renewal of Buddhism in China: Chu-hung and the Late Ming Synthesis*. New York: Columbia University Press, 1981. 荒木見悟，《雲棲祩宏の研究》，東京：大藏出版，1985 年。

⓫ 《禪關策進》第 1 卷（CBETA, T48, no. 2024, p. 1098, a11-14）。

⓬ 可參考《聖嚴法師年譜》，頁 7。

蓋此語為著文字而不修行者戒也，非為不識一丁者立赤幟也。」❸他佩服高峰原妙（1238－1295）禪師，謂其有關做工夫一段至為切要，但對其自敘中所云饑來吃飯睏來打眠，則警告說「是發明以後事，莫錯會好」。❹

《指要》所收作者雖與《禪關策進》重合者有十五位之多，但聖嚴法師在《指要》按語中較少袾宏上述苦口婆心的熱切，而是以史學家的冷靜與睿識揭示了禪學思想與實踐的歷史性與變異性。聖嚴法師於一九六九年赴日本立正大學留學，六年後以對晚明蕅益智旭大師（1599－1655）的研究，❺成為臺灣首位完成全部學位教育並獲得博士學位的比丘。這種嚴格的學術訓練，顯然幫助了他遠離經常摻雜濃厚宗派意識的傳統佛學論述，異於尋常地關注歷代禪風的源流變化，指出「自梁武帝（502－549在位）時代的菩提達摩，直到現代的虛雲老和尚經過一千四百多年，其間的禪風，因時而異，因地而異，因人而異，變化多端，越到後來越圓熟，越往上追溯，越明其源頭的活水及其基本的形態。」

聖嚴法師對於禪宗思想和修行方法在過渡期的變化與轉折尤其敏感。例如，他評論四祖道信（580－651）說：

❸ 《禪關策進》第1卷（CBETA, T48, no. 2024, p. 1098, c10-16）。
❹ 《禪關策進》第1卷（CBETA, T48, no. 2024, p. 1100, c27-p. 1101, a25）。
❺ 對智旭的研究，請參考：釋聖嚴，《明末中国仏教の研究──特に智旭を中心として》，東京：山喜房佛書林，1975年。Beverley McGuire, *Living Karma: The Religious Practices of Ouyi Zhixu*. New York: Columbia University Press, 2014。

　　四祖道信（西元五八〇－六五一年）在中國禪宗史上，是一位很重要的人物，他繼承了他以前的各種禪觀思想，包括小乘、大乘乃至智顗等的思想，卻未將天臺宗那樣的禪觀組織接受下來，反而依《楞伽經》的「佛心」及《文殊說般若經》的一行三昧，主張「念佛心是佛」。又由於道信在江南遊學時，受到大小品《般若經》弘傳的影響，也有教大眾念「摩訶般若波羅蜜」而退賊的傳說。因此，初祖達摩以四卷《楞伽經》印心，六祖惠能以《金剛經》印心的中間，四祖道信是一位承先啟後而將這兩種傾向同時提起的人。❶

　　通過追溯道信思想的多種來源，分析他對此前傳統的取捨，簡潔明瞭地確定了他承前啟後的地位。類似地，聖嚴法師在評論〈修心要論〉時，既指出了該書所提倡方法與北宗禪和南宗禪的區別，又指出了它對初入禪門者的益處。❷聖嚴法師對追根溯源的這種敏感，很大程度上應該得益於他對禪修法門的持續研究。事實上，他於一九七一年完成的碩士論文，即是《大乘止觀法門之研究》。而其博士論文所研究的天台大師蕅益智旭，亦因倡導教觀並重、止觀雙運而受作者推崇。

　　對於禪風的種種傳承和變化，聖嚴法師依照禪發展的內在邏輯和外在邏輯予以揭示。由於受現有資料限制，禪宗早

---

❶　《禪門修證指要》，頁34。
❷　《禪門修證指要》，頁48-49。

期發展的一些鏈條難免缺失，此時法師往往能夠知人論世，根據思想發展的內在邏輯對此加以適當補充。例如，他對永嘉大師玄覺（665－713）曾作如此評論：

　　因為他是以天臺宗的止觀法門為基礎修行方法的人，又得惠能的印可而為禪宗的真傳。故從其著作的性質看，〈永嘉證道歌〉是禪宗的心法，〈奢摩他頌〉、〈毗婆舍那頌〉、〈優畢叉頌〉等所說的止、觀、止觀均等，乃是天臺宗的架構，性格頗見不同，所以有人懷疑〈永嘉證道歌〉或非出於永嘉之手。但在該歌之中提到他自己：「自從認得曹溪路，了知生死不相關」的話，又不能否定是出自永嘉之手筆了。我們推想，〈永嘉證道歌〉是在他見了惠能之後寫的，其他有關止觀的頌文，是他未見惠能之前寫的，先漸而後頓，理由極為明顯。⓲

玄覺的思想複雜，但聖嚴法師通過將其思想看作一個動態發展的過程，就較好地解釋了那些看似矛盾的說法。不僅如此，對於道信與三祖僧璨的關係，他也運用了這一依據內在邏輯的方法。⓳

　　聖嚴法師視野開闊，對禪發展的理解並不局限於佛教範圍，而是自覺地將其放在中國思想史發展的更大背景下，指出它與中國其他思想傳統尤其是道家的聯繫與區別。由此，

---

⓲　《禪門修證指要》，頁 81。
⓳　《禪門修證指要》，頁 37。

《指要》中輯入了一些比較特別的、似乎與介紹修行工夫不甚相關的內容。例如，聖嚴法師輯入〈息心銘〉以介紹中國禪的歷史背景及其觀點的轉變。對於道信〈入道安心要方便門〉，他指出其「引用老莊而批評老莊，說『莊子猶滯一也』及『老子滯於精識也』。可見他是以道家的『守一』及『窈窈冥冥』為坐禪的入門方便，同時又指出了入門之後，必須揚棄老莊的滯執。莊子說『天地一指，萬物一馬』，是滯於一；老子的『窈兮冥兮，其中有精』，是表示『外雖亡相，內尚存心』。這都不是究竟。但其受到老莊的影響則很顯然。」❷他對亡名禪師的評論也與此相似，指出他「仍有落於自然神論或泛神論的所謂我與一切，不一不異的大我局面的可能。假如再能以般若的空慧，照破這個大我，便會落實到出世而不是隱遁的大乘精神，也就是南宗禪的全體大用上來了。」❹

值得注意的是，聖嚴法師重視禪宗與外部環境的互動，尤其注意某些特定方法如何因應對治時弊的需要而興起。例如，他指出：

唐末以後，中國的禪宗，已發展到了熟透的程度，由於如永明延壽（西元九〇四—九七五年）之以一百零八件行持為其日課，倡導持咒、念佛、禮佛、懺悔、行道、誦經等，綜合諸種修持，相對地反而偏輕了坐禪。於是，華嚴

❷　《禪門修證指要》，頁 33-34。
❹　《禪門修證指要》，頁 19-20。

宗的圓融妙諦，成了禪思想的中心，此一圓融的觀念，便推動了禪淨一致、顯密同源的思潮。從此，事相的細節，漸受重視，大道的全體倒被忽略了……禪宗本以自心即佛，只向內用工夫，空去妄想執著，當下便是，此時則參禪念佛，求生淨土，作淨土觀；又兼行持誦〈大悲咒〉、〈尊勝咒〉等，以求靈驗感應。參禪者，多落於扮演而少實修實證，只知依樣畫葫蘆似地模仿著左喝右棒，豎拳舉拂，張口揚眉。往往是言超佛祖之上，行墮禽獸之下。所以真正的禪宗精神，已不多見。因此到了南宋時代，便有公案禪與默照禪之爭議產生，乃是為了挽救時弊而起的禪宗復興運動。

他從「禪淨一致、顯密同源」的時代風潮中看出了其所導致的禪宗精神失落，又從救此時弊而起的需求中理解了公案禪和默照禪的產生，富有卓識。在這方面，宏智正覺尤其具有代表性：

他終於反對惠能的禪風，回歸到菩提達摩的禪風，強調「法離文字」。將修行的方法，轉回到如北宗禪師們所主張的：「欲得會道，必須坐禪習定，若不因禪定而得解脫者，未之有也」（《六祖壇經》句）的看法上去。宏智正覺的「默照禪」，其實即是為了糾正一般的狂禪或野狐禪的最好方法。

宏智正覺對達摩禪風看似奇怪的回歸，實乃救弊所需。這些

外在因素的加入，使得禪風的發展不再總是線性變化。為
了彰顯此種歷史的詭譎，聖嚴法師有時甚至不惜收入有趣
但是錯誤的傳統傳述，然後指出如何從中看出時代趨向。㉒
例如，傳說梁武帝曾請傅大士講《金剛經》，傅纔陞座，以
尺揮案一下，便下座。帝愕然，傅曰：「陛下還會麼？」帝
曰：「不會。」傅曰：「大師講經竟。」對此記載，聖嚴法
師指出其真實性早在宋人所編《釋門正統》中即受質疑，
「禪宗在當時，像德山及臨濟那樣的所謂機用尚未流行，傅
大士在梁武帝之前，很不可能有如此的作略。但此傳說之形
成，卻說明了禪宗自唐至宋，機鋒大行的事實。」㉓

　　最終，聖嚴法師不受傳統宗派門戶之見所拘，不再依
照五家七宗、正統旁出之說，而是以年代先後為原則展現
出禪的思想及禪的風格上的許多變化，從其不僅源遠流長
而且又萬流奔海的波瀾壯闊中，揭示了禪法的無盡大用。㉔
《指要》曾經讚揚《禪源諸詮集‧都序》說：「一般的禪師
所傳著述，多係法語開示及歌頌書函等，少有像圭峰大師這
樣，對各家宗派的觀點及方便，作深入的分析類比排列介紹
的。」㉕《指要》與圭峰大師的努力類似，其評論之豐富已
可當作簡明禪學史看待。《指要》對禪風變化作歷史性理
解，兼具宏大視野與細緻處理，在教界中堪稱少見，應該不

㉒　《禪門修證指要》，頁 19-20。

㉓　《禪門修證指要》，頁 22-23。

㉔　釋聖嚴，《禪門驪珠集》（《法鼓全集》4-2，臺北：法鼓文化，2005 年
　　網路版），頁 4。

㉕　《禪門修證指要》，頁 101。

僅與聖嚴法師所接受的現代學術訓練有關，而且也與他從大陸至臺灣、至日本、至北美再回到臺灣的豐富經歷中見慣世態變化有著深刻聯繫。

## 三

除了學問僧身分以外，聖嚴法師還是經驗老到的禪修實踐者，而由此實踐帶來的自信使得他在《指要》中能夠毫不猶豫地確認禪的普遍性和有效性。由此，《指要》兼具法師對禪來自內部實踐的同情體會與來自外部審查的客觀冷靜，蘊涵歷史－價值的緊張，而法師對此問題的解決最終還是依賴於禪修者的自信。

聖嚴法師在分析禪風變化時冷靜而理性，但他與糾纏於考證的學者不同，對於一些因為歷史、考證或文獻學方法而造成的看似複雜的問題，能夠以睿智輕鬆擺脫。例如，對於聚訟紛紜的《壇經》他即指出：

> 不過《六祖壇經》自古即因流傳太廣，抄本太多，致有異本異說的淆訛現象出現。早在六祖的及門弟子慧忠所見，即有玉石相混的情形了。……我編本書目的，不為考證，但求有助於初心者的修證，故仍依據至元本，錄出其中最精要的〈般若第二〉、〈定慧第四〉、〈坐禪第五〉等三章。㉖

---

㉖ 《禪門修證指要》，頁61-63。

他承認從文獻學角度來看，《壇經》的內容頗有問題。但是，他仍然以一句「但求有助於初心者的修證」輕輕轉身，並不追問這有問題的內容如何仍然能夠被信任為有益修證。又一個例子，則與南宗禪健將神會（684－758）有關：

> 胡適先生認為《六祖壇經》是出於神會之手。本書不作真偽考證，但作介紹，有益於讀者修行就好。……那麼〈顯宗記〉的撰作年代又在何時呢？不管它，它的價值是不會變的。❷

他這裡對〈顯宗記〉的處理採取了同樣的「功能主義」方法。事實上，他此處提及的胡適（1891－1962）對《壇經》的看法，涉及到了現代佛教研究史上一大公案，也涉及到了引進現代學術方法研究佛教史以後所帶來的歷史－價值緊張。

　　胡適以敦煌文獻為基礎對神會的研究以及此後的一系列文章，解決了早期禪宗史上的一些重要謎團，也揭開了禪宗史中占據主導地位的話語背後的權力之爭。他所引入的結合歷史和文獻學的方法，對於佛教研究的現代化具有相當重要的推進作用。但是，胡適的研究把禪宗發展簡化為一種社會－政治行為，過於強調其爭權奪利的一面而忽視了其內在的自主性質，也在教內人士中引起了強烈不滿和反彈。❷

---

❷　《禪門修證指要》，頁 86。
❷　胡適，〈禪宗史的真歷史與假歷史〉，《胡適學術文集：中國佛學史》

尤其是，近代以來研究禪宗的日本學者很多是禪宗信仰者與
實踐者，他們試圖回應和抵抗的心情就格外迫切。其努力的
主要方向，則是把禪宗非歷史化，哲理化其思想和實踐性活
動以避免歷史學挑戰。由此，現代佛教研究中內史和外史、
歷史與價值的緊張被凸顯了出來，其典型，則是胡適與鈴木
大拙的往復論爭。㉙胡適所提倡的方法，此後受到新歷史主
義、尤其是福柯哲學的推動繼續發展。其成果，可見於 John
McRae、Bernard Faure 等人的研究，㉚關注禪宗發展史中的
社會－政治生態，重點問題是強調權力及其在禪宗起源、傳

---

（北京：中華書局，1997 年），頁 128-129。

㉙ 關於胡適禪學研究的討論，最有代表性者為日本禪學史大家柳田聖山
編輯出版的《胡適禪學案》（臺北：正中書局股份有限公司，1975
年）。關於胡適和鈴木大拙的爭議，請參考：John McRae, "Religion as
Revolution in Chinese Historiography: Hu Shih (1891-1962) on Shen-hui
(684-758)."*Cahiers d'Extrême-Asie*,12 (2001): 59-102. 龔雋，〈胡適與近
代形態禪學史研究的誕生〉，收入龔雋、陳繼東著，《中國禪學研究入
門》（上海：復旦大學出版社，2009 年），頁 7-48；江燦騰，〈從胡
適博士到印順導師：關於中國唐代禪宗史研究近七十年來的爭辯與發
展〉，收入《當代臺灣人間佛教思想家：以印順導師為中心的薪火相傳
研究論文集》（臺北：新文豐出版社，2001 年），頁 1-52；樓宇烈，
〈胡適禪宗史研究平議〉。《北京大學學報》3（1987），頁 59-67。

㉚ 參考：John McRae, *Seeing Through Zen: Encounter, Transformation, and Genealogy
in Chinese Chan Buddhism*. Berkeley & Los Angeles: University of California
Press, 2003; idem., *The North School and the Formation of Early Ch'an
Buddhism*. Honolulu: University of Hawaii Press, 1986. Bernard Faure, *The
Will to Orthodoxy: A Critical Genealogy of Northern Chan Buddhism*. Stanford:
Stanford University Press, 1997; idem., *Chan Insights and Oversights: an
Epistemological Critique of the Chan Tradition*. Princeton: Princeton University
Press, 1996。

播和受容中的分配。**㉛**

　　聖嚴法師對此歷史－價值衝突問題的解決，乾淨利落：
「不管它，它的價值是不會變的。」**㉜**他曾針對胡適有過直
接的回應：「儘管他說佛教的禪宗是出於奇妙的謊言偽造家
的技巧謊言與偽造，禪宗帶給中國文化的新生命與新動力，
依舊還是攻打不破的真理。」**㉝**也即是說，法師對於禪的有
效性做了明確的確認。他的自信，來自於他學者之外的另一
身分：禪修者。他對禪的界定值得注意：

　　　　中國佛教所用「禪」字的意思，是依戒修定，依定發
　　　慧的智慧行，它與布施持戒等的福德行，必須相應，始能
　　　成就。……所以，禪雖不是修行佛道的唯一方法，確是修
　　　行佛道的通途或要門，它以戒律的生活與禪觀的定力為基

---

**㉛** 對書籍史研究中的新歷史主義的簡要介紹，參考戴聯斌，《從書籍史到
　閱讀史》，頁 42-50。

**㉜** 聖嚴法師在〈關於胡適思想的宗教信仰〉、〈解剖胡適先生的思想與人
　格〉兩篇文章中，直接評論了胡適的佛教研究，指出「他是一位無宗教
　和反宗教的學者……他只相信科學和邏輯，凡是能用科學的方法加以證
　實的，他便相信，否則他便不能相信。」（《評介·勵行》，《法鼓全
　集》3-6，臺北：法鼓文化，2005 年網路版；後同，頁 88）
　關於這種在現代佛教研究者中較為普遍存在的歷史－價值緊張，請參
　考：龔雋，〈經史之間：印順佛教經史研究與近代知識的轉型〉，《中
　國哲學史》1（2013 年），頁 109-120；〈近代經史之學與佛典研究：
　一種思想史的解讀〉，收入龔雋、陳繼東著，《作為「知識」的近代中
　國佛學史論：在東亞視域內的知識史論述》（北京：商務印書館，2019
　年），頁 40-78。

**㉝** 《評介·勵行》，頁 99。

礎，智慧與慈悲——大菩提心的開發為目的。從釋迦世尊以來諸大菩薩及諸祖師無不以此方法而得成就。❸

然後，做為一個實踐者，一方面聖嚴法師強調禪悟的私人性，指出：「悟境是如人飲水，冷暖自知，只有曾經悟過的人才知道悟是什麼，而悟的方式和悟的程度又因人而異、因時而異。人的根器有利有鈍，修行工夫有淺有深，對不同的人或在不同的情況下，所產生的悟境就不會相同。」❸另一方面，他又強調悟境的真實性。例如，他曾直接引用祩宏在《四十二章經》後的按語：

半路退者，自畫而不進者也。格鬥死者，稍進而無功者也。得勝還者，破惑而成道者也。得勝之由，全在堅持，其心精進勇銳。學人但當一志直前，毋慮退，毋畏死。前不云乎？「吾保此人，必得道矣。」法華云：「吾今為汝保任此事，終不虛也。」佛既爾保，何慮何畏？❸

「佛既爾保，何慮何畏？」這實在是以佛祖為背書的莊重承諾，可以鼓舞修行者的信心。又如，聖嚴法師引用天目中峰明本（1263－1323）禪師示眾語曰：「看話頭做工夫，最是立腳穩當，悟處親切。縱此生不悟，但信心不退，不隔一生

❸ 《禪門修證指要》，頁 6-7。
❸ 《禪與悟》，頁 32。
❸ 《禪關策進》卷 1（CBETA, T48, no. 2024, p. 1108, a20-b2）。

兩生，更無不獲開悟者。」③雖然承認路途艱難，卻也保證
只須持續努力，其成功是必然的。

　　聖嚴法師本為冷靜、謙遜的學者，對於禪的遍適性如此
舉重若輕地予以承諾，其信心應該源自他長年修行之所得。
聖嚴法師在日本留學期間即曾參加曹洞宗及臨濟宗的禪修訓
練，得到龍澤寺派原田祖岳的傳人伴鐵牛（1910－1996）禪
師的印可。此後他又能夠得到印可兼祧中國曹洞宗和臨濟宗
法脈，其禪修進境應是不言而喻的。他曾說：

　　　　事實上，禪是經過許多不同層次的禪定經驗，或者毫無
　　禪定的修持階段而達到的一種境界。如果行者只是靜坐，
　　而未曾超越禪定的境界，那麼他最多只能保持在內心統一
　　和不動的階段。進入禪定的狀況，自我是無限制、無邊際
　　的，但仍有一個中心為我們所執著。由於有這樣的執著，
　　便會把真與假的界限分得很清楚。……因此，在這種排拒
　　虛假，而堅持實際的掙扎之中，摩擦將會發生於這兩種相
　　對的世界。禪，並沒有真的或假的世界，也不會傾向於真
　　實或排斥虛假，禪完全包含了真與假，因為它們是平等不
　　二的。③

　　聖嚴法師少談悟境，或許因為這有悖於他鼓勵切實修行
的立場。但是他上述所談悟境的層次和狀態，應該是只有自

身開悟後才能親切體會的。事實上，他還據此指出過禪境與
其他宗教家的區別：

> 一切偉大的宗教家，也必定曾經有過這第二階段的體
> 驗，當他們從小我的境域中解脫出來之後，發覺自己的本
> 體，即是全體宇宙的存在，自己與宇宙萬物，無二無別，
> 萬物的現象是由他們的自體衍生出來。他們有責任愛護萬
> 物，也有權力支配萬物，好像我們有責任愛護自己所生的
> 子女，也有權力自由支配屬於自己的財富一樣。……但
> 是，「我」的範圍越大，自信心的程度也越強，強烈的自
> 信心，實際上就是優越感和驕慢心的無限升級，所以稱為
> 大我，所以也並不等於已從煩惱中得到了徹底的解脫。❸❾

在對比中他指出了禪悟的優勝性。當然，聖嚴法師最終又不
免本於禪宗的根本立場，對此掃卻，指出它其實只是一種誘
導學人的方便：

> 道由心悟，不在言傳。近年以來學此道者，多棄本逐
> 末，背正投邪。不肯向根腳下推窮，一味在宗師說處著
> 到。縱說得盛水不漏，於本分事上了沒交涉。古人不得
> 已，見學者迷頭認影，故設方便誘引之，令其自識本地風
> 光，明見本來面目而已，初無實法與人。❹⓿

---

❸❾ 《禪的體驗‧禪的開示》，頁 195-196。
❹⓿ 《禪門修證指要》，頁 132。

六祖惠能曾謂「心迷法華轉，心悟轉法華」，天台宗也有
「觀心釋」之說。聖嚴法師在《指要》中對於各種材料的選
擇和評點，或許也只是在自己明心見性以後，在看似尋求權
威支援中，出於誘人方便而做的開示悟入了。

四

　　聖嚴法師有意淡化宗門意識，但《指要》的選擇在禪學
多種傳統中一以貫之，在精神上跨越清代而上承晚明傳統。
它強調正精進，強調禪修層次，與其針對禪學末流而強調實
修實證的初衷正相符合。

　　明心見性後的禪悟體驗與精神境界，主要有一切現成的
現量境、無住生心的直覺境、涵容互攝的圓融，以及隨緣任
運的日用境等數種。❹其中，聖嚴法師承認「不修不坐即是
禪」在東亞佛教圈的重大影響，但對此態度謹慎：

　　　江西大寂道一禪師示眾云：道不用修，但莫污染。何
　　為污染？但有生死心，造作趣向，皆是污染。若欲直會
　　其道，平常心是道。謂平常心，無造作、無是非、無取
　　捨、無斷常、無凡無聖。經云：「非凡夫行，非賢聖行，
　　是菩薩行。」只如今，行住坐臥，應機接物，盡是道。道
　　即是法界，乃至河沙妙用，不出法界。若不然者，云何言
　　心地法門？云何言無盡燈？一切法皆是心法，一切名皆是

---

❹　參考：吳言生，《禪宗思想淵源》（北京：中華書局，2002 年），頁
　　412-433。

心名,萬法皆從心生,心為萬法之根本。經云:「識心達本,故號沙門。」**❷**

聖嚴法師指出該「不假修道坐禪」的思想,是從南嶽懷讓(677－744)所示「禪非坐臥」及「坐禪豈能成佛」的觀念而來。再向上推究,其根源則在《六祖壇經》「道由心悟,豈在坐也」與《金剛經》「無所從來,亦無所去,無生無滅,是如來清淨禪。」他也承認馬祖道一(709－788)方法對後世的巨大影響,迄今中國、日本禪宗仍多是出於其系統。但另一方面,他也強調這種不修道、不坐禪的頓超法門,「只有『上根眾生』始得,對於中下根器的學者,往往會因受到『不修、不坐』的觀念所影響,卻忘記了自己是什麼樣的根器,以致將『污染』了的生死心,當成了馬祖所說的『平常心』。」**❸**

聖嚴法師這種對於頓－漸關係的謹慎處理,深受晚明諸師影響。聖嚴法師不僅強調禪悟的真實性和可行性,而且更為強調禪悟的層次性。雲棲袾宏在《禪關策進》序中說:

關之外有重關焉。託偽於雞聲,暫離於虎口,得少為足,是為增上慢人。水未窮,山未盡,警策在手,疾驅而長馳,破最後之幽關,徐而作罷參齋,未晚也。**❹**

---

**❷**《禪門修證指要》,頁 87。

**❸**《禪門修證指要》,頁 92-93。

**❹**《禪關策進》卷 1(CBETA, T48, no. 2024, p. 1097, c26-p. 1098, a2)。

他這一句「關之外有重關」，即明白指出了禪悟的多種層次，以及要達到最後徹悟之艱難。這種意見，也見於與袾宏同時代的憨山德清（1546－1623）。❹德清《初心修悟法要》曰：

> 凡修行人，有先悟後修者，有先修後悟者。然悟有解證之不同。若依佛祖言教明心者，解悟也。多落知見，於一切境緣，多不得力，以心境角立，不得混融，觸途成滯，多作障礙。此名相似般若，非真參也。
>
> 若證悟者，從自己心中樸實做將去，逼拶到山窮水盡處，忽然一念頓歇，徹了自心。……此之證悟，亦有深淺不同，若從根本上做工夫，打破八識窠臼，頓翻無明窟穴，一超直入，更無剩法。此乃上上利根，所證者深。其餘漸修，所證者淺。最怕得少為足，切忌墮在光影門頭。何者？以八識根本未破，縱有作為，皆是識神邊事。……
>
> 所言頓悟漸修者，乃先悟已徹，但有習氣，未能頓淨。就於一切境緣上，以所悟之理，起觀照之力，歷境驗心，融得一分境界，證得一分法身，消得一分妄想，顯得一分

---

❹ 關於憨山德清，請參考：Sung-peng Hsu, *A Buddhist leader in Ming China: the life and thought of Han-shan Te-ch`ing*. University Park: Pennsylvania State University Press, 1978. 江燦騰，《晚明佛教叢林改革與佛學諍辯之研究：以憨山德清的改革生涯為中心》，臺北：新文豐出版社，1990 年。Dewei Zhang, "Challenging the Reigning Emperor for Success: Hanshan Deqing 憨山德清 (1546-1623) and Late Ming Court Politics." *Journal of the American Oriental Society*, 134. 2 (2014): 263-285。

本智。是又全在綿密工夫，於境界上做出，更為得力。❹

德清這些論述，可以看作是對自唐代以來長期相爭的頓悟與漸悟方法的綜合與協調。德清在理論上不否認頓悟，卻在事實上更強調頓悟漸修，要求「全在綿密工夫，於境界上做出」。他自己的經歷，即是最好的證明。❹聖嚴法師非常重視二位晚明高僧的看法，指出「既然大疑有大悟、小疑有小悟，所以悟一定有它的層次。凡夫見性是悟理，很多人以為禪宗說的，悟後很多事皆能解決，其實這是不一定的」。❹他針對頓悟特別指出：

　　禪宗的悟另有勝義。有一種是不假階梯，……不過，佛是一悟永悟，而且是徹悟；一般的禪修者可能要悟了又悟。悟境出現的時間也有長短，力量強的比較持久，否則相當短暫。……因此有位禪師曾說「大悟三十多回，小悟不計其數」，可見禪宗的悟並不等於一悟就是解脫，或者一悟就成佛。……從以上可見，佛教所說的悟有頓、有漸、有深、有淺，而禪宗屬於頓悟。頓悟可能達到徹悟，但多半要悟了又悟，重重突破。❹

---

❹ 《禪門修證指要》，頁 177-78。
❹ 憨山德清撰，福善記錄，福徵述疏，《憨山大師年譜疏註》，CBETA, B14, no. 85。
❹ 《禪與悟》，頁 59-60。
❹ 《禪與悟》，頁 23-24。

聖嚴法師關於禪悟存在這許多層次以及頓悟並非終極的意見，與德清所見是相同的。而禪悟這許多層次的存在，也使得他自然地要求修行者必須不斷精進。

有意思的是，對於強調精進的理由，聖嚴法師曾借助佛教因果律加以解釋。他在《禪的體驗・禪的開示》中說：「諸位必須在觀念上確信：佛法的修行，沒有佔便宜的事，否則就與『因果』不相應。除了修行非因計因的常見外道及無因無果的斷見外道；在正法的中道行中，必是付出了多少就得多少，所以六度之中的精進一項也極重要。」依此邏輯，他指出如果有人意圖違背因果律尋求捷徑，則很容易為外魔所侵：

> 禪的修行者只要有一絲欣求心或厭惡心，就很容易引來外魔。外魔的種類也很多，從低等的山精鬼怪，那些依草附木而生存的魑魅魍魎，各類鬼神，乃至來自大自在天的魔王，都可能利用你修道的因緣，依附你的身心，來發揮他們的魔事魔業。……所以，魔王，以及他的魔眾，固可顯現可怖畏相，通常則多半顯現你的親屬相、善友相、福德長者相、善神相，乃至菩薩相與佛相。在許多場合，他們多以倫理道德，教人福國佑民，也能宣說部分佛法的義理。但其有個共通的特性：使你貪功著相，無法進入悟境。魔境使你作惡而走捷徑，是違背了因果的原則；魔境使你行善貪功著相，是違背了因緣的原則。

這裡所提醒的，與天目高峰原妙禪師所謂「但自堅凝正念，

以悟為則。當此之時，有八萬四千魔軍，在汝六根門頭伺候。一切奇異善惡等事，隨汝心現。汝若瞥起毫釐著心，便墮他圈繢，被他作主，受他指揮」，❺⓪正自相同。

從禪宗發展史來看，聖嚴法師不僅強調精進，更強調正精進，「不然縱勞形苦志，累歲經劫或淪外道，或墮偏乘，終無益也。」❺①這種對晚明諸師的自覺繼承，越過了其後之明末清初禪門龍象如密雲圓悟（1567－1642）、木陳道忞（1596－1674）等，❺②糾正時弊之意味明顯。從學術研究史角度來看，聖嚴法師上述對中國禪宗史的看法，固然明顯受到日本學者的研究如忽滑谷快天所著《禪學思想史》的影響，❺③但在本書中他對晚明諸師的重視，則是對學者長期輕視宋代以後中國佛教的校正。事實上，他是少數最早肯定晚明佛教價值的學者之一。

## 五、結語

本文通過檢視《禪門修證指要》的編纂與評議背後的理念，獲得了對其主旨、形式、選錄原則等方面的更好理解。

---

❺⓪ 《禪關策進》卷1（CBETA, T48, no. 2024, p. 1100, c27-p. 1101, a25）。
❺① 《禪關策進》卷1（CBETA, T48, no. 2024, p. 1107, c25-28）。
❺② 關於清初禪門，請參考：Jiang Wu, *Enlightenment in Dispute: The Reinvention of Chan Buddhism in Seventeenth-Century China.* Oxford; New York: Oxford University Press, 2008. 陳垣，《清初僧諍記》，北京：中華書局，1962年。
❺③ 忽滑谷快天《禪學思想史》原為其博士論文，自1920年代出版以後影響很大。朱謙之曾選取其有關中國禪宗的部分，譯成《中國禪學思想史》（上海：上海古籍出版社，2002年）。

在此過程中，論者重視人－書關係，對編纂者聖嚴法師的複雜經歷尤其是其多重身分給予了特別關注。事實上，《指要》既在分析禪的歷史性、變易性和複雜性中展現了理性與客觀，又在確認禪的有效性、普遍性、適用性方面展現了自信和自如，在在折射出聖嚴法師既是受過嚴格訓練的學者又是禪修有成的實踐者的雙重身分。《指要》內蘊歷史－價值的緊張，卻被法師以對禪的充分信任以及對修行次第的強調波瀾不驚地化解。最終，本文既橫向揭示了《指要》的個人與時代特色，又縱向揭示了它在中國禪史上的位置。

# 參考文獻

〔日〕忽滑谷快天著、朱謙之譯，《中國禪學思想史》，上海：上海古籍出版社，2002 年。

〔日〕柳田聖山編，《胡適禪學案》，臺北：正中書局股份有限公司，1975 年。

〔日〕荒木見悟，《雲棲袾宏の研究》，東京：大藏出版，1985年。

〔法〕羅傑·夏蒂埃著，吳泓緲、張璐譯，《14 至 18 世紀的書寫文化與社會》，北京：商務印書館，2013 年。

江燦騰，〈從胡適博士到印順導師：關於中國唐代禪宗史研究近七十年來的爭辯與發展〉，收入《當代臺灣人間佛教思想家：以印順導師為中心的薪火相傳研究論文集》，臺北：新文豐出版社，2001 年，頁 1-52。

江燦騰，《晚明佛教叢林改革與佛學諍辯之研究：以憨山德清的改革生涯為中心》，臺北：新文豐出版社，1990 年。

吳言生，《禪宗思想淵源》。北京：中華書局，2002 年。

林其賢，《聖嚴法師年譜》，《法鼓全集》11-2，臺北：法鼓文化，2005 年網路版。

胡適，〈禪宗史的真歷史與假歷史〉，收入姜義華主編，《胡適學術文集：中國佛學史》，北京：中華書局，1997 年。

陳垣，《清初僧諍記》，北京：中華書局，1962 年。

雲棲袾宏，《禪關策進》，CBETA, T48, no. 2024。

樓宇烈，〈胡適禪宗史研究平議〉，《北京大學學報》1987 年第 3期，頁 59-67。

憨山德清述、福善記錄、福徵述疏，《憨山大師年譜疏註》，

CBETA, B14, no. 85。

戴聯斌,《從書籍史到閱讀史》,北京:新星出版社,2017 年。

釋聖嚴,《明末中国仏教の研究──特に智旭を中心として》。東京:山喜房佛書林,1975 年。

釋聖嚴,《評介・勵行》,《法鼓全集》3-6,臺北:法鼓文化,2005 年網路版。

釋聖嚴,《禪的體驗・禪的開示》,《法鼓全集》4-3,臺北:法鼓文化,2005 年網路版。

釋聖嚴,《禪門修證指要》,《法鼓全集》4-1,臺北:法鼓文化,2005 年網路版。

釋聖嚴,《禪門驪珠集》,《法鼓全集》4-2,臺北:法鼓文化,2005 年網路版。

釋聖嚴,《禪與悟》,《法鼓全集》4-6,臺北:法鼓文化,2005 年網路版。

龔雋,〈近代經史之學與佛典研究:一種思想史的解讀〉,收入龔雋、陳繼東著,《作為「知識」的近代中國佛學史論:在東亞視域內的知識史論述》,北京:商務印書館,2019 年,頁 40-78。

龔雋,〈胡適與近代形態禪學史研究的誕生〉,收入龔雋、陳繼東著,《中國禪學研究入門》,上海:復旦大學出版社,2009 年,頁 7-48。

龔雋,〈經史之間:印順佛教經史研究與近代知識的轉型〉,《中國哲學史》2013 年第 1 期,頁 109-120。

Darnton, Robert. *The Kiss of Lamourette: Reflections in Cultural History*. New York: Norton, 1990.

Faure, Bernard. *Chan Insights and Oversights: an Epistemological Critique of the Chan Tradition*. Princeton: Princeton University Press, 1996.

Faure, Bernard. *The Will to Orthodoxy: A Critical Genealogy of Northern Chan Buddhism*. Stanford: Stanford University Press, 1997.

Hsu, Sung-peng. *A Buddhist leader in Ming China: the life and thought of Han-shan Te-ch`ing*. University Park: Pennsylvania State University Press, 1978.

McGuire, Beverley. *Living Karma: The Religious Practices of Ouyi Zhixu*. New York: Columbia University Press, 2014.

McLuhan, Marshall. *The Medium Is the Massage: An Inventory of Effects*. Revised version. Gingko Pr Inc, 2001.

McRae, John. "Religion as Revolution in Chinese Historiography: Hu Shih (1891-1962) on Shen-hui (684-758)." *Cahiers d'Extrême-Asie*,12(2001): 59-102.

McRae, John. *Seeing Through Zen: Encounter, Transformation, and Genealogy in Chinese Chan Buddhism*. Berkeley & Los Angeles: University of California Press, 2003.

McRae, John. *The North School and the Formation of Early Ch'an Buddhism*. Honolulu: University of Hawaii Press, 1986.

Wu, Jiang. *Enlightenment in Dispute: The Reinvention of Chan Buddhism in Seventeenth-Century China*. Oxford; New York: Oxford University Press, 2008.

Yü, Chün-fang. *The Renewal of Buddhism in China: Chu-hung and the Late Ming Synthesis*. Fortieth anniversary edition. New York: Columbia University Press, 2021.

Zhang, Dewei. "Challenging the Reigning Emperor for Success: Hanshan Deqing 憨山德清 (1546-1623) and Late Ming Court Politics." *Journal of the American Oriental Society*, 134. 2(2014) : 263-285.

# Identity, History, and Embodiment:
## A Tentative Study of
## the *Chanmen xiuzheng zhiyao*

Dewei Zhang

Associate Professor, Department of Philosophy, Jinan University, Guangzhou

## ▌ Abstract

On the basis of twenty-four significant pieces of Chan texts, Master Sheng Yen complied the *Chanmen xiuzheng zhiyao* as a direction of Chan practice for himself and other people. The book is alleged completed by following the rule of "passing on the ancient culture without adding anything new", but its choices, explanations, and evaluation of those texts reflect some important ideas about Chan itself as well as its practice and history. This paper aims at disclosing those unspoken ideas between lines, tensions among those accounts and evaluations, the solutions suggested by Master Sheng Yen, consciously or not, and the problems left unsolved. Like the *Changuan cejin* 禪關策進 with a similar nature that was compiled by Yunqi Zhuhong (1535-1615), the *Chanmen xiuzheng zhiyao* highlights the advantage of Chan practice compared with other Buddhist practices, and reconfirms the transcendence, supremacy, and authenticity of the awakening deriving from Chan practice. But it distinguishes itself from the *Changuan cejin* by stressing the historical nature of ideas about Chan and its practice to such a degree that it displays many of their historical developments and transformations. This new feature of acknowledging historicity embodies the admirable consciousness and courage of Master Sheng Yen as an eminent monk deeply affected by modern academic trainings and with a wide international view. But it unavoidably sparks a profound tension with the perceived unchangeable nature of Chan, which has been best demonstrated by the so-called "value-and-history" debates between Hu Shi (1891-1962) and Suzuki Daisetz (1870-1966). Master Sheng Yen had no intention to get involved in the debates, but when he justified those texts with historicity by regarding them as "useful" based on his own experiences as an advanced Chan master, he actually presented his own answer to the debate. Chan practice is essentially a private business and the state of awakening is essentially unspeakable. But partly encouraged by the spirit of Mahayana Buddhism characteristic of "saving the sentient beings", these private matters have to enter the public field by means of language. Full aware both of the necessity and the potential risk, Master Sheng Yen repeatedly stressed the expedience nature of any texts and the super importance of practice in expunging the complications, but not unlike former monks' efforts, his endeavors finally led to an additional layer of complication.

**Keywords:** *Chanmen xiuzheng zhiyao*, hidden ideas, historicity and transcendence, conflicts and solution

# 爐鞴與兵法
## ——晦山戒顯《禪門鍛鍊說》的兩種概念譬喻探析[*]

周玟觀

國立中興大學中國文學系副教授

## ▌摘要

　　本文以譬喻為視角,討論明清之際遺民晦山戒顯《禪門鍛鍊說》之用喻特色與思維,並藉由分析譬喻的策略與行動,管窺晦山戒顯的學風特色與自我定位。

　　明清禪學的特色之一,即晚明禪者禪師用心於禪門鍛鍊方法的省思與重新構築,禪者不僅重視鍛鍊之方,而且競相撰集,蔚為風氣,晦山戒顯《禪門鍛鍊說》一書,即為代表作之一。過去學界對晦山戒顯的研究受限文獻闕如,難識其人其學之風貌。近年則受惠於自日本傳回之詩文語錄全集,漸為學界研究與重視。本文嘗試從晦山戒顯《禪門鍛鍊說》

---

[*] 本文為聖嚴基金會二〇一七年聖嚴思想短期研究案:「聖嚴法師禪學史研究——明代佛教研究之子計畫鍛鍊禪眾如用兵——論晚明禪師鍛鍊譬喻之類型、框架與文化意義」之部分研究成果。初稿曾於聖嚴基金會主辦:「二〇一八年第七屆聖嚴思想學術研討會」宣讀,感謝計畫與會議主持人廖肇亨老師、特約討論人李瑄老師提供寶貴意見。並以〈爐鞴與兵法——晦山戒顯《禪門鍛鍊說》的兩種概念譬喻探析〉為題,發表於《臺大佛學研究》39 期,2020 年 6 月。今復據本刊審查意見修訂成文,感謝審查者寶貴意見。

取譬於兵家，且自居為禪門孫武子為線索，佐以相關詩文語錄，透過概念譬喻、譬喻策略，以及譬喻行動等面向的分析，探討晦山戒顯《禪門鍛鍊說》的特色及其個人定位。

**關鍵詞**：晦山戒顯、禪門鍛鍊、孫子兵法、概念譬喻、譬喻行動

# 一、前言

　　《禪門鍛鍊說》，收入《卍續藏》，❶署名為雲居晦山僧東吳願雲戒顯，即晦山戒顯（1610－1672），本名王瀚，字願雲，號晦山，太倉州（今江蘇太倉）太原人。甲申（1644）明亡，出家為僧，嗣法靈隱寺具德弘禮（1600－1667）❷，是明清三峰派的一位禪門健將。❸聖嚴法師從藏經摘錄二十四篇有關禪門修證內容與方法的文獻，匯編《禪門修證指要》時，將晦山戒顯此書收錄其中，在明清之際選文中與雲棲袾宏（1535－1615）《禪關策進》、憨山德清（1546－1623）〈觀心銘〉、〈初心修悟法要〉與無異元來（1576－1630）《博山參禪警語》等著名禪師著作並列為四，並譽其書可讀，禪法可應用於後世，可見其人其學當有獨特之處。❹

---

❶ 晦山戒顯，《禪門鍛鍊說》，《卍續藏》第 112 冊，第 1259 號，頁 985-1008。

❷ 具德弘禮，俗姓張，紹興山陰人。少好黃冠者游，後讀首楞嚴經發正信出家，為臨濟三峰漢月法藏門下，力倡綱宗之說，先後主持多座道場，以天寧、靈隱為大。參清‧吳偉業，〈靈隱具德和尚塔銘〉，《吳梅村全集》（上海：上海古籍出版社，1990 年）第 51 卷，頁 1041-1046。

❸ 晦山戒顯字號生平參考清‧文德翼，〈晦山大師塔銘〉，《求是堂文集》第 18 卷，《四庫禁燬書叢刊》集部第 141 冊（北京：北京出版社，2000 年，據天津圖書館藏明末刻本影印），頁 713-715。

❹ 參見釋聖嚴，《禪門修證指要》（臺北：法鼓文化，1991 年），頁 168-250。聖嚴法師另於《明末佛教研究》一書中指出明末禪者重視鍛鍊的方法，其中編有專著者四：（一）雲棲袾宏的《禪關策進》、（二）費隱通容的《祖庭鉗鎚錄》、（三）晦山戒顯的《禪門鍛鍊說》與（四）無

　　衡諸學界對於晦山與《禪門鍛鍊說》之研究，最早有大陸學者陳旭輪〈吳梅村與晦山和尚〉一文載錄晦山戒顯的相關文獻，❺後有林元白〈晦山和尚的生平及其禪門鍛鍊說〉❻以及日本學者野口善敬〈遺民僧晦山戒顯について〉❼專文

異元來的《博山參禪警語》，點出晚明禪者重視鍛鍊方法的風氣。譽晦山《禪門鍛鍊說》為「鍛禪計畫書」，較同時之費隱通容之《祖庭鉗鎚錄》提出之理論與細則為佳，參見氏著，《明末佛教研究》（臺北：法鼓文化，2000 年），頁 86-87。

❺ 陳旭輪此文嚴格來說並不算是研究論文，文中抄錄所見文獻與晦山相關者，如《太倉州志》、《靈隱寺志》、《婁東耆舊傳》、《建昌縣志》、《焚餘補筆》中晦山小傳，以及吳偉業《梅村詩集》、陳瑚《確菴文集》、周茂源《鶴靜堂集》、田澄之《田間詩集》……等諸文人集中載錄晦山詩文者。但實為留心整理晦山相關文獻之先驅，發表於《古今》半月刊第 50 期，1944 年 7 月 1 日，收入蔡登山主編，《古今（五）》（臺北：秀威經典，2015 年），頁 1839-1845。

❻ 林元白，〈晦山和尚的生平及其禪門鍛鍊說〉，《現代佛教學術叢刊》第 15 冊，頁 89-102，1977 年。根據任繼愈主編，《20 世紀中國學術大典·宗教學》（福州：福建教育出版社，2000 年），頁 58，著錄稱「林元白苦心搜訪，鉤沉史乘，撰作了〈晦山和尚的生平及其《禪門鍛鍊說》〉（《現代佛學》，1960 年 6 月，對晦山和尚的生平和學說做了較為詳細的解說）」，可知本文於一九六〇年即已撰作發表。元白為林子青之字號，本文後亦收入林子青，《菩提明鏡本無物：佛門人物制度》（臺北：法鼓文化，2000 年），頁 64-80。

❼ 〔日〕野口善敬，〈遺民僧晦山戒顯について〉，《禅文化研究所紀要》第 16 卷（1990 年 5 月），頁 251-274。野口善敬另整理晦山年譜，見氏著，〈晦山戒顯年譜稿〉，《第四屆中國域外漢籍國際學術會議論文集》（臺北：聯合報文化基金會國學文獻館，1991 年），頁 301-332。此外，〔美〕Jiang Wu, *Enlightenment in Dispute: The Reinvention of Chan Buddhism in Seventeenth-Century China* (Oxford: Oxford University Press, 2008), 226-227，言及 "Huishan Jiexian's Inscription"（晦山與其〈荊州天王寺碑記〉），為晦山生平重要之西文研究成果。

討論。但此後二十餘年,以晦山戒顯為題的論文鮮少見諸學
界。何以如此?究其因,當在文獻不足。如林元白所言:

> 晦山和尚是明末遺民出家中很知名的高僧之一。他以戒
> 律精嚴、學問淵博為世所稱,關于他的生平世蹟,⋯⋯這
> 些志書和僧傳所記都很簡略,連他的生卒年月也不清楚,
> 以致其生平學德湮沒不彰。❽

又說:

> 據《靈隱寺志》載,晦山有詩文集若干卷,盛行於世,
> 今詩文集俱不傳。我們所常看到的晦山遺詩,只有《清詩
> 別裁集》的〈登黃鶴樓〉一律。❾

沈德潛(1673－1769)不過稍晚於晦山,編《清詩別裁集》
時已不見晦山詩文集,所錄〈登黃鶴樓〉置於僧詩類第一
篇,與今所見藏於日本之《靈隱晦山顯和尚全集》❿題作

---

❽ 林元白,〈晦山和尚的生平及其禪門鍛鍊說〉,頁89。
❾ 林元白,〈晦山和尚的生平及其禪門鍛鍊說〉,頁93-94。
❿ 晦山戒顯之著作,存於日本者,有東京大學東洋文化研究所藏刻本《靈
隱晦山顯和尚全集》二十四卷,另有京都大學藏寫本《靈隱晦山顯和尚
全集》十二卷。兩書梗概略作說明如下:
「《靈隱晦山顯和尚全集》二十四卷,東京大學東洋文化研究所藏
本」,依次收詩(五言古一卷、七言古二卷、五言律與五言排律二卷、
七言律四卷、七言絕與五言絕一卷)十卷,賦一卷、序二卷、文與說一
卷、跋與雜一卷、碑記三卷、傳一卷、疏二卷、引與銘一卷、塔銘一

〈題武昌黃鶴樓〉不同，詩句亦略有出入。⓫清末王伊輯
《三峰清涼寺志》時，亦言「晦山詩不多見」，⓬足見晦山
詩文集久不傳於世。

　　日本野口善敬是第一位依藏於東京大學東洋文化研究所
之《靈隱晦山顯和尚全集》，就晦山其人其學提出具體的評

---

　　卷、啟一卷，計二十四卷。

　　「《靈隱晦山顯和尚全集》上中下三冊，京都大學藏寫本」，封面題
　　名作《晦山顯和尚語錄》，據內容所抄書名應為《靈隱晦山顯和尚全
　　集》。上冊前有序四篇、跋一篇。上冊抄錄《語錄》十二卷，佛日嗣法
　　門人正瑞、雲居嗣法門人元玢編，分別為「住南康府建昌雲居山真如禪
　　寺語錄」一卷；「武昌府西山寒溪禪寺語錄」、「黃州府黃岡安國禪寺
　　語錄」與「饒州府鄱陽薦福禪寺語錄」合一卷；「黃州府黃梅四祖正覺
　　禪寺語錄」、「荊州府護國禪寺語錄」與「撫州府金谿疎山白雲禪寺
　　語錄」合一卷；「杭州府錢塘靈隱景德禪寺語錄」共六卷；「示眾、普
　　說與機緣」合一卷；「拈古與頌古」合一卷，「鍛鍊說」一卷。中下冊
　　寫本與東京大學藏本相同的詩文集二十四卷，內容版式相同，應抄寫
　　自同一刻本。但寫本較東京大學藏本多出卷二十五「銘」、卷二十六
　　「書」、卷二十七與二十八「像贊」等四卷。

⓫　沈德潛錄晦山〈登黃鶴樓〉於僧詩類第一篇，且稱譽有加，指其「起有
　　撼山岳，吞雲夢之概，具此手筆，不管崔顥題詩上頭也，通體具振得
　　起」。所錄詩作：「誰知地老天荒後，猶得重登黃鶴樓。浮世已隨塵劫
　　換，空江仍入大荒流。楚王宮殿銅駝臥，唐代仙真鐵笛秋。極目蒼茫渺
　　何處，一瓢高挂亂雲頭。」《清詩別裁集》（北京：中華書局，1975
　　年）第 32 卷，頁 582。今所見東京大學藏本收於七言律詩類，原詩為
　　〈題武昌黃鶴樓〉：「誰知刦火憑陵後，猶得重登黃鶴樓，晴樹已隨人
　　事盡，長江依舊大荒流。楚王宮闕銅駝偃，僊客乹坤鐵笛秋，極目蒼烟
　　悲慨遠，一瓢歸挂亂雲頭。」《靈隱晦山顯和尚全集》（東京大學東洋
　　文化研究所藏本）第 6 卷，頁 1b。

⓬　清・王伊輯，《三峰清涼禪寺志》（揚州：廣陵書社，2006 年）第 18
　　卷，頁 615-616。

述者。認為晦山雖然是遺民僧，但與其他因明亡而出家的儒者仍有所不同，主張晦山在出家前已深習佛學，與逃禪者流不同。❸其「行狀」一節詳考晦山參禪、受戒、嗣法具德弘禮、隱居廬山，與先後住持雲居、護國寺等七寺，最後承具德弘禮師命住持靈隱寺；「晦山の仏教」一節據晦山詩文集藏經、山志、寺志與時人文集，討論晦山生平與佛教立場，聚焦《禪門鍛鍊說》與當時學風思潮間的關係。最後，野口善敬引錢謙益評憨山德清之語，視晦山為同屬「能守雲棲家法」、「為雲棲荷擔兒」的「穩健遺民僧」。❹大陸學者李瑄撰〈建功利生：清初遺民僧會通佛儒的一種途徑──以晦山戒顯為代表〉一文，討論晦山出家後，以「建功利生」做為「會通二教的主要途徑」；以詩文碑記中「不朽」為據，論證晦山戒顯於佛門重視經世致用之功，用以重建、恢復儒家之倫理秩序為其自我期許。❺

　　野口善敬與李瑄對晦山都有較具體的討論，得力於所據之晦山詩文集。不過兩人對於晦山的身分偏於佛教思想立場或是仍堅守儒家倫理秩序為核心思想，似乎有著不同的看法。這也是面對明清之際具有遺民身分的僧人，最常也最先浮現的學術議題之一，究竟其人是真入佛門，抑或藉名逃

---

❸〔日〕野口善敬，〈遺民僧晦山戒顯について〉，頁 254-257。

❹〔日〕野口善敬，〈遺民僧晦山戒顯について〉，頁 273。

❺ 李瑄，〈建功利生：清初遺民僧會通佛儒的一種途徑──以晦山戒顯為代表〉，《中山大學學報（社會科學版）》第 56 卷，2016 年第 3 期，頁 132-141。

禪等其他原因。⓰換言之，出家為僧，他們在身分認同、身分定位上存在一個令人質疑的立場問題。因此就其生平，從其著述中爬梳其人究竟是依然持守儒家之倫常秩序、忠孝節義，或棲心佛教，以佛法為性命依歸？不過，評價其身分認同與定位前，晦山個人對儒佛關係的看法為何，或可先做討論。從晦山為友人毛尊素《易薪》、《書義全提》諸書所作之序，可見其主張，其言：

> 方內聖人之書，莫妙於《易》；方外聖人之言，莫大於《華嚴》，二者皆開廓心性，搜刮造化之至文也。然學儒佛者，率溺耳目見聞，自生隔閡，非互相水火，則置之秦越而已。⓱

> 吾友尊素，精心儒佛研究有年，確見三教同源，攝歸心性。不惜泥水著《說夢夢說》，世出世間，深閳奧義，假毛錐子百門指點，一筆掀翻。⓲

---

⓰ 廖肇亨將明末逃禪遺民，以其與佛教之間的關係類分為五，而將晦山戒顯歸類為「終身出家且嗣位為住持」者。參見氏著，《忠義菩提：晚明清初空門遺民及其節義論述探析》（臺北：中央研究院中國文哲研究所，2013 年）頁 7-16。

⓱ 清·晦山戒顯，〈毛尊素居士易薪序〉，《靈隱晦山顯和尚全集》第 12 卷，頁 18b。

⓲ 清·晦山戒顯，〈說夢夢說〉，《靈隱晦山顯和尚全集》第 12 卷，頁 18b。

孔子已遠，心性絕學，幾同說夢。幸禪祖西來，⋯⋯
使人直下洞見本有，由是克復格致，儒家的骨，反在宗門
矣。今業儒者不窮岷源，初事呫嗶，即以詆佛呵禪為務，
正如盲人摸象，各說異端，飲狂泉者，反不以為狂。⋯⋯
某初年薄事理學，次遊方外，深究宗乘，乃得洞明兩家，
同一鼻孔。埋蹤歐阜，知音蓋寡。梅川尊素居士學禪有
年，具通方見，⋯⋯和會儒禪，⋯⋯可謂得大頭顱矣。❶

以上的論點，可見晦山兩種意見：一是就學說本身而言，主
張三教同源；❷一是就學者而言，斥責排佛論者，而盛贊能
融會兩家之學者。就其「儒家的骨，反在宗門矣」前後語境
觀之，實為強調孔孟已「遠」，心性「絕」學，幸賴佛教單
提。從其論學態度檢討，偏向佛教立場為多矣。至於以心性
之學、救世之益縐合三教，與當時主張三教一致，倡論儒佛
同源的學者學說相較，並無新意。此外，於〈佛法利益國家
說〉一文，言「敬佛時，民氣康樂，人賢挺生；削佛時，國
俗彫夷，災事競起」。❸論證佛法有助教化之說，亦為六朝
唐宋以來佛教裨益教化之舊說。凡此儒佛論述，恐非晦山學
說特色之所在。

---

❶ 清·晦山戒顯，〈毛尊素居士書義全提序〉，《靈隱晦山顯和尚全集》
第 12 卷，頁 3b。
❷ 除「三教同源」說，晦山亦有「三家聖人皆大醫王」之喻，見〈青原無
可和尚炮莊序〉，《靈隱晦山顯和尚全集》第 12 卷，頁 10a-b。
❸ 清·晦山戒顯，〈毛尊素居士書義全提序〉，《靈隱晦山顯和尚全集》
第 14 卷，頁 8-9。

　　若繼續聚焦「自我定位」的議題，檢視晦山文獻，《禪門鍛鍊說》中實有一條有趣材料。《禪門鍛鍊說》通篇討論禪門長老如何訓練禪眾，並無儒佛關係、儒佛交涉之論述，反倒是藉兵家之說以喻禪門師家當所作為。而《禪門鍛鍊說・自序》末段自陳撰述之衷：「知我罪我，所弗惜焉，則雖謂之禪門孫武子可也。」此語以兵家孫武子自況，頗耐人尋味。從自我認同的角度來看，取法古人，以古人自況，必然不徒取其名，而欲仿其精神、人格、或特殊行誼。❷❷此外，《禪門鍛鍊說》一書分十三篇，亦是仿效《孫子兵法》十三篇之結構，〈自序〉開篇言：

　　鍛禪說而擬之孫武子，何也？以正治國，以奇用兵，柱下之言確矣。佛法中據位者，治叢林如治國，用機法以鍛禪眾如用兵。奇正相因，不易之道。❷❸

即是以兵法喻禪師鍛鍊之法。當然，讀者不會以孫武子自況而質疑晦山為兵家立場。然而，何以禪師論鍛鍊之法、教育

---

❷❷ 文本中「雖謂之禪門孫武之可也」，「雖」字前省略主語，主語為相對於自己之他人。此處假設他人眼中的自己為孫武子，如社會學中提出之「鏡中自我」，個人想像自己在他人的觀看與判斷中所扮演的角色，或可視為一種自我定位的看法，參考 Charles Horton Cooley, "Looking-Glass Self," in *The Production of Reality: Essays and Readings on Social Interaction*, ed. Jodi O'Brien (Thousand Oaks, Calif.: Pine Forge Press, 2006), 255-256。
❷❸ 清・晦山戒顯，《禪門鍛鍊說》，《卍續藏》第 112 冊，第 1259 號，頁 985 上 2-4。

之方要引譬兵法連類於兵家之說？若為取譬用喻，與兵家立
場、兵法之說是一是異？以及為何以孫武子自居？其設喻背
後的思維頗耐人尋味。

　　譬喻通常被視為修辭技法之一，為文字增飾、語言增
強之用。然而，佛典用喻以設教陳理，自有其淵源。同時，
晚近譬喻語言學者從語料分析中，發現譬喻不只是語言表
達，其深層的概念結構亦反映了吾人之思想與行動。先後提
出「概念譬喻理論」與「融合理論」，㉔對於譬喻解讀，有
了新的觀察角度與研究發展。㉕本文即借鏡認知譬喻語言學

---

㉔ 概念譬喻理論（Conceptual Metaphor Theory, CMT 理論）參考 George Lakoff, *Women, Fire, and Danger-ous Things: What Categories Reveal about the Mind* (Chicago: University of Chicago Press, 1987). 梁玉玲等譯，《女人、火與危險事物——範疇所揭示之心智的奧秘》（臺北：桂冠，1994年）；George Lakoff and Mark Johnson, *Metaphors We Live By* (Chicago: The University of Chicago Press, 1980). 周世箴譯，《我們賴以生存的譬喻》（臺北：聯經出版社，2006年）；George Lakoff and Mark Johnson, *Philosophy in the Flesh: The Embodied Mind and Its Challenge to Western Thought* (New York: Basic Books, 1999). 融合理論（Blending Theory, BT 理論）參考 Gilles Fauconnier, *Mental Spaces: Aspects of Meaning Con-struction in Natural Language* (Cambridge: Cambridge University Press, 1994)；Gilles Fauconnier and Eve Sweetser, *Spaces, Worlds, and Grammar* (Chicago: The University of Chicago Press, 1996)；Gilles Fauconnier and Mark Turner, *The Way We Think: Conceptual Blending and the Mind's Hidden Complexities* (New York: Basic Books, 2002)。

㉕ 學者歸納譬喻語言學者之前的三種主要隱喻觀點與理論，約有情緒理論（emotive theory）、類比理論（comparison theory）與互動理論（interaction theory），參考安可思，〈概念隱喻〉，收入蘇以文、畢永峨主編，《語言與認知》（臺北：國立臺灣大學出版中心，2009年），頁 59-61。

的觀察與分析語料的方法，嘗試從概念譬喻、譬喻策略，以及譬喻行動等方面，分析晦山取譬於兵家的思維模式。首先聚焦詞彙層面，分析概念譬喻的運作與類型；其次從篇章層面，就謀篇與語境討論譬喻的策略與競爭，及其建構禪門鍛鍊議題的新取景；最後就行動層面，檢視個人象徵性譬喻落實為新行動的意義。❷⑥希望從禪門孫武子這個取喻的線索，配合相關文獻資料，探討晦山戒顯的個人定位及特色。

## 二、禪門鍛鍊的兩種譬喻

譬喻的分析，首先聚焦詞彙層面，分析概念譬喻的運作與類型。以下，先略申述「概念譬喻」之義，再討論禪門鍛鍊說中的兩類主要概念譬喻的用喻情形。

### （一）概念譬喻釋義

譬喻之語，自古有之，或稱「譬」，或言「喻」。如《論語・雍也》：「能近取譬，可謂仁之方也。」朱熹註：「譬，喻也。方，術也。近取諸身，以己所欲譬之他人，知

---

❷⑥ 譬喻的分析方法，鄧育仁提出五個層次：概念隱喻、隱喻策略、隱喻交鋒、隱喻行動與事實構築等五層次。參見鄧育仁，〈由童話到隱喻裡的哲學〉，收入蘇以文、畢永峨主編，《語言與認知》，頁 43-45。筆者曾就佛典戰爭概念譬喻分析的實際經驗，提出從詞彙、篇章與行動三層面做譬喻分析，本文的分析步驟與方法，即奠基於此，參見拙著，〈攻防摧破——佛教戰爭概念譬喻析論〉，《興大中文學報》第 46 期（2019年 12 月），頁 149-174。

其所欲亦猶是也……孔子教以於己取之，庶近而可入。」㉗
朱子解論語之「譬」為喻，指能從己身親切熟識之物事理，
推之於人。佛典中亦有譬喻之說，梵語「阿波陀那」為十二
部經之一。《翻譯名義集》解釋言：「阿波陀那，此云譬
喻。《文句》云：『譬者，比況也；喻者，曉訓也』。至理
玄微，抱迷不悟；妙法深奧，執情奚解。要假近以喻遠，故
借彼而況此。」㉘可知佛典譬喻之用，亦在於藉淺近之事理
喻解理解奧妙深義。㉙

　　如何解讀譬喻？一般人所熟者，莫如修辭學者之主張，
視「譬喻」與「感嘆」、「設問」、「摹寫」、「夸飾」等
同為調整表意方法的修辭格。㉚修辭之作用則在「研究如何
調整語文表意的方法，設計語言優美的形式，使精確而生動
地表達出說者或作者的意象，期能引起讀者之共鳴」。㉛譬

---

㉗ 宋‧朱熹集注，《論語集注‧雍也》，《四書章句集注》（臺北：大安
　 出版社，1999 年），頁 123。
㉘ 東晉‧釋法雲，《翻譯名義集》第 5 卷，《大正藏》第 54 冊，第 2131
　 號，頁 1140 中 1-4。
㉙ 佛經譬喻研究，參考丁敏，《佛教譬喻文學研究》（臺北：東初出版
　 社，1996 年），關於佛經譬喻的作用討論，筆者曾撰文討論，參拙著，
　 〈攻防摧破──佛教戰爭概念譬喻析論〉，頁 149-174。
㉚ 譬喻是一種「藉彼喻此」的修辭法，凡二件或二件以上的事物中有類
　 似之點，說話作文時運用「那」有類似點的事物來比方說明「這」件
　 事物的，就叫譬喻。它的理論架構，是建立在心理學「類化作用」
　 （apperception）的基礎上──利用舊經驗引起新經驗。通常是以易知
　 說明難知；以具體說明抽象，使人在恍然大悟中驚佩作者設喻之巧妙，
　 從而產生滿足與信服的快感。參考黃慶萱，《修辭學》（臺北：三民書
　 局，1999 年），頁 227。
㉛ 黃慶萱，《修辭學》，頁 9。

喻被視為修辭的手法之一，以「喻體」「喻依」與「喻詞」
在形式上的組合情形，分析譬喻為「明喻」、「隱喻」、
「略喻」與「借喻」等類型，即為一般解讀譬喻常見之方
法。❷晚近語言學者則嘗試結合認知科學與語言學，分析語
言現象的內在理則與結構，先後提出「概念譬喻理論」與
「融合理論」，對譬喻現象有解讀之新法。相對於傳統修
辭學觀點與認知譬喻學的觀點異同，周世箴提出表達層與
認知層之別，認知譬喻語言學在傳統修辭學者著意的「表
達層」外，從「認知層」剖析語言現象中譬喻的結構、運作
機制與背後的心智認知系統。❸所謂「概念譬喻」之說，❹簡
言之是「以一個經驗域的形態格局去理解並建構另一截然
不同經驗域的思維方式」。❺依其說明，可以發現語言中
普遍存在著概念譬喻的現象，如「時間是金錢」（TIME IS

---

❷ 黃慶萱，《修辭學》，頁 231-241。

❸ 因此，概念譬喻的延伸應用也就擴及語言學範疇之外，諸如概念系統與
語言的腦神經基礎、數學、哲學、政治、歷史、文學文化諸領域，參考
周世箴，〈中譯導讀〉，收入周世箴譯，《我們賴以生存的譬喻》（以
下引用簡稱〈中譯導讀〉），頁 23-24。

❹ 安可思解釋「概念譬喻」為：「連結兩個概念領域（conceptual do-
mains）：來源域（source domain）和目標域（target domain）。一個概
念領域是跟語意相關的本質、特性和功能之集合。來源的領域通常由具
體概念（concrete concept）組成，例如金錢；而目標領域則牽涉到抽象
概念（abstract concept）。一般而言，概念隱喻會以大寫字母寫成簡短
的公式 X IS（A）Y，而 X 表示目標領域，Y 表示來源領域。」參見氏
著，〈概念隱喻〉，頁 62。

❺ Mark Johnson, *The Body in the Mind: The Bodily Basis of Meaning, Imagina-
tion, and Reason* (Chicago: The University of Chicago University, 1987). 此
句譯句參考周世箴，〈中譯導讀〉，頁 67-68。

MONEY）、「人生是旅行」（LIFE IS JOURNEY）等，即常用而習焉不察的概念譬喻 ㉟。因此，概念譬喻的分析，可以做為探索、發掘語言文字底層的認知機制與思維方式。

　　聖嚴法師解讀《禪門鍛鍊說》曾指出：「晦山戒顯是模仿《孫子兵法》的架構及氣勢，所以也是十三章，目的在於效法兵家用兵的原理原則，來將普通的禪眾，在接受過鍛鍊之後，便成為大開心眼悟門的禪門。」㊲此即從禪法與兵法在概念、理則面有對應之處論說，非僅是修辭層面的類比。至於如何「效法」？「用兵的原理原則」如何應用於禪門？藏諸譬喻語言背後的認知機制與思維方式為何？則有待進一步地探析其背後設喻的作法與立場。本節先從詞彙層面討論禪門鍛鍊中兩種概念譬喻及其映射現象。

## （二）作家爐鞴與師家兵法

　　檢諸晦山《禪門鍛鍊說》，字裡行間本自許多譬喻用

---

㊱ 概念譬喻的類型可參考 George Lakoff and Mark Johnson, *Metaphors We Live By*, Chapter 10, 46-51。舉例而言，借「時間是金錢」（TIME IS MONEY）喻來說明，日常用語中「我花了一個月的時間」、「向您借一點時間」、「這真是浪費我的時光啊」這樣的話，這些日常語言反映了我是用來源域──金錢域的概念──「花」、「借」與「浪費」來理解與表達抽象的時間域。依其理論術述，「花」、「借」與「浪費」三個詞彙，從金錢域映射（mapping）到時間域。筆者曾就其中三組概念──「理解是見」、「思想是食物」與「人生（修學）是旅行」做過古漢語溯源討論，參見拙著，《觀念與味道》（臺北：萬卷樓圖書股份有限公司，2016 年）。

㊲ 釋聖嚴，《明末佛教研究》，頁 86。

典。但統觀全書十三篇之旨趣，第一篇「堅誓忍苦」談長老
之責在於「使眾生開悟佛性」「為佛祖恢廓人才」，必先
「起大願」、「立大誓」而後能「為鍛鍊故而忍苦」；第二
到十二章，則分別討論如何辨識禪眾根器而予以合適的指
導，乃至具體的鍛鍊方法，最後一章則是討論付授之辨驗。
是以全書之中心思想在於禪門鍛鍊教育之方。若以禪門鍛鍊
為目標域，文本中有兩個主要來源域，一是以源於冶煉概念
域的爐鞴喻與源於戰爭概念域的兵法喻。以下說明之。

### 1. 作家爐鞴

從詞彙層面來看，在《禪門鍛鍊說》中出現六十六次
的「鍛鍊」字眼，即是一個經過語義延伸 **⑱** 的譬喻詞彙。鍛
鍊、或從金，或從火作煅煉，語源於工匠冶金鍊銅，鍛鍊金
屬之義。文中「鍛鍊」、「鉗錘」、「爐鞴」與「開爐」等
詞彙類聚為一與冶煉有關的譬喻詞義場，舉其語例如下：**⑲**

> 欲鍛禪眾，當示真參。欲下**鉗錘**，先辨機器。……明大
> 法者，察氣候以下**鉗錘**，識通變而施錐鑿，三根皆利矣。
> （《禪門鍛鍊說·辨器授話第二》）
> 和平參者，人難於省發，即或有理會，而出人必弱。猛

---

**⑱** 「語義延伸」，即一般所謂文字的一字多義。譬喻語言學者對此多所著
墨，認為譬喻與轉喻是推動詞義延伸的主要動力。參見周世箴，《語
言學與詩歌》（臺北：晨星有限公司，2003 年），頁 45-46、George
Lakoff and Mark Johnson, *Metaphors We Live By*, 35-40。

**⑲** 為免煩瑣，以下徵引《禪門鍛鍊說》語例，皆於文末標示篇目，不另附
注。引文中**粗體字**為譬喻詞彙之關鍵字，為筆者所加。

利參者，人易於省發，一入其爐鞴，而出人必強。此其故何也？（《禪門鍛鍊說・入室搜刮第三》）

然爐鞴雄強，人材奮起，不惟師承之擔子得脫。而慧命有傳，法門光大。（《禪門鍛鍊說・垂手鍛鍊第五》）

猶地之有水，木石之有火，不得善知識以妙密機用，毒辣鉗錘，疏之瀹之，敲之磕之。而欲覬其桶底脫落，自透牢關，雖上上機器，必望崖而返矣。（《禪門鍛鍊說・垂手鍛鍊第五》）

夫知有鍛鍊，則省發不足奇，既不用鍛鍊，聞人家爐鞴，或有省發，則必生疑訕，亦無足怪也。（《禪門鍛鍊說・斬關開眼第八》）

這些詞彙即源自於冶煉概念。其來源域是古人冶煉金屬的活動，在此冶煉的工作中，將礦物金屬放入火爐中燒煉，而後再經捶打鍛製等過程而成器。冶煉為一中國古代重要的譬喻來源域，冶煉概念牽涉了物質的轉化，既有「技術的突破」，亦帶有「新價值的創造」之義。❹ 故《莊子・大宗師》有所謂「以

---

❹ 楊儒賓討論冶煉與轉化說：「原始材料由粗礦石轉化到純金屬，再由幾種純金屬交相混合，冶煉成劍、鏡等製品，這樣的勞作至少會經歷兩次的轉化歷程，由此這兩次歷程會帶來兩次幾近革命性的物質變化，與日常經驗所知者大不相同，因此，前近代的人往往將這種歷程視為「聖顯」（hierophany）的歷程，或視為「力顯」（kratophany）的過程，而「聖顯」或「力顯」可視為一種「神聖意識」的分殊性展現，兩者其實一體兩面，同時而來。……由粗礦石到一片明光，這樣的過程可想像的，會給工匠帶來情感上極大的震撼。……這樣的冶煉過程與其視為一種技術的突破，人天眼目本體論新價值的創造。」參見氏著，《五行原

天地為大爐，以造化為冶、惡乎往而不可」之說，而道家以人身為爐煉內丹之說，自不在話下。禪門以鍛鍊說禪，以作家爐鞴喻禪師道場，亦早見禪典語錄，以圓悟克勤《碧巖錄》與雪巖祖欽語錄為例：

> 欲知佛性義，當觀時節因緣；欲煅百鍊精金，須是作家爐鞴，且道大用現前底，將什麼試驗。❹

> 撥草瞻風，貴要頂門具眼，若只橫在兩點眉毛之下，未免為世情所轉，非獨入他作家爐鞴，上他鉗鎚，受他枯淡不得，動則青黃豆麥不分。所謂打頭不遇，翻成骨董，可不慎諸。❷

爐鞴義指火爐鼓風的皮囊，轉喻為熔爐。熔爐以其所具有的「容器意象基模」，與冶鍊金屬的意象結合，用以系統性地譬喻禪門中從事禪修訓練的活動：修行行者，如金似銅，進入禪門，如同進入熔爐之中，期間種種的訓練過程，如經歷鉗鎚、鎚煉、鍛鍊等工序而焠鍊成器，如透過禪修的歷程，去凡情為聖心，轉凡成聖而修行成就。

---

論：先秦思想的太初存有論》（臺北：聯經出版，2018 年），頁 208-213。

❹ 宋・雪竇重顯頌古，圓悟克勤評唱，《佛果圓悟禪師碧巖錄》第 4 卷，《嘉興藏》（萬曆版大藏經，東京大學總合圖書館藏）補第 18 帙，第 2 冊，頁 38a。

❷ 宋・雪巖祖欽，元・昭如、希陵等編，《雪巖祖欽禪師語錄》第 4 卷，《卍續藏》第 122 冊，第 1397 號，頁 559 下 12-15。

　　由此可見，晦山《禪門鍛鍊說》中以冶煉為喻，爐鞴為禪門鍛鍊場域，本有禪門的文化淵源與傳統。一般而言，並不會特別留意晦山鍛鍊說源於冶煉爐鞴，乃是此說已早為禪門之「常規譬喻」。學者為文所有創見，必有新見解、新思維，不能為舊喻常規所牢籠，故多不襲用常規譬喻，或在舊喻上作新解延伸之，或另創新喻為新來源。前者如覺浪道盛之「大冶紅爐喻」，❸即可視為舊喻之「創意延伸」與「創意表述」❹；後者如晦山之鍛鍊說，並用爐鞴舊喻外，另援引孫子兵法，以兵法喻禪，則為新喻。以下討論晦山之師家兵法喻。

### 2. 師家兵法

　　晦山戒顯在《禪門鍛鍊說》的〈自序〉與〈跋〉文中，皆取喻於兵法。〈自序〉如前段引開篇旨趣「治叢林如治國，用機法以鍛禪眾如用兵」，將禪師治叢林鍛禪眾事，喻如國君治國用兵。而序、跋中言及撰作緣由、旨趣、期許，

---

❸ 荒木見悟指覺浪道盛以大冶紅爐喻禪，復用爐火烹練之喻，乃「並不只是單純的比喻而已，而與其思想中心息息相關」，參見氏著，廖肇亨譯，〈覺浪道盛初探〉，《明末清初的思想與佛教》（臺北：聯經出版事業有限公司，2006年），頁243-274。可見學者提出重要的創新譬喻，實與其個人思想有密切關聯。

❹ 創意延伸（extending）與創意表述（elaboration）皆為譬喻術語。創意延伸指將常規日常譬喻作創意改造的一種方式，開發來源域中新（未採用過）的概念成分，由新的語言手段表述常規概念成分譬喻；創意表述指將常規日常譬喻作創意改造，將來源域原存成分以跳脫慣例的方式來創意表述。參見周世箴，〈中譯導讀〉，頁61。此定義源自 Zoltan Kovecses, *Metaphor: A Practical Introduction* (Oxford: Oxford University Press, 2002), CH4 Metaphor in Literature, 47-49。

亦援引兵家典故，如序言「依此**兵符**，勤加操練，必然省悟多人，出大法將」、跋曰：「是真能善用孫武子而不為趙括談兵矣。」〈自序〉、〈跋〉兩段文字，是揣想《禪門鍛鍊說》著成之後，寄望於後世之用。〈序〉以「兵符」喻此書，指後人能用者，持此書，如持兵符，則能鍛鍊有成，操練出禪門法將。所謂兵符者，為調兵遣將之憑證，喻取**依憑**之義；〈跋〉舉蛇源與仰山典故 ⓯、孫武子與趙括對舉，一方面意指不執死法，死在句下，後者指能靈活運用，非紙上談兵之流，喻取**靈活運用**之義。依憑此書，復能靈活運用，是取喻於兵法，貫穿前序後跋，晦山寄寓後人讀用此書之衷心。是知兵法之喻，是為全文重要譬喻之來源域。

　　以下，將《禪門鍛鍊說》中，以兵法為來源域、禪門鍛鍊為目標域的詞彙現象，分通、別兩種情況討論。

　　（1）通喻禪師禪法為兵家兵法

　　首先，討論晦山將歷代禪師禪法喻通喻如兵家兵法，列其語例如下：

> 拈華一著，**兵法之祖**
> 至馬駒蹴踏，如**光弼軍**，壁壘一變

---

⓯ 「蛇源圓相，倘遇仰山一火焚之」，指蛇源應真將九十七種圓相祕笈傳給仰山慧寂，仰山將之一火燒卻事。《人天眼目》卷四「圓相因起」條記載，「源一日又謂仰山曰：『向所傳圓相，宜深祕之。』仰曰：『燒卻了也。』源云：『此諸祖相傳至此，何乃燒卻？』仰曰：『某一覽已知其意，能用始得不可執本也。』」參見宋・晦岩智昭編，《人天眼目》第4卷，《大正藏》第2006號，頁321下9-頁322上1。

　　圓悟諸老，虛實殺活，純用**兵機**。

　　逮乎妙喜，專握竹篦，大肆**奇兵**，得人最盛

　　五家建法，各立綱宗，**韜略**精嚴，堅不可破，而**兵法**全矣。

　　幸天童悟老人，提三尺法劍，**開宗門疆土**。

　　三峯藏老人……**陷陣衝鋒**，出眾龍象。

　　靈隱本師，復加通變，啐啄多方，五花八門，奇計錯出，**兵書**益大備矣。

　　　　　　　　　（以上俱引自《禪門鍛鍊說‧自序》）

以上語例中，「兵法」、「兵機」、「韜略」、「奇計」、「兵書」、「開疆土」「陷陣衝鋒」等詞彙本隸屬戰爭概念域。從譬喻的運作而言，是透過映射的機制，跨域至禪修概念域，詞義也發生了延伸變化。所謂的兵法、兵書，是指禪師訓練禪眾的禪法與語錄；奇兵、韜略、奇計是指訓練時別具謀略與巧思的方法；而衝鋒陷陣、大肆奇兵等戰爭活動的描述詞彙，則用以說明禪師鍛鍊禪眾時的作為與態度。此中諸多的相關詞彙類聚於戰爭概念域次一層級的兵法概念域，**46**形成特定的兵法認知框架，用以強調禪師施教如在練兵，而禪師禪法如同兵書兵計的施用。

---

**46** 譬喻映射有所謂的層級性，指譬喻映射有時以層級性結構組成，低層映射繼承高層映射的結構，以本文而言，戰爭是較高層級，兵法為較低層級。通常高層級的譬喻遠較低層級映射廣泛，而低層級的譬喻受文化限制較大。相關層級討論參見周世箴，〈中譯導讀〉，頁87-89。

（2）別喻禪門鍛鍊的施設方法與心態

　　至於個別的鍛鍊施設方法與心態，就取譬的詞彙與熟語加以討論。首先，就「奇」字言。晦山援引《老子》「以正治國，以奇用兵」與《孫子兵法》「奇正相生，不可勝窮」之「奇」為取喻主要面向，喻指禪門鍛鍊的方法策略。從詞彙層面看，其語例如〈自序〉言「妙喜專握竹篦，大肆**奇**兵」、「靈隱復加通變，啐啄多方，五花八門，**奇計**錯出」，以及自己在匡山歐阜（雲居山時期）「雖當場苦戰，而奏凱多俘，用兵**離奇**毒辣，蓋至極矣」。正文中如論及「經行」與「回換」之法，言：

　　　　當經行極猛利時，即用兵家之法，**出其不意，攻其無備**，而短兵相接，或為此擊彼而開道出奇。（《禪門鍛鍊說·垂手鍛鍊第五》）
　　　　室中回換者，……長老不妨令其再問，或代一語而即悟，或更一字而廓然，此神仙國手而最為**奇巧**者也。（《禪門鍛鍊說·奇巧回換第七》）

文中「奇」、「奇巧」、「離奇」諸字，從兵法喻中兵法貴「奇」之義，映射至禪門鍛鍊域，特別強調了鍛鍊法中獨特、奇巧的施設方法與策略。而兵法策略之奇巧，莫如所謂設陣之說，《禪門鍛鍊說》亦出現的「背水設陣」與「五花八門陣」。晦山援引漢韓信「背水設陣」典故，言：

　　　　工夫未極頭，則千鎚而千鍊；偷心未死盡，則百縱而

百擒。將學人曠大劫來識情影子，知見葛藤，摟其窟穴，斬其根株，使其無地躲根。……機候到者，不難唪地斷，曝地折矣。此非**背水設陣**中，所謂置之死地而後生，置之亡地而後存乎？……此皆極妙極難之事，而**走險出奇**者，未嘗乏人，何獨法門而不然。（《禪門鍛鍊說·垂手鍛鍊第五》）

此段並用植物與兵法雙喻，前者以葛藤喻知見，破除知見的歷程如對葛藤刨穴斷根，使其無從生長，此一歷程復用兵法喻中的背水設陣。清理葛藤凸顯了禪師對於學人知見的處理歷程的過程、細節，及其必達到的目的；而背水設陣則指鍛鍊的策略，此法如師家置學人於無退路之死亡絕境，務斷盡知見而法身慧命許活。〈研究綱宗第九〉亦用「五花八門陣」喻五宗之立法，其言「五家立法，各有門庭、各有閫奧。玄關金鎖，百帀千重，陷虎迷師，當機縱奪。如陰符太公之書，不可窺也；如**五花八門**之陣，不可破也。」❼此段亦用雙喻，前喻以道家書喻五家綱宗難以窺透其奧祕，後喻以陣法繁複，喻綱宗之說不可破除。

以上所舉，從詞彙層面分析《禪門鍛鍊說》中兵法域的

---

❼ 「如陰符太公之書，不可窺也；如五花八門之陣，不可破也」此段喻語，聖嚴法師《禪門修證指要》中略去不抄。此亦可以討論譬喻的語用與時代性，陰符太公書不傳，已不知其書詳細，又五花八門之語，今時已少用陣法面向義，幾與眼花撩亂同義。此類譬喻不易引起後世共鳴，甚至易引起誤會，疑值此之故略去不抄。參見釋聖嚴，《禪門修證指要》，頁214-250。

詞彙映射至禪門鍛鍊域中的情形。若視兵法喻隸屬於戰爭概
念域，翻檢佛典乃至禪門語錄，不無以戰爭為來源域的譬喻
書寫。禪門中著名戰爭之喻，如宋圓悟克勤禪師〈夾山無碍
禪師降魔表〉，略錄其文：

> 臣乃見如斯暴亂，恐佛法以難存，遂與六波羅蜜商量，
> 同為剪滅，遣性空為密使，聽探魔軍，見今屯在五蘊山
> 中，有八萬四千餘眾。既知體勢，計在剎那，遂點十八界
> 雄兵，並立體空為號，人人有無礙之力，箇箇懷勇健之
> 能，直心為見性之功，一正去百邪之亂。擐堅固甲，執三
> 昧鎗、智箭、禪弓、光明慧劍，向大乘門中訓練，寂滅山
> 內安營，三明嶺上開旗，八正路邊排布，遣大覺性為捉生
> 之將，遊歷四方，搜求妄想之蹤，抄截無明之蹟。復使慈
> 悲王破三毒之寨，忍辱帥伐嗔怒之城，精進軍除傲慢之
> 妖，喜捨士捉慳貪之賊。㊽

文中「遣密使」、「探魔軍」、「點兵」、「雄兵」、「安
營」、「開旗」、「破寨」、「伐城」等詞彙，都屬於戰爭
概念域的詞彙，映射至禪修概念域。透過詞彙類聚所形成的
戰爭譬喻框架，用以看待、理解佛教修行時，對治煩惱無明

㊽ 宋・圓悟克勤，〈夾山無碍禪師降魔表〉，《佛果圓悟禪師碧巖錄》第1
卷，《嘉興藏》（萬曆版大藏經，東京大學總合圖書館藏）補第18帙，
第1冊，頁57a-b。

如戰場應戰。佛典習用戰爭為來源域，所取譬之面向，❹強調的多指修行所面對的煩惱如魔、魔軍，須奮力如臨戰事，憑般若智慧如兵器以攻禦之。晦山《禪門鍛鍊說》中亦襲用此類譬喻，如「正當參時，剗盡名言，截盡知見，四面無門而鐵山橫路，眉間掛劍而血濺梵天」（《禪門鍛鍊說·磨治學業第十一》），「眉間掛劍」「血濺梵天」用的就是大慧宗杲的名句。此外當時亦有將禪門道場稱為「鍊磨場」與「鍊魔場」，晦山在《禪門鍛鍊說·機權策發第六》提出參禪與火場煉魔的區別，其言「蓋參禪打七原以期悟道，而非之以遣睡魔。若止以除瞌睡，入火場煉魔足矣，參禪保社不必進也」。火場煉魔即雙用冶煉與戰爭喻，晦山在此篇批評通宵打七而不放參的猛利禪法為不知通變，強調禪法之「機用至活」與「通方便、識機權」。由此可知舊喻有不足、或有待區辨的面向。❺

　　然而，晦山此文藉兵法所凸顯與強調之面向，禪法記錄如兵書兵法、後人執之施用如兵符，乃至訓練方法的之奇巧等，在過去佛典禪籍中，或僅片面的出現兵法、兵符❺之喻，幾不見全篇以兵法為喻。晦山如此多面向地取喻於兵法，或可說是在前有所承的脈絡下，❺有意取法兵法概念，

❹ 筆者曾撰文討論過佛典以戰爭為來源域的用喻情形，參拙著，〈攻防摧破——佛教戰爭概念譬喻析論〉，頁149-174。
❺ 晚明鍊磨場的相關討論，參見吳孟謙，〈明代伏牛山鍊磨法門考論〉，《漢學研究》第35卷第1期（2017年3月），頁165-190。
❺ 以兵符喻綱宗，先見於紫柏真可與漢月法藏，見下節討論。
❺ 疑另一個兵法譬喻脈絡為明朝詩話中的兵法譬喻，如明·謝榛（1495－

以凸顯或強調舊喻中不足處，從而發展為個人的新譬喻，成為晦山鍛鍊說之重要特色。

## 三、機法鍛眾——論譬喻的策略

　　譬喻的分析，繼詞彙層面後，續著眼於篇章層面。上一節透過譬喻詞彙映射分析可知晦山鍛鍊說中並用「作家爐鞴」與「師家兵法」兩種來源域說明禪修訓練的不同面向，何以需要在舊喻之上創作新喻？此可視為作者之譬喻策略。譬喻策略的討論，則必須進一步兼及譬喻詞彙所在的篇章語境，以及語境背後的文化脈絡。

　　上節所言，為《禪門鍛鍊說》中取喻自「作家爐鞴」與「師家兵法」兩種來源域的情形。此一援取多種來源域的情形，為古文常見之現象，以兩種以上的來源域說明同一目標域的現象，語言學者稱之為「多重來源單一目標投射」。其意義在於透過不同的來源域，作者得以傳達與陳述同一事理的不同面向，使論述主張「蘊涵面面俱到」的效果。❸以

---

1575）言「予著詩說，猶如孫武子作《兵法》。雖不自用神奇，以平列國，能使習之者；戡亂策熏，不無補於世也」。見氏著，《四溟詩話》（上海：商務印書館，1936 年）第 4 卷，頁 79。明代有武將作詩的風氣，兵法如詩法的論述也出現在詩話論述中，參見廖肇亨，〈詩法即其兵法——明代中後期武將詩學義蘊探詮〉，《明代研究》第 16 期（2011 年 6 月），頁 29-56。

❸ 張榮興對「多重來源單一目標投射」的目的提出看法，「其主要目的在於每一個來源域只聚焦於目標域的某個單獨面向，透過不同的來源域，我們得以理解同一事物的不同面向。例如談論爭辯（ARGUMENT）的概念，我們可以用「爭辯是旅行」（AN ARGUMENT IS A JOURNEY）

「映射原則」檢諸《禪門鍛鍊說》的用喻情形可知，晦山仍沿爐韝冶煉的概念來表達進入禪門如粗金屬進入爐韝中，爐韝的容器意象，表達了禪門為特定的、有界線的場域。在火爐中物質經過鎚打鍊製，提煉轉化成新的物質，喻如禪門衲子受到訓練後得以悟道所有成就。但是，禪師禪法、禪門法脈傳承、訓練方法奇巧權變、乃至心態上的背水一戰、非議紙上談兵等借由兵法喻傳達的意義面向，都非原來爐韝喻可以傳達其義。

若視爐韝喻為常規譬喻，晦山用兵法喻禪，確可視為一譬喻語言學所謂之「新喻」。❸何以會有新喻的產生，往往是為了凸出新的面向來看待目標域的特定面向或議題。簡言之，新喻帶來了對舊經驗的新理解，賦予新意義。特別是當常規譬喻已成俗套，框限了讀者看待目標域的特定角度，作者想要有所區辨或是嘗試突出目標域新面向時，創意性的新喻就有其必要。其用意就在於以另一個來源域相關詞彙與概念，喚醒並連繫讀者對特定經驗的記憶，並成為未來特定經

---

或「爭辯是容器」（AN ARGUMENT IS A CONTIANER）等不同的隱喻來加以說明。旅行的隱喻主要凸顯朝向一個目標的方向與進展，而容器的隱喻則是凸顯內容以及內容物……。因為沒有任何一個隱喻可以同時獨當此雙重任務。……其主要目的即是為了從不同的面向來陳述他所要傳達的概念，使之論述能蘊含面面俱到的效果」。參見氏著，〈從心理空間理論解讀古代「多重來源單一目標投射」篇章中的隱喻〉，《華語文教學研究》第 9 卷第 1 期（2012 年 3 月），頁 1-22。
❸ 新喻的提出與討論，參見 George Lakoff and Mark Johnson, *Metaphors We Live By*, 139-146。

驗的導引。❺此一面向，往往也就是作者特殊思想之所在。因此，就《禪門鍛鍊說》而言，兵法喻所特別強調的面向，適足以成為觀察晦山思想特色的管道。

　　《禪門鍛鍊說》援引兵法之動機、立意與旨趣，首推〈自序〉一文中以禪師治叢林鍛禪眾事，喻如國君治國用兵，自「佛法中據位者，治叢林如治國，用機法以鍛禪眾如用兵。奇正相因，不易之道」以下至「用兵離奇，毒辣至極」之文，猶如一篇禪門法脈傳承史。

　　以下，嘗試從篇章中的心理空間 ❻與篇章攝取角度，借鏡融合理論對於譬喻的分析方法，嘗試找出篇章複雜文句背後的譬喻結構。融合理論亦主張譬喻是跨領域的認知過程，但更強調篇章中前後語境，以及相關的知識經驗與文化背景。融合之義，即是將可以產生關聯的語意項，以及相關背景知識，在一個新的融合空間中產生新語義結構。

　　首先，分析「佛法中據位者，治叢林如治國，用機法

---

❺ George Lakoff and Mark Johnson, *Metaphors We Live By*, 140.

❻ 「心理空間」（mental space）為一種概念結構，指在溝通時所建構的特定概念，目的在於探討與分析語言形式背後複雜的認知過程。依心理空間建構不同可建構出與真實空間相對應的心理空間，如時間心理空間、空間心理空間、假設心理空間等。參考 Gilles Fauconnier, *Mental Spaces: Aspects of Meaning Construction in Natural Language* (Cambridge: Cambridge University Press, 1994)。中文學界中以心理空間解讀古代思想文本之理論與應用，參見吳佩晏、張榮興，〈心理空間理論與《論語》中的隱喻分析〉，《華語文教學研究》第 7 卷第 1 期（2010 年 4 月），頁 97-124、張榮興，〈心理空間理論與《莊子》「用」的隱喻〉，《語言暨語言學》第 13 卷第 5 期（2012 年 5 月），頁 999-1027。

以鍛禪眾如用兵」一句。透過「治國」、「治叢林」、「用兵」與「鍛禪眾」等具排列結構的語意項，❺⓻確認兩個輸入空間：輸入空間 I 是「國君治理國家」、輸入空間 II 是「長老治理叢林」的概念結構，「類屬空間」摘錄了兩個輸入空間中的共同特徵，國君和長老是「領導者」概念、治、用、鍛等動詞是「作為」概念，正、奇、機法是指作為的「方法概念。融合之義，即是將產生關連的語意項，選擇性的與相關背景知識，❺⓼在一個新的融合空間中產生新語義結構。即如下表一所示：

表一：國家治理與禪門治理的心理空間

| 國家治理＝輸入空間 I | 類屬空間 | 禪門治理＝輸入空間 II |
|---|---|---|
| 據位（國君） | 領導者 | （禪師、長老） |
| 治國（正） | 作為與方法 | 治叢林 |
| 用兵（奇）<br>機法 | 作為與方法 | 鍛禪眾 |
| 融合空間 | | |
| 新語義結構：源自老子「以正治國，以奇用兵」的理路，禪師治理叢林如同治國，鍛鍊禪眾則如用兵以奇，所謂的奇是指「機」與「法」。 | | |

新的語義結構，承襲著老子主張國君「以正治國，以奇用兵」的思維理論，主張佛教的長老、禪師等領導者，在治叢林與鍛禪眾時用不同的正奇之法，奇指的是「機」與「法」二字。觀

---

❺⓻ 此處前言語境指前引《老子》，「以正治國，以奇用兵」，指「據位」為國君。

❺⓼ 所謂相關的文史知識，以此處為例，讀者必須知道以「正治國，以奇用兵」出自《老子》，而省略的主詞指的是國家的統治者。

察語義項的跨域映射關係，可以發現「治國以正」和「用兵以奇」原來屬於並列等重的語義概念，在新的融合空間中，有了輕重之別，治國以正的面向並沒有在治叢林的對應關係被強調，但是用兵以奇則被強調為鍛禪眾以機法，何謂機法，透過上下文的語脈與語境推得機法在輸入空間 I 的概念域中指的是兵機、兵法的概念。因此，「治叢林如治國，用機法以鍛禪眾如用兵」一句雖短，是已建立序文論述的主軸。

其次，分析「拈華一著，兵法之祖」至「靈隱本師，復加通變，唪啄多方，五花八門，奇計錯出，兵書益大備矣」一段，其文作：

> 拈華一著，兵法之祖，西天四七，東土二三，雖顯理致，暗合孫吳。至馬駒蹴踏，如光弼軍，壁壘一變。嗣後黃檗、臨濟、睦州、雲門、汾陽、慈明、東山、圓悟諸老，虛實殺活，純用兵機。逮乎妙喜，專握竹篦，大肆奇兵，得人最盛。五家建法，各立綱宗，韜略精嚴，堅不可破，而兵法全矣。
>
> 自元及明中葉，鍛鍊法廢，寒灰枯木，坑陷殺人。幸天童悟老人，提三尺法劍，開宗門疆土。三峰藏老人，繼之，恢復綱宗，重拈竹篦，而鍛鍊復行，陷陣衝鋒，出眾龍象。靈隱本師，復加通變，唪啄多方，五花八門，奇計錯出，兵書益大備矣。（《禪門鍛鍊說·自序》）

從「拈華一著，兵法之祖」開始，只取「用兵以奇「與「鍛禪眾」這一組語意項，治國以正與治叢林這一組並沒有進入下一

個語境中，亦證明前文分析「正」、「奇」兩組概念，確實輕
重有別。因此，前一段的輸入空間 I、II 之「國君治理國家」
與「長老治理叢林」，也就限縮為「兵事空間」和「鍛禪眾」
兩組概念域。不過，兩組輸入空間可以互相映射的相同語義
項，還是與上文相同，在類屬空間中都可歸納為「領導者」與
「作為方法」等上位詞概念。雖然本段文字較前文繁複，但分
析其譬喻運作與思維結構仍大體相承，不過，在進一步的分析
語義項與判斷融合空間時，相關的禪門人物與歷史等背景知識
成為不可或缺的要件。從中可以判斷從黃檗希運到克勤圓悟的
「虛實殺活」指的是禪門機用，以「純用兵機」喻，五家綱宗
指的是綱宗法要，以「兵法」、「兵書」為喻。上節依概念譬
喻的方法，從詞彙層面初步理解奇兵、韜略、奇計這些詞彙，
跨域映射到禪門鍛鍊域中，形成特定的兵法認知框架，用以說
明禪師禪法如同兵書兵計的施用。此節進一步從篇章層面，就
融合理論的心理空間分析，其實發現晦山的運用兵法新喻，乃
在於創造一個新的看待禪師鍛鍊禪眾的視角，同時結合了歷史
的時間軸線，表面上將佛陀至馬祖道一、圓悟克勤、大慧宗
杲、禪宗五家、密雲圓悟、漢月法藏與具德弘禮等禪門法師
都視為兵家將帥，但實際上則隱含晦山心中的禪師相承的系
譜，而禪門之機用與綱宗之法要成為最重要的內涵。

　　此一系譜，若對晦山師承與當時禪門背景有所了解的
話，不難發現詭譎之處。密雲圓悟與漢月法藏師徒之諍，❺⁹

❺⁹ 參見連瑞枝，〈漢月法藏（1573-1635）與晚明三峰宗派的建立〉，《中
　華佛學學報》第 9 期（1996 年 7 月），頁 167-208，該文討論漢月法藏

特別在五家綱宗，即文中所謂的「法」，曾激烈地論辯。野口善敬文中即引述兩邊論諍始末，❻指晦山的機法兩立說是偏於漢月法藏重法（綱宗）一邊。然而，從文本的結構中，晦山將密雲圓悟視為元明鍛鍊法廢後中興第一人，以漢月法藏與具德弘禮緊接在後，做為元明以來禪門中興的代表人物。復揆諸《禪門鍛鍊說》十三篇內容，〈入室搜刮第三〉強調猛利參究、不落通套、〈垂手鍛鍊第五〉講竹篦之用、〈機權策發第六〉講機用，〈奇巧回換第七〉稱譽「天童和尚以一棒闢其門庭而奮大機用，三峰藏和尚以七事行其鍛鍊而究極綱宗，本師靈隱禮和尚，復以五家妙密，多方通變而廣被群機」，以講機用為主，而不廢綱宗；而〈研究綱宗第九〉提到：「夫所謂真禪者，有根本、有綱宗。……是故未悟之，綱宗不必有；既悟之，綱宗不可無也。」與〈磨治學業第十一〉講「雖不可重學而棄參，而亦不可以單參而棄學」，以講綱宗為主，而不廢機用啟悟之功。可見晦山主張鍛鍊法中禪門機用與綱宗法要為並重不可偏廢之雙重要件。

---

建立三峰宗派之建立始末、密雲圓悟與漢月法藏之諍，以及漢月法藏以臨濟宗旨鉗鎚學人的禪法特色；釋見一，《漢月法藏之禪法研究》（臺北：法鼓文化，2000年）討論漢月禪法及三峰家風的形成歷程；廖肇亨，〈惠洪覺範在明代——宋代禪學在晚明的書寫、衍異與反響〉，《中邊·詩禪·夢戲——明末清初佛教文化論的呈現與開展》（臺北：允晨文化，2008年），頁105-149，該文討論晚明重新接受、詮釋宋惠洪覺範的歷程。其中密雲與漢月之諍的核心，即在綱宗，亦即對於禪修過程中知識與實踐的關係的看法不同，凸顯出三峰學派重視綱宗的特色。

❻ 〔日〕野口善敬，〈遺民僧晦山戒顯について〉，頁264-265。

進一步必須探問者，則為晦山面對密雲與漢月之爭的態度為何？調和之立場不免令人有疑。檢諸晦山的文集相關文獻，知晦山早歲未出家前，即先受教於密雲圓悟，〈掃瑞光頂和尚塔〉詩前小序云：

> 二十八同千如諸子上天童參，依密老人，身受鉗鎚，兼稟戒法，名余曰通曉，字致知。時座下龍象福嚴、古南、山翁、雪竇、龍池諸老，皆昕夕盤桓，契深水乳。惜以先君跡至，不果祝髮。[61]

知誨山曾至天童參學密雲，文中諸老為福嚴（費隱通容）、古南（牧雲通門）、山翁（木陳道忞）、雪竇（石奇通雲）、知誨山曾至天童參學密雲，與密雲門下弟子相交一時。《語錄．普說》中也提到「山僧子丑間親到天童，隨侍密老和尚，此時禪門龍象會集如林」。[62]因此，當他看到密雲在雲居壁間的題句，即為之重新整理，又附一律於後，言「千百載下，瞻之仰之，祖庭增重」。[63]至於〈天童三峰靈隱三代老和尚贊〉言：

> 堂堂三代，法中之王，鵬翻虎踞，創闢禪荒，或一條

---

[61] 清．晦山戒顯，〈掃瑞光頂和尚塔〉，《靈隱晦山顯和尚全集》第 6 卷，頁 12b-13a。

[62] 清．晦山戒顯，《晦山顯和尚語錄．普說》第 10 卷，京都大學藏寫本。

[63] 清．晦山戒顯，〈跋天童老和尚壁間題句〉，《靈隱晦山顯和尚全集》第 8 卷，頁 8b。

白棒而開疆定鼎，或五家宗旨而四殺雄強。至我靈山則
機神銚鶻，用驟龍驤，潑天門戶，高跨大方。……如雷
霆之震，而日月之光。咦祖孫鼎立非兒戲，撥轉乾坤在
一堂。❻❹

天童、三峰、靈隱並列而撰贊文，意同〈自序〉，視三人為
法脈相承，故言「祖孫鼎立」，亦道「乾坤一堂」。此皆可
見晦山對於密雲的情誼與看法，故雖為漢月法孫，而立場態
度與其他三峰門人不盡相同。但晦山對此論諍，也並非完全
溫和的折衷態度，其言：

　　世有多少門外漢，不達二老人互相成褫底苦心，說起天
童直截，人人歡喜，提起三峰綱宗，無不毀罵詆呵，此皆
謂之桀犬吠堯，韓獹逐塊，豈知從上佛祖當機直截，無不
電掣雷轟，實地商量，又貴金針玉線，何曾似近世。❻❺

語調激昂，足見晦山對於當時紛爭的不滿，復以佛教內的紛
爭為病，其云：「余每病近世佛法，鬥諍山立，宗教分呿，
禪律牴牾，非通方高士，其誰一之。」❻❻此雖獎譽隱光禪師
語，未嘗不能視為晦山之志。

---

❻❹　清·晦山戒顯，〈天童三峰靈隱三代老和尚贊〉，《靈隱晦山顯和尚全
　　集》第 27 卷，京都大學藏寫本。
❻❺　清·晦山戒顯，《晦山顯和尚語錄·普說》第 10 卷，京都大學藏寫本。
❻❻　清·晦山戒顯，〈瑞光寺西堂隱光禪師墖銘〉，《靈隱晦山顯和尚全
　　集》第 23 卷，頁 1b。

因此，屢屢撰文將天童、三峰、靈隱三老並列，除了上述情誼故外，亦當有自任其後之意。熟知傳統道統論述模式者必知，晦山透過法脈傳承的書寫，實自覺居位於後，步武前人。因此，《禪門鍛鍊說‧自序》於具德弘禮後，提出自己在靈隱寺居板首、雲居山鍛鍊禪眾的經驗，其言：

> 余昔居板首，頗悟其法。卜靜匡山，逼住歐阜，空拳赤手，卒伍全無。乃不辭杜撰，創為隨眾、經行、敲擊、移換、擒啄、斬劈之法，一時大驗。雖當場苦戰，而奏凱多俘。用兵離奇毒辣，蓋至極矣。（《禪門鍛鍊說‧自序》）

此段言自己可以承前人之法，復能創種種新法機用。就融合空間而言，仍承接著「兵事空間」和「鍛禪眾」兩組概念域。若與下文並看，則有耐人尋味之意，其言：

> 遂不敢祕，著為鍛禪之說，流布宗門。老師宿衲，雖得此說。未必能行矣，豈惟不行，或反嗤議。初踞曲盝者，其身英強，其氣猛利，依此兵符，勤加操練，必然省悟多人，出大法將。所願三玄戈甲，永見雄強；五位旌旗，不致偃息。知我罪我，所弗惜焉，則雖謂之禪門孫武子可也（《禪門鍛鍊說‧自序》）

晦山此處結語，類佛經流通分之語，以「兵符」喻己鍛禪之說，期流傳於後世。兵符，是將領調兵遣將之依憑，在此指

《禪門鍛鍊說》一書可做為後世禪門訓練的依憑，藉以省悟學人，出大法將。同時可留意的是「兵符」一詞，在《禪門鍛鍊說》內文亦有「五家宗旨，如臥內兵符」，以兵符喻五家宗旨，此段討論的是禪門中「參」與「學」的關係，其言：

> 逮乎疑團破矣，根本明矣。涅槃心易曉，差別智難明，古人有言矣。即涅槃心中，有無窮微細；差別智內，有無限諸訛。諸祖機緣，如連環鉤鎖；五家宗旨，如臥內兵符。言意藏鋒，金磨玉碾而不露；有無交結，蛛絲蟻跡而難通，此豈僅當陽廓落，止得一橛者，謂一了百了，一徹盡徹哉？溫研積誘，全恃乎學也。
>
> 況不為長老則已，既欲居此位，則質疑問難，當與四眾疏通偈頌言句，徵拈別代法語等事。當與學人點竄而開鑿，此非可以胡亂而塞責也。（《禪門鍛鍊說・磨治學業第十一》）

〈磨治學業〉一篇涉及禪門中參悟本心與知識學習的課題。其重要性分就學人與長老兩邊立說，就學人而言，是所謂「涅槃心易曉，差別智難明」，永明延壽（904－974）《宗鏡錄》亦有此語，指不迷空有二門，能於空有門中，真俗二諦，起雙遮雙照之功。[67]涅槃心易曉，指悟證空觀真諦之

---

[67] 唐末五代・永明延壽，「今時學者，多迷空有二門，盡成偏見。唯尚一切不立，拂迹歸空，於相違差別義中，全無智眼，既不辯惑，何以釋

理，差別智指悟後亦能起假觀諦觀俗諦，遍知諸法微細差別之相。晦山以此論學人參悟的歷程，根本未明，疑團未破前，「正當參時，劃盡名言」是「不可重學而棄參」之義；根本已明，疑團已破，則「研積誵，全恃乎學也」，是「不可重參而棄學」之義。所以喻綱宗如學人之兵符，是悟後治學之依憑。又就長老而言，鍛鍊禪眾過程中質疑問難亦不能不依憑學力。

禪門中以兵符喻綱宗，先見於紫柏真可所謂「綱宗如大將兵符」，其言：

> 且道如何是綱宗，即臨濟、雲門、溈山、法眼與洞上密印諸方納子者也。綱宗如大將兵符，兵符在握，則兵多多愈善；兵符釋手，則一兵不受命矣。故綱宗一明，即諸佛諸祖，或生或殺，機握在我，況人天魔外耶？教家綱宗如不明，理事皆不成就三昧。❻❽

紫柏真可將「綱宗」喻為「兵符」，藉由兵符具有判別真偽的特質，凸顯綱宗具有鑑別真偽之義。此義亦見漢月法藏論五家宗旨「命將者必以兵符，悟心者必傳法印。符不契即為奸偽，法不同則為外道。自威音已來，無一言一法非五家

---

疑？故云涅槃心易曉，差別智難明。若能空有門中，雙遮雙照，真俗諦內，不即不離，方可弘法為人，紹隆覺位。」見《宗鏡錄》第5卷，《大正藏》第48冊，第2016號，頁440上8-13。
❻❽ 明・紫柏真可，《紫柏尊者全集》，《卍續藏》第126冊，第1452號，頁711上14-18。

宗旨之符印也。」❻之說。晦山以兵符喻綱宗自是傳承此脈
絡。晚明以來,以具有「揀真別偽」的兵符意象喻綱宗,凸
顯了綱宗的議題,至此已不是禪門文字立與不立的問題,或
是參悟經驗是否可以落實為語言文字的效力問題,而是翻轉
為「掌握綱宗,便足掌握禪林萬千門徑的指南」「禪學不可
或缺眼目」❼等具有辨真偽、判別教法的意涵。

　　晦山兩處以兵符作喻,一者自然是強調綱宗之重要。❼
另一者強調《禪門鍛鍊說》可為後人鍛禪之依憑,視自己的
著作可為後世法,此亦以孫武子自居之義。一般著書立說,
流芳百世,自為佳話,但在禪門的脈絡中,文字之不立與

❻ 明‧漢月法藏述,繼起弘儲編,《三峰藏和尚語錄》第 11 卷,《嘉興
藏》(萬曆版大藏經,東京大學總合圖書館藏)續第 279a 帙,第 3 冊,
頁 1a。漢月法藏關於五家宗旨論述,有新問世珍稀文獻《於密滲提寂音
尊者智證傳》,參黃繹勳編,《漢月法藏禪師珍稀文獻選輯(一)》,
佛光大學佛教研究中心編,《近世東亞佛教文獻與研究叢刊》(高雄:
佛光文化,2019 年),頁 369-385。

❼ 引語見廖肇亨,〈惠洪覺範在明代——宋代禪學在晚明的書寫、衍異
與反響〉,《中邊‧詩禪‧夢戲——明末清初佛教文化論的呈現與開
展》,頁 120-121。廖肇亨辨析晚明綱宗的提倡自紫柏真可發揚惠洪覺
範之思想與著作為開端,並將綱宗之義,從惠洪覺範神聖經驗相關知識
的系統化原則轉為具有判教色彩,其後漢月法藏承其緒,衍為與密雲圓
悟之諍。晚明禪學與文化脈絡的互動,此為一重要議題,詳細討論參見
氏著,〈惠洪覺範在明代——宋代禪學在晚明的書寫、衍異與反響〉,
《中邊‧詩禪‧夢戲——明末清初佛教文化論的呈現與開展》,頁 106-
149。

❼ 晦山強調綱宗的重要性,語錄中亦有「正眼綱宗」、「接機綱宗」與
「操履綱宗」之說,顯見其對綱宗之說不僅承繼前人,亦有開創之見。
參見清‧晦山戒顯,《晦山顯和尚語錄‧普說》第 10 卷,京都大學藏寫
本。

立，早是論諍的焦點，綱宗的問題點也在於此。但如果承繼著兵符喻綱宗的思維，以兵符喻《禪門鍛鍊說》也不只是為此著作取得合理性的說詞而已，更有對此一著作可傳為後世法的寄寓。

綜上所論，透過譬喻視角的篇章解讀，可以看出《禪門鍛鍊說》以兵法為喻，晦山以孫武子自命，在於提供一種新的觀看框架，用以重新看待、理解禪門傳承與鍛鍊方法；同時也在於藉孫武子著書立說以為後世法做為一種自我定位。因此，可推知「禪門孫武子」具有兩層涵義，一是指能「嫡骨相承」（語出《禪門鍛鍊說‧機權策發第六》）於前代以機法鍛鍊禪眾的傳人（「長老」），一是指能撰文著述為後世法的「作者」。

不過，此喻新穎，是否能正確地傳達給讀者，讀者是否能了解此喻意內涵？就目前可見的兩篇他序觀之。一篇是黎元寬所作〈雲居鍛鍊說序〉，另一篇是張立廉作〈雲居鍛鍊十三篇序〉。兩篇序文，對晦山自然多所揄揚，但是否能理解晦山援引兵法喻禪的撰述之意，則留有討論空間。黎元寬〈序〉中說：

> 顧其所以合于兵法者何也？無謂其有殺人刀乎？抑謂有活人劍乎？……夫兵家豈有定法耶？而禪亦如之，禪師亦如之。故法昌嘗曰：「我要一不會禪者作國師」，而以佛祖言句為人師範，夾山深病焉。佛不可著，何有于禪？禪不可會，何有于師？問自己意，不問祖師意。然後無師之師，可得而親也；無學之學，亦可得而詣也。為語禪

人，天下太平，在此日矣。何必須俟之千生百劫，經無數
形，而後乃始盡其頑鄙乎？而吹毛用了急須磨，晦公以為
終是偃兵不得也。❼❷

黎元寬解讀晦山合於兵法者，認為是用兵法的謀略闡釋禪門
訓練的方法，大體合乎晦山設喻之意。但引北宋洪州法昌倚
遇禪師（1005－1081）「我要一個不會禪底作國師」❼❸語，
以及唐朝夾山善會禪師（805－881）「有祖以來，時人錯
會，相承至今，以佛祖言句為人師範。若或如此，却成狂
人，無智人。……無法本是道，道無一法，無佛可成，無道
可得，無法可取，無法可捨」。❼❹語，仍隱含有質疑文字與
師教在禪門悟證中的必要性，與綱要爭議的焦點頗有類同之
處。雖然文末言「而吹毛用了急須磨，晦公以爲終是偃兵不
得也」，肯定晦山提出兵法喻禪之作法。但引用法昌與夾山
語，似也是質疑文字設教在禪門中的合法性。

另一篇是張立廉作〈雲居鍛鍊十三篇序〉，其評兵法之
喻言：

或曰：「晦老著說鍛鍊，而擬孫武之十三篇者何也？」

---

❼❷ 清・黎元寬，〈雲居鍛鍊說序〉，岑學呂編，《雲居山志》（揚州：廣
陵書社，2006 年，據民國年間香港排印本）第 8 卷，頁 134。
❼❸ 宋・普濟編，《五燈會元》第 16 卷，《卍續藏》第 138 冊，第 1565
號，頁 607 下 11-12。
❼❹ 宋・普濟編，《五燈會元》第 5 卷，《卍續藏》第 138 冊，第 1565 號，
頁 186 上 3-5。

夫從上說禪，亦如國家兵器，不得已而用之，故醍醐毒藥，一道而行。制勝出奇，鉤錐並用，有叱咤變色之勇，有八面應敵之奇，運不戰屈人之籌，握當斷即斷之劍，所謂以佛祖心，運英雄智，異術而同用者也。**❼⑤**

張立廉「兵者」認為取喻於兵法，是以「兵法」並非正常治國之道，不得已才用。為了再補強「不得已而用之」這個立論，又舉醍醐毒藥為喻作另一個來源域，醍醐、毒藥用以說明治國、用兵一者是上妙之味，一者是毒藥，毒藥有毒亦有用處，故屬不得已方用。然而據上文分析，晦山用治國與兵法喻，強調「以正治國，以奇用兵」的理路，禪師治理叢林如同治國，鍛鍊禪眾則如用兵以奇，所謂的奇是指「機」與「法」，實無不得已而用之意。何以錯解，疑張立廉在對晦山兵法喻的解讀時，融入「兵者，凶器，不得已而用之」的背景知識與預設立場，故無法正確解讀晦山設喻立論時，治國與用兵兩者輕重有別，治國面向幾乎不用，只強調用兵面向，特別是兵機兵法以喻機用和綱要要義。如果照張立廉的解讀，放在晦山的脈絡中，鍛鍊眾就變成為不得己而用的兵器和毒藥。

　　綜上所言，晦山新喻之設，一方面激發了學友間的對禪門教化方法的思辨，另一方面，在兵法的喻意上，也不盡能達到完全的理解，此自為新喻的特質。

---

❼⑤ 清‧張立廉，〈雲居鍛鍊十三篇序〉，《雲居山志》第 8 卷，頁 135-146。

# 四、不為趙括談兵矣——論譬喻的行動

自我理解的歷程，就是一種持續且恆無止盡地透過新選
擇的譬喻來觀照自我人生的歷程。

Lakoff, George & Johnson, Mark, *Metaphors We Live By* ❼❻

譬喻行動（metaphorical action），指譬喻「不只表現在
語言和概念層次裡，也可以體現在具體的行動」。❼❼不論是概
念譬喻理論或是融合理論，提出譬喻現象背後跨域的思考模式
後，也都提出譬喻影響與反映行動的選擇與表現，亦與人生
價值判斷有關。❼❽因此，在詞彙與篇章層面後，譬喻分析將進
一步著眼於行動層。今人的譬喻行動，有具體之活動可見；
古人的譬喻行動，則不得不透過文獻記載之生平事蹟或個人
詩文，推判其行動。以下除了談兵法框架下的「禪門孫武
子」，也兼及討論晦山出家時「終為饒德操」之人生譬喻。

---

❼❻ 譯自 George Lakoff and Mark Johnson, *Metaphors We Live By*, 233。

❼❼ 鄧育仁與孫式文舉臺灣政治新聞中政治人物「走透透」的口號時，「走
透透」是一種取景於「人生是旅行」的路途概念譬喻，他不只存在於語
言層面，而同時也反映具體的行動。參見鄧育仁、孫式文，〈隱喻框
架：臺灣政治新聞裡的路途隱喻〉，《新聞學研究》第 67 期（2001 年 4
月），頁 90-94。

❼❽ George Lakoff and Mark Johnson, *Metaphors We Live By*, Chapter 12
Metaphor, Truth and Action, 156-159; Gilles Fauconnier and Mark Turner,
*The Way We Think: Conceptual Blending and the Mind's Hidden Complexities*,
389-396.

## （一）禪門孫武子

　　「禪門孫武子」，據上文分析，有兩層涵義，一是指能以機法鍛鍊禪眾的「長老」，一是指能撰文著述為後世法的「作者」。檢諸「作者」一義，《禪門鍛鍊說》的撰作刊行，已無疑慮。至於機法鍛鍊禪眾的「長老」，其形象如何？就《禪門鍛鍊說》中言及長老處，略舉一二，可見其形貌：

> 　　長老既以鍛鍊為事，則操心宜苦，用意宜深，立法宜嚴，加功宜細。（《禪門鍛鍊說‧入室搜刮第三》）
>
> 　　故須長老勤勤而鞭策也，鞭策之法，寧緊峭，毋寬鬆；寧毒辣，毋平順；寧斬釘截鐵，毋帶水拖泥，時時以苦言屬語，痛處著錐，苟有血性者，必忿怒而向前矣（《禪門鍛鍊說‧落堂開導第四》）
>
> 　　今禪眾經行，經行之法，先緩次急，漸歸緊湊。長老亦頻頻握竹篦，隨眾旋繞。當經行極猛利時，即用兵家之法，出其不意，攻其無備。而短兵相接。或為此擊彼而開道出奇。（《禪門鍛鍊說‧垂手鍛鍊第五》）

文中「長老」諸貌，即兵法框架下的長老形象。復檢諸晦山於〈自序〉中在「卜靜匡山，逼住歐阜」時創為各種鍛鍊機用之法；「敲擊、移換、擒啄、斬劈之法」之「用兵離奇毒辣」，即《禪門鍛鍊說》中〈入室搜刮〉、〈落堂開導〉、〈垂手鍛鍊〉、〈奇巧回換〉等各章所言諸鍛鍊法，亦即學說落實為行動之證明。同時必須強調的此一長者，雖鍛禪毒

辣，其用心卻是佛菩薩化度眾生之心，故其文亦言：

> 故善知識者，其心至慈，其用至毒。所具者，諸佛菩薩
> 之心；而所行者，阿修羅王之事，乃可以托動三有大城而
> 不懼也。（《禪門鍛鍊說·機權策發第六》）

其用至毒之背後，實為其心至慈。否則「雖負大名之長老，
具大器之學家，惟機教不叩，兩相辜負而已。」（《禪門鍛
鍊說·斬關開眼第八》）。故可知鍛禪以兵法，毒辣之行，
實為老婆心切。一如《禪門鍛鍊說》首篇曰：

> 夫為長老者，據佛祖之正位，則應紹佛祖之家業；作
> 人天之師範，則應開人天之眼目。人天眼目者何？佛性是
> 已；佛祖家業者何？得人是已。（《禪門鍛鍊說·堅誓忍
> 苦第一》）

即如首篇開章明義表明長老之責在於得人，且使之證悟佛性
之禪師發心。此亦是兵法框架借「一時大驗」、「奏凱多
俘」等詞彙表達鍛鍊「成效」之目的。晦山戒顯的禪門鍛鍊
實際成效如何？晦山言：

> 余住雲居十餘載，十方納子烟瓢雨笠，來山參請者不
> 知其幾矣。即久依歐峰，叩關擊節，稱有省悟者亦難指
> 數。 ❼⑨

「雲居十餘載」、「久依歐峰」指的就是「卜靜匡山，逼住歐阜」這一段時期，晦山約四十至五十歲間 ⑳，「稱有省悟者亦難指數」一句，即指鍛鍊有成。徐增言：

　　和尚乃著草鞋走廬山，將三載，適雲居膺祖古道場敦
　　請，請不得已應之。是時禪風將衰，和尚以臨濟七事，鉗
　　錘衲子，號為毒辣，入室者甚眾，皆天下英俊，化行江楚
　　數千里，和尚開闢之功甚偉。㉑

所言即是在雲居鍛鍊教化之成效，一如張立廉〈雲居鍛鍊十三篇序〉言：「念晦老多載開法椎拂之下，蔚起龍象，接武克家」，㉒應皆非虛譽。晦山「禪門孫武子」的人物譬喻，的確不只表現在「坐而言」的語言層面，亦體現在「起而行」的具體行動層面。

## （二）終為饒德操

　　然而晦山始終以禪門孫武子自命嗎？據甲申出家始末的

㉘ 清・晦山戒顯，〈寶林菴開山碑記〉，《靈隱晦山顯和尚全集》第 17 卷，頁 1a。
㉙ 即順治七年（1650）夏，晦山卜隱匡盧開始，到順治十八年（1661）年初笠黃梅四祖，約在晦山四十一歲到五十二歲之間。參考〔日〕野口善敬，〈晦山戒顯年譜稿〉，頁 320-326。
㉛ 清・徐增，〈靈隱晦山顯和尚全集序〉，收入《靈隱晦山顯和尚全集》，京都大學藏寫本。
㉜ 清・張立廉，〈雲居鍛鍊十三篇序〉，《雲居山志》第 8 卷，頁 135-146。

文獻記載，晦山可能先有另一個人物典範於心。文德翼〈晦
山大師塔銘〉描述晦山甲申出家始末，曰：

> 更值京師賊陷，帝后殉社稷，師大悲憤，約同學某翰林
> 逃去，某不果。遂獨持衣冠書冊，辭拜先師文廟曰：「瀚
> 雖不弟，不為羅昭諫，終為饒德操耳。」❽

晦山甲申出家的細節，就目前所見文獻詳略不一。只有文德
翼此文提到辭拜時有「不為羅昭諫，終為饒德操」之言。然
文德翼自稱是晦山「同學舊友，方外至交」，此言出於晦山
的可能性還是高於純屬杜撰。羅昭諫與饒德操何人？何以在
甲申變亂之際，會成為文人出家借以喻己的歷史人物？以下
嘗試仿「孫武子」的分析方法，從跨域映射的觀點來解讀此
句。羅昭諫與饒德操兩個人物詞彙，原屬於「歷史人物」的
來源域，映射到特定的目標域。依據映射原則，羅昭諫與饒
德操的人物特質不會全部投射到目標域，只是選擇部分的
特質投到目標域。❽ 所以應該進一步追問的是，晦山出家之
際，選擇羅昭諫與饒德操這兩位人物所要傳達的想法為何？

---

❽ 清·文德翼，〈晦山大師塔銘〉，《求是堂文集》第 18 卷，頁 713-
715。

❽ 蘇以文指出，「當我們使用譬喻性語言的時候，我們並不會強調出來源
範疇每一個面向。相反的，我們只會針對其中某些欲側重的部分加以使
用。……每個語言會有每個語言在特定來源範疇與目標範疇的對應間，
所會著重的面向。」參見氏著，《隱喻與認知》（臺北：國立臺灣大學
出版中心，2005 年），頁 30-31。

以下其目標域與與概念映照規則 ❽。

　　首先，就指晦山在出家之際，面臨人生出處進退的抉擇時，透過「不為」與「終為」特定歷史人物表達自己的心志，歷史人物的特定人格特質與生命事件會映射到目標域，用以強調晦山在面臨重大人生事件、做出重要選擇時，想要傳達的自我形象，亦即對自我人生之定位。透過前後語境推判此句目標域應為「人生」範疇下的「自我定位」。

　　其次，依映照規則，映射的運作，必取自兩域有相關性，因此歷史人物的才學、際遇、出處進退，因為可以傳達目標域中特定概念，而被選取映射到目標域中。從相關文獻中得知，羅昭諫是唐人羅隱（833－910），有詩才，屢試不第。唐末五代離亂之際，曾入山避居，後於後梁為官。❽羅德操是北宋饒節（1025－1169），江西臨川人，字德操。出家為僧，名如璧，椅松道人，亦以詩聞名，著有《倚松老人集》，陸游稱其詩為「近時僧中之冠」。❽比對晦山，或

---

❽　概念映照規則為安可思提出，用以修正概念譬喻理論，主要功用在於判斷來源域與目標域之間的配對理由。參見氏著，〈概念隱喻〉，頁 65-75。

❽　羅昭諫，唐人羅隱（833－910）。有詩才，屢試不第。唐末五代離亂之際，曾入山避亂隱居，後於後梁為官。生平參考宋・薛居正等撰，楊家駱主編，《舊五代史》（臺北：鼎文書局，1981 年）第 14 卷，頁 191。

❽　饒德操，北宋饒節（1025－1169），江西臨川人，字德操。出家為僧，名如璧，名椅松道人。饒德操也是一位詩僧，據陸游描述為「饒德操詩為近時僧中之冠。早有大志，既不遇，縱酒自晦，或數日不醒」，參見氏著，《老學庵筆記》（北京：中華書局，1979 年）第 2 卷，頁 20。饒德操，文德翼，〈晦山大師塔銘〉作「饒子操」，據虛雲印經功德藏 1993 年印之《禪門鍛鍊說》所附塔銘，「子」作「德」，據之改，感謝簡凱廷提供之資料。

可推論以羅隱與饒節並舉，就其人物特質而言，都是能詩有才學之人，但一位屢試不第後隱居，卻又出而為官；一位則自官場隱退。所以晦山言「瀚雖不弟，不為羅昭諫」指的是雖然像羅隱一樣也屢試不第，但不會選擇像羅隱一樣的人生——指還俗與為官，寧願選擇像饒節。饒節何以成為此時的象徵？饒節出家後亦曾住錫靈隱，根據饒節相關文獻記載，選擇出家的原因，或與當道不合；或因聽人說法，聞而有悟遂出家。❽晦山此處只言「終為饒德操」，難以判斷實質所指。唯一可以較確認的是以饒德操的「出家」對比了羅隱「不第歸隱後復出仕」，故言「瀚雖不弟，不為羅昭諫，終為饒德操耳」，用表達晦山面臨變故的出家選擇。畢竟當時他沒有選擇隱居在家侍奉母親，❽也沒有選擇像自家兄弟起兵反清。據晦山為五弟寫的像贊，甲申隔年乙酉六月四弟王湛草檄徵兵，與四兄王淳同時陣亡，晦山雖然稱譽他們「循循良士，烈烈忠魂，志光日月，氣塞乾坤」，卻也說「憤激輕生」「事雖無濟，全爾衣冠」，❾顯見殺生成仁、

---

❽ 饒德操出家事參見清‧孫治撰，徐增重編，《武林靈隱寺誌》（臺北：明文書局，1980 年）第 8 卷，頁 615-616、明‧夏樹芳，《名公法喜志》第 4 卷，《卍續藏》第 150 冊，第 1649 號，頁 115 上 9-下 4、清‧李茹旻等纂，清‧羅復晉修，《撫州府志》（哈佛燕京圖書館藏）第 30 卷，頁 25。

❽ 晦山於母親像贊中提到「驟丁國難，告廟遐奔，遺母付弟」，母逝於甲申八月二十四日。晦山五月前已焚書別廟出家，故言「恨罪戾以山積，負蒼昊之深恩」。參見清‧晦山戒顯，〈先妣管孺人贊〉，《靈隱晦山顯和尚全集》第 27 卷，此據京都大學藏寫本。

❾ 清‧晦山戒顯，〈五弟德巖像贊〉，《靈隱晦山顯和尚全集》第 27 卷，

捨生取義式的節義，並非晦山的選項。「終為饒德操」中，饒德操的人物特質或是生平事誼，確實也節義無關。**❾❶**

　　不過，以譬喻的語言體現為具體的行動而言，可看出晦山在出家一事的決斷。特別是焚舊書、祭先師文廟，其實也充滿了象徵的行動意象，有別於其他遺民僧。焚書，以火焚棄舊稿，帶有告別舊途，轉向新道的鮮明意象。晦山在臨出家所作的〈自策文〉言：

> 敢學狂猿，曾無反顧；要同驚鳥，時用迴翔。盡此形命為期，更莫二三其說。投身覺海，雖千鍛以彌堅，委命空門，信萬牛之萬挽。**❾❷**

相較「朝夕應較藝」策名早達，供職翰林院編修，兩度承諾隨晦山出家未果的吳梅村，**❾❸**晦山志於佛法，銳意出家，自

---

此據京都大學藏寫本。

**❾❶** 清‧徐增，〈靈隱晦山顯和尚全集序〉言「無如晦山和尚之出家，仁義兼至，節孝善全，光明俊偉，超俗拔倫者也」，《雲居山志》第 8 卷，和京都大學藏寫本，字句微有出處。京大藏寫本此段無「仁義兼至，節孝善全」四字。

**❾❷** 清‧晦山戒顯，〈自策文〉，《靈隱晦山顯和尚全集》第 14 卷，頁 1-2a。

**❾❸** 清‧吳偉業，字駿公，以其號梅村聞名，與晦山戒顯同為太倉人，少時同學友。兩人於甲申之際本相約出家，梅村並未成行。參見清‧晦山戒顯，〈哭梅村老友〉，《靈隱晦山顯和尚全集》第 1 卷，頁 22a。據順治七年（1650），吳梅村贈詩晦山，指「不負吾詩言，十年踐前諾」，但據晦山〈壽宮詹吳梅村道兄五十〉小序言「今時至矣，詩以祝之，并促前諾」，詩曰「半百定將前諾踐，敢期對坐聽松聲。」可見有第二度

不在話下。吳梅村所牽掛「君親既有愧，身世將安託？」❹
何嘗不是晦山相同的處境，然而，對於晦山而言，於佛門向
道心切，遠遠超過君親之義。

只是後來出自晦山之手，對於甲申出家的回憶書寫，
如《現果隨錄》記載：「顯以甲申之變慟哭別廟，焚書出
家。」❺只有留下焚書哭於廟的敘述，又如〈再上徑山〉詩
小序中提到「甲申五月，上徑山，謁千指雪嶠翁，心希薙
削。以千華先師韱丸來接，乃捩轉船頭，別山南邁」，❻無
焚書與別廟事，只寫出家之事，全無借「饒德操」喻己之
言。從譬喻的角度說，饒德操的個人特質與事誼，在日後晦
山撰文憶昔時，已非重要象徵。

從饒德操到禪門孫武子，晦山先後選擇了兩位歷史人
物，或表達自己面對出處進退的心志，或表達著書立說的自

定約。參清・吳偉業，〈贈願雲師并序〉，《吳梅村全集》第 1 卷，頁
17、清・晦山戒顯，〈壽宮詹吳梅村道兄五十〉，《靈隱晦山顯和尚全
集》第 6 卷，頁 11a。

❹ 清・吳偉業，〈贈願雲師并序〉，《吳梅村全集》第 1 卷，頁 16-17。

❺ 清・晦山戒顯，《現果隨錄》第 1 卷，《卍續藏》第 149 冊，第 1642
號，頁 500 上 9-10。第 3 卷更簡略，只作「余甲申，聞變出家」，同書
頁 511 上 13-14。

❻ 清・晦山戒顯，〈再上徑山〉，《靈隱晦山顯和尚全集》第 9 卷，頁
5a。雪嶠翁指雪嶠圓信（1571 － 1647），俗姓朱，初號雪庭，後改雪
嶠，亦號青獅翁，晚號語風老人，浙江寧波府鄞縣人，得幻有正傳禪師
印可，歷住徑山千指菴、廬山開先寺、浙江東塔寺，晚住浙江雲門寺，
傳世有《語錄》十卷。千華先師指三昧寂光（1580 － 1645），俗姓錢，
世居瓜渚。從雪浪弘恩，律宗千華派之祖，著有《梵網經直解》四卷。

我期許，都是自我定位的譬喻。但「饒德操」之不傳，❾和「禪門孫武子」之傳世。一如譬喻語言學者解釋譬喻在「自我理解」上的作用：

> 搜尋個人譬喻去凸顯我們的過去、目前的活動以及夢想、希望與目標等等以求相合。大部份的自我理解就是搜尋恰當的個人譬喻去明白人生意涵。……這涉及持續建構人生的新組合，那種賦予舊經驗新意的整體相合性。自我理解的過程是對自己而言的人生新故事之永續發展。❾

所以，像饒德操「閑攜經卷倚松立，笑問客從何處來」般的閒適隱者象徵，雖然「卜隱匡山」時詩文中呈現的隱者形貌，但晦山最終非以隱士聞名，而是以其才學與禪風為時人所重，徐增言：

> 法語之外，有《鍛鍊衲子說》十三篇，為尊宿重。江右李太虛先生嘗見和尚，亟稱曰：「和尚多生來，不知如何

---

❾ 晦山在〈圓戒羯磨夕立誓息諍文〉中言「汝夙志願，今何儀型，後則雲棲，前有永明」；後從靈隱卜隱匡盧時，親至盧山，作〈盧山東林紀幸〉小序言：「余於三宗先德，無不尊仰，尤醉心私淑者，遠公、永明、雲棲三大師，以其融通法海，禪淨兼弘而為集大成之聖也」。參見《靈隱晦山顯和尚全集》第14卷，頁4b、卷1，頁3b。可見圓戒至遊盧山時期，晦山以三大師為私淑、為儀型的心意，或也可說明「終為饒德操」用以表達自我理解或個人立場的象徵或譬喻意義，並沒有維持太長的時間。

❾ 周世箴譯，《我們賴以生存的譬喻》，頁337。

修持法道，乃得至此？吾儕科第不啻糞壤，願以餘生為法
弟子，少種來生福慧。其為縉紳先生敬信又若此。

江右李太虛為吳梅村業師，將修學佛法與舉業科第判比雲
泥，且自願居為法弟子。所得清譽如此，亦非憑空而來。

　　以上，從效法饒德操到以孫武子自命的譬喻分析，一方
面可以說明重要的人生譬喻，往往不只表現在語言層次，也
會體現在具體的行動；另一方面也說明譬喻的轉變也象徵人
生自我理解與價值的轉變。

# 五、結論

　　本文借鏡認知譬喻語言學理論，結合相關文獻，分析晦
山《禪門鍛鍊說》一文取喻自兵法的譬喻結構與意義。兵法
之喻除了表示鍛鍊禪眾的方法外，也攸關晦山對於當時禪門
法脈傳承與教法異同的看法，以及象徵晦山對於自我定位的
看法。晦山「禪門孫武子」自居有兩層涵義，一是指能以機
法鍛鍊禪眾，承繼於三峰法脈之後的禪門傳人／「長老」，
一是指能撰文著述為後世法的「作者」。同時從生平事蹟論
證其譬喻不只表現於語言層次，同時體現為具體的譬喻行
動。此一結論與其說是借鏡理論，不如說是借用譬喻語言學
為新的工具，嘗試從舊有的儒佛論題外，發現新的問題取
向。分析的過程中嘗試從概念譬喻、譬喻策略，以及譬喻行
動等方面，分析晦山取譬於兵家，以禪門孫武子自居的思維
模式。本文的研究所得，或有兩方面的意義，茲說明如下：
　　（一）就譬喻語言學的研究，譬喻具有跨概念域的運作

機制,已有共識。但溯源古漢語的研究,一方面確認譬喻運作的共性,是跨文化存在的;另一方面也提供漢語特殊、獨創、具有文化殊性的譬喻例證。目前而言,致用於儒家與道家的研究有之,用於佛教研究則不多見,但佛典中具有文化特色的譬喻,帶來深具意義的譬喻類型研究,本文的晦山戒顯之兵法喻禪,無疑是一個極佳的範例。

（二）就佛教研究而言,譬喻研究帶來新的切入觀點和分析方法,一方面可以在舊的論題外,思考不同的面向與切入角度;另一方面透過譬喻的詞彙、篇章與行動等不同層面的觀察與分析,提供另一種解讀文本的可能性。

# 參考文獻

## 一、藏經與古籍

### （一）藏經（依經號）

宋・晦岩智昭編，《人天眼目》，《大正藏》第 48 冊，第 2006 號。

唐・永明延壽，《宗鏡錄》，《大正藏》第 48 冊，第 2016 號。

東晉・釋法雲，《翻譯名義集》，《大正藏》第 54 冊，第 2131 號。

清・晦山戒顯，《禪門鍛鍊說》，《卍續藏》第 112 冊，第 1259 號。

元・昭如、希陵，《雪巖祖欽禪師語錄》，《卍續藏》第 122 冊，第 1397 號。

明・紫柏真可，《紫柏尊者全集》，《卍續藏》第 126 冊，第 1452 號。

宋・普濟，《五燈會元》，《卍續藏》第 138 冊，第 1565 號。

明・夏樹芳，《名公法喜志》，《卍續藏》第 150 冊，第 1649 號。

清・晦山戒顯，《現果隨錄》，《卍續藏》第 149 冊，第 1642 號。

宋・雪竇重顯頌古，圓悟克勤評唱，《佛果圜悟禪師碧巖錄》，《嘉興藏》補第 18 帙，萬曆版大藏經，東京大學總合圖書館藏。

明・漢月法藏述，繼起弘儲編，《三峰藏和尚語錄》，《嘉興藏》續第 279a 帙，第 3 冊，萬曆版大藏經，東京大學總合圖書館藏。

### （二）古籍（依時代）

宋・薛居正等撰，楊家駱主編，《舊五代史》，臺北：鼎文書局，

1981 年。

宋・陸游，《老學庵筆記》，北京：中華書局，1979 年。

宋・朱熹集注，《論語集注》，《四書章句集注》，臺北：大安出版社，1999 年。

明・謝榛，《四溟詩話》，上海：商務印書館，1936 年。

清・晦山戒顯，《靈隱晦山顯和尚全集》，東京大學東洋文化研究所藏本。

清・晦山戒顯，《靈隱晦山顯和尚全集》，京都大學藏寫本。

清・吳偉業，《吳梅村全集》，上海：上海古籍出版社，1990 年。

清・文德翼，《求是堂文集》，《四庫禁燬書叢刊》集部第 141 冊，北京：北京出版社，2000 年，據天津圖書館藏明末刻本影印。

清・孫治撰，徐增重編，《武林靈隱寺誌》，臺北：明文書局，1980 年。

清・沈德潛，《清詩別裁集》，北京：中華書局，1975 年。

清・王伊輯，《三峰清涼禪寺志》，揚州：廣陵書社，2006 年。

清・李茹旻等纂，清・羅復晉修，《撫州府志》，哈佛燕京圖書館藏。

## 二、專書

丁敏，《佛教譬喻文學研究》，臺北：東初出版社，1996 年。

任繼愈主編，《20 世紀中國學術大典・宗教學》，福州：福建教育出版社，2000 年。

岑學呂編，《雲居山志》，揚州：廣陵書社，2006 年，據民國年間香港排印本。

周世箴，《語言學與詩歌》，臺北：晨星出版社，2003 年。

周玟觀，《觀念與味道》，臺北：萬卷樓圖書公司，2016 年。

林子青，《菩提明鏡本無物：佛門人物制度》，臺北：法鼓文化，2000 年。

荒木見悟，廖肇亨譯，《明末清初的思想與佛教》，臺北：聯經出版公司，2006 年。

黃慶萱，《修辭學》，臺北：三民書局，1999 年。

蘇以文，《隱喻與認知》，臺北：國立臺灣大學出版中心，2005 年。

黃繹勳編，《漢月法藏禪師珍稀文獻選輯（一）》，佛光大學佛教研究中心編，《近世東亞佛教文獻與研究叢刊》，高雄：佛光文化，2019 年。

楊儒賓，《五行原論：先秦思想的太初存有論》，臺北：聯經出版社，2018 年。

廖肇亨，《中邊‧詩禪‧夢戲——明末清初佛教文化論的呈現與開展》，臺北：允晨文化，2008 年。

廖肇亨，《忠義菩提：晚明清初空門遺民及其節義論述探析》，臺北：中央研究院中國文哲研究所，2013 年。

釋見一，《漢月法藏之禪法研究》，臺北：法鼓文化，2000 年。

釋聖嚴，《禪門修證指要》，臺北：法鼓文化，1991 年。

釋聖嚴，《明末佛教研究》，臺北：法鼓文化，2000 年。

Johnson, Mark. *The Body in the Mind: The Bodily Basis of Meaning, Imagination, and Reason*. Chicago: The University of Chicago University, 1987.

Kovecses, Zoltan. *Metaphor: A Practical Introduction*. Oxford: Oxford University Press, 2002.

Lakoff, George. *Women, Fire, and Dangerous Things: What Categories Reveal about the Mind*. Chicago: University of Chicago Press, 1987. 梁玉玲等譯，《女人、火與危險事物——範疇所揭示之心智的奧秘》，臺北：桂冠出版社，1994 年。

Lakoff, George and Mark Johnson. *Metaphors We Live By*. Chicago: The University of Chicago Press, 1980. 周世箴譯，《我們賴以生存的

譬喻》，臺北：聯經出版社，2006 年。

Lakoff, George, and Mark Johnson. *Philosophy in the Flesh: The Embodied Mind and Its Challenge to Western Thought*. New York: Basic Books, 1999.

Fauconnier, Gilles, and Mark Turner. *The Way We Think: Conceptual Blending and the Mind's Hidden Complexities*. New York: Basic Books, 2002.

Fauconnier, Gilles. *Mental Spaces: Aspects of Meaning Construction in Natural Language*. Cambridge: Cambridge University Press, 1994.

Fauconnier, Gilles, and Eve Sweetser. *Spaces, Worlds, and Grammar*. Chicago: The University of Chicago Press, 1996.

Wu, Jiang. *Enlightenment in Dispute: The Reinvention of Chan Buddhism in Seventeenth-Century China*. Oxford: Oxford University Press, 2008.

## 三、論文（期刊論文、專書論文）

安可思，〈概念隱喻〉，收入蘇以文、畢永峨主編，《語言與認知》，臺北：國立臺灣大學出版中心，2009 年，頁 55-82。

吳佩晏、張榮興，〈心理空間理論與《論語》中的隱喻分析〉，《華語文教學研究》第 7 卷第 1 期，2010 年 4 月，頁 97-124。

吳孟謙，〈明代伏牛山鍊磨法門考論〉，《漢學研究》第 35 卷第 1 期，2017 年 3 月，頁 165-190。

李瑄，〈建功利生：清初遺民僧會通佛儒的一種途徑——以晦山戒顯為代表〉，《中山大學學報（社會科學版）》第 56 卷，2016 年第 3 期，頁 132-141。

周玟觀，〈攻防摧破——佛教戰爭概念譬喻析論〉，《興大中文學報》第 46 期，2019 年 12 月，頁 149-174。

林元白，〈晦山和尚的生平及其禪門鍛鍊說〉，《現代佛教學術叢

刊》冊 15，頁 89-102，1977 年。

張榮興，〈心理空間理論與《莊子》「用」的隱喻〉，《語言暨語言學》第 13 卷第 5 期，2012 年 5 月，頁 999-1027。

張榮興，〈從心理空間理論解讀古代「多重來源單一目標投射」篇章中的隱喻〉，《華語文教學研究》第 9 卷第 1 期，2012 年 3 月，頁 1-22。

連瑞枝，〈漢月法藏 (1573~1635) 與晚明三峰宗派的建立〉，《中華佛學學報》第 9 期，1996 年 7 月，頁 167-208。

陳旭輪，〈吳梅村與晦山和尚〉，《古今半月刊》第 50 期，1944 年 7 月 1 日，收入蔡登山主編，《古今（五）》，臺北：秀威經典，2015 年，頁 1839-1845。

廖肇亨，〈詩法即其兵法 —— 明代中後期武將詩學義蘊探詮〉，《明代研究》第 16 期，2011 年 6 月，頁 29-56。

鄧育仁，〈由童話到隱喻裡的哲學〉，收入蘇以文、畢永峨主編，《語言與認知》，頁 35-54。

鄧育仁、孫式文，〈隱喻框架：臺灣政治新聞裡的路途隱喻〉，《新聞學研究》第 67 期，2001 年 4 月，頁 87-112。

〔日〕野口善敬，〈遺民僧晦山戒顯について〉，《禅文化研究所紀要》第 16 卷，1990 年 5 月，頁 251-274。

〔日〕野口善敬，〈晦山戒顯年譜稿〉，《第四屆中國域外漢籍國際學術會議論文集》，臺北：聯合報文化基金會國學文獻館，1991 年，頁 301-332。

Cooley, Charles Horton. "Looking-Glass Self." In *The Production of Reality: Essays and Readings on Social Interaction*, edited by Jodi O'Brien, 255-256. Thousand Oaks, Calif.: Pine Forge Press, 2006.

# Furnace and the Art of War:
## Study of Two Conceptual Metaphors of Hui Shan "the Book of Chan Training"

### Wen-Kuan Chou

Associate Professor, Department of Chinese Literature, National Chung Hsing University

## ▋ Abstract

This paper uses the metaphors perspective to discuss the metaphorical characteristics of the "the Book of Chan Training" in the Ming and Qing Dynasties. In the "Buddhist Studies of the Late Ming Dynasty."

Master Sheng Yen pointed out that at the end of the Ming Dynasty, Zen monks not only emphasized the exercise methods, but also devoted to write books. The writings received from the "Zen Practice and Validation" are also written in this category. It is shown that an important academic issue in the late Ming Dynasty is the thinking and reconstruction of Zen practicing methods. The older scholars also paid more attention to this phenomenon and discussed many aspects of the writings of Zen masters in the late Ming Dynasty. This paper tries to revisit the metaphors of Hui Shan's theory of Zen exercise and its thinking characteristics. The Zen Masters' metaphors are not merely rhetorical words, but rather that it highlights the specific aspect of Zen exercise through the formation of a cognitive framework of metaphors. The goal is to digest the old saying on the one hand, and highlight new ideas. On the other hand, through the use and competition of metaphorical strategies, it highlights the merits and demerits of other schools, and implements them as concrete metaphorical actions.

**Keywords:** Hui Shan Jie Xian, Chan Training, The Art of War, conceptual metaphor, metaphorical action

# 析論長蘆宗賾〈坐禪儀〉、〈戒酒肉文〉及《勸化集》兼其對居士的教化[*]

**蒲傑聖**

美國布朗大學宗教系助理教授

## ▌摘要

　　本論文專注於聖嚴法師所留意的〈坐禪儀〉，尤其《勸化集》（1104 年序刊本）居士修行文本及其十五篇短文，與其作者長蘆宗賾禪師（？－1106）。《勸化集》包含〈坐禪儀〉最早文獻證據，早於《重雕補註禪苑清規》文本一百年。《勸化集》之唯一善本是二十世紀初在黑水城被發現，收錄於《俄藏黑水城文獻》第三冊（上海古籍出版社，1996）。近來中國、日本學者關注文獻研究，因此本論文在東亞研究成果上將融合東西學術。本論文討論〈坐禪儀〉在其《勸化集》之景況，初探前後短文包含淨土、懺悔、發菩提心、素食及其他在家修行要略、科儀的意義。推論《勸化集》全本是居士修行文本，因此宗賾禪師應該指導當代居士使用〈坐禪儀〉與各種居士佛教之形式合在一起。本論文以兩篇〈坐禪儀〉、〈戒酒肉文〉為中心，並再次考證宗賾禪

---

[*] 本人很榮幸能將此研究初步成果宣讀於「二〇一八年第七屆漢傳佛教與聖嚴思想國際學術研討會」，並獲聖嚴教育基金會支持。謹致謝忱。

師圓寂之年。

**關鍵詞：**坐禪儀，勸化集，長蘆宗賾，雲門宗

---

書名略號：

TK132：《慈覺禪師勸化集》，《俄藏黑水城文獻》第三冊，（上海：上海
　　古籍出版，1996 年），頁 82-103。本文亦簡稱《勸化集》。

T：線上版《大正新脩大藏經》（CBETA），「中華電子佛典協會」製，引
　　用格式依冊數（T）、經號（no.）、頁數（p.）、欄數（c）、行數（數
　　字）。

X // R：線上版《卍新纂大日本續藏經》（東京：國書刊行會，1975-
　　1989），「中華電子佛典協會」製，引用格式依冊數（X）、經號
　　（no.）、頁數（p.）、欄數（c）、行數（數字）。R 指臺灣版一百五十
　　冊《卍續藏經》。

# 一、前言

　　北宋（960－1127）禪僧長蘆宗賾（？－1106）因編纂對後世影響深遠的《禪苑清規》，以及最早的禪宗之禪修指南〈坐禪儀〉而聞名。❶宗賾（亦被尊稱為慈覺禪師）自南宋（1127－1279）以來也被視為一位重要的中國淨土祖師。❷聖嚴法師注意到了宗賾這種同時提倡禪修與淨土實踐的雙重身分，指出「宗賾是一位主張禪淨雙修的大師」。❸這個觀點可以從《勸化集》得到證實，此書有一一〇四年的〈序〉文，其內容包括宗賾的許多教法，也有對禪修與淨土教法的介紹。

　　這篇文章以《勸化集》及其他近年新發現的宗賾的文獻為材料，主要進行兩方面研究。第一，關於宗賾對居士飲食的看法，本文探討〈坐禪儀〉與《勸化集》中一篇名為〈戒酒肉文〉的文獻。筆者比較了〈戒酒肉文〉與其他北宋與飲食有關的文獻，闡明〈戒酒肉文〉一文的價值以及當時的風

---

❶ 關於《禪苑清規》與其在禪宗清規中的定位研究，可參考 Griffith Foulk, "*Chanyuan qinggui* and other 'rules of purity' in Chinese Buddhism" in *The Zen Canon: Understanding the Classic Texts*, ed. by Heine and Wright (Oxford University Press, 2004), 275-312。另外，《禪苑清規》前七卷英譯注本可參考：Yifa, *The Origins of Buddhist Monastic Codes in China* (Honolulu: University of Hawai'i Press, 2002)，此書亦有專文探討早期中國禪林戒律的演變與發展。

❷ 南宋《樂邦文類》將宗賾列為「蓮社繼祖五大法師」之一。（T47, no. 1969A, p. 192, c18）有些明清的文獻則尊宗賾為淨土宗第八祖。

❸ 釋聖嚴，《禪門修證指要》（臺北：法鼓文化，1999 年），頁 149-151。

尚。其二，筆者藉由《勸化集》與近來新發現的《慈覺禪師語錄》等材料重新檢視宗賾的生平，也帶出宗賾生平的重要活動。

普遍認為黑水城文獻 TK132 號是宗賾仍在世時的創作，雖然它可能是經過金、西夏或元朝擴充後的版本。❹ 無論如何，保存在 TK132 中的《勸化集》使我們看到一份針對居士的教導文，約莫在一一〇四年左右被集結編纂。關於 TK132 的十五篇短文及其結構，敬請參考附錄。之後筆者將另行撰文分析 TK132 上更多的修行內容。

## 二、現存〈坐禪儀〉版本

宗賾所撰〈坐禪儀〉被認為是禪宗最早的禪修指南。在此之前，禪宗禪修的文獻與論述包含稱作坐禪箴與坐禪銘等韻文；❺ 宗賾的〈坐禪儀〉則使用清晰明辨的散體。如果與天台智顗（538－597）著《修習止觀坐禪法要》（T. 1915）

---

❹ Lev N. Men'shikov（孟列夫）根據風格與形式的特徵將 TK132 題為宋代文獻，椎名宏雄〈黑水城文獻『慈覚禅師勸化集』の出現〉一文第十八頁，引用一九九四年《黑水城出土漢遺書敘錄》，亦作此解。馮國棟、李輝，〈《俄藏黑水城文獻》遼代高僧海山思孝著作考〉一文中，懷疑有一些更早的遼代資料，經過廣泛流傳後，在一一〇四年被北宋的編者所收錄。基於這些遼代的資料，筆者認為成書的年代可能更遲，關於這個問題俟後另撰文詳考。參椎名宏雄，〈黑水城文獻『慈覚禅師勸化集』の出現〉，《駒澤大學佛教學部研究紀要》第 62 號，2004 年，頁 15-42。馮國棟、李輝，〈《俄藏黑水城文獻》遼代高僧海山思孝著作考〉，《西夏學》第 8 輯，2011 年 10 月，頁 276-280。

❺ 參閱相關的韻文文獻可見於《景德傳燈錄》最後一部分「銘記箴歌」、《禪門諸祖師偈頌》和《緇門警訓》。

（或稱《小止觀》）相比，❻〈坐禪儀〉的篇幅相對短小。
《小止觀》包含了部分操作細節，現於《大正藏》中可見十
頁左右。與宗賾簡短的禪修指南相比，《小止觀》則顯得更
精深，篇幅也更長。Bielefeldt 教授綜觀〈坐禪儀〉認為：
「它實質上是一本全新的著作，無論是使用的語言或著重
的修行內容都屬原創。」❼並指出宗賾此文表面上雖簡要，
但內容含有典故自天台宗《小止觀》以及圭峰宗密（780－
841）著作的《圓覺經道場修證儀》之綱要，在這部分，
Bielefeldt 之文獻研究及其英文注釋值得讚美。而《勸化集》
新出現的文獻讓我們重新研究一個問題——關於它所預設的
讀者，以及在北宋流傳的狀況。

現存的兩版〈坐禪儀〉，較為流傳且易見的是收於宗賾
一二〇二年改編且增集的《禪苑清規》的版本。❽這顯示該
文最早可能流傳於叢林之中。然而，另一部一二五四年的高
麗版《禪苑清規》被認為是接近一一一一年北宋版的本子，❾
此版《禪苑清規》在宗賾圓寂後不久便出版，其中並不包含
〈坐禪儀〉。因此，學界普遍認為〈坐禪儀〉最早並不屬於
《禪苑清規》的內容。❿這留給學界一個棘手的狀況是：似

---

❻ 參考 Bielefeldt, *Dōgen's Manuals of Zen Meditation* (Berkeley: University of California Press, 1988), p. 63, no. 19。

❼ Bielefeldt, *Dōgen's Manuals of Zen Meditation*, p. 63.

❽ Bielefeldt, *Dōgen's Manuals of Zen Meditation*, p. 57, n. 3.

❾ 鏡島元隆，〈解說〉，《訳注禪苑清規》（東京：曹洞宗宗務廳，1972年），頁 5-11。

❿ 詳見 Yifa, *Origins of Buddhist Monastic Codes in China*, p. 108。

乎最早流傳於居士之間的〈坐禪儀〉卻出自於一部年代較晚
的禪林規則著作中。

　　黑水城文獻 TK132 號被發現與出版前，宗賾的〈坐禪
儀〉最早可知的版本著錄在《大藏一覽》（一部供居士概覽、
分門別類的介紹書）中，⓫該書約略早於一一五七年由陳實所
編。⓬《大藏一覽》中的〈坐禪儀〉與一二○二年《禪苑清
規》中的版本內容上有相當大的差異。椎名宏雄比較了這兩個
版本，發現一一五七年供居士概覽的〈坐禪儀〉與一二○二年
廣泛流傳於叢林的〈坐禪儀〉，兩者的差異顯而易見。⓭換句
話說，對於〈坐禪儀〉這部禪修文獻早期的流傳與受容狀況，
在此之前，學界缺乏直接的證據做更多論斷。

　　多數學者認為一二○二年的版本反映了更早所佚失的版
本，我們現在可以確認這樣的推論是正確的。TK132 中的版
本非常接近《禪苑清規》中的〈坐禪儀〉，也幾乎吻合現代
所翻譯的版本。⓮同時，並無證據顯示最通行的一二○二年

---

⓫　《大藏一覽》的著錄可見於《昭和法寶總目錄》第 3 卷（東京：大正新
　　脩大藏經刊行會，1934 年），頁 1035a-b。此外，《大藏一覽》的部分
　　內容曾於於十八世紀翻譯為法文，並於一八二五年出版，見 Jiang Wu,
　　"Finding the first Chinese Tripitaka in the West," in *Reinventing the Tripitaka*,
　　ed. by Wu and Wilkinson (Lanham, MD: Lexington Books, 2017), p. 13。
⓬　關於成書年代見西谷啓治、柳田聖山編，《禅家語錄 II》，《世界古典
　　文学全集》36B，（東京：筑摩書房，1974 年），頁 496。
⓭　椎名宏雄，《宋元版禪籍の研究》（東京：大東出版，1993），頁 148-
　　151。
⓮　如梶谷宗忍、柳田聖山、辻村公一譯作，《信心銘、証道歌、十牛図、
　　坐禪儀：禅の語録 16》（東京：筑摩書房，1974 年）。

版〈坐禪儀〉來自《勸化集》，筆者推測有另一個更直接的
來源，也許是那本由元照（1048－1116）寫〈序〉且已佚失
的文集。

　　基於如此頻繁的出版情形，Morten Schlütter 教授認為從
北宋到南宋，宗賾所說的這些能助人開悟的禪修方式在當時
應該是被視為正統禪學。❺在《勸化集》的其他篇章中顯示
宗賾自詡為主流，然而並未被普遍接受。Schlütter 教授同時
也認為在《大藏一覽》中出現〈坐禪儀〉顯示了南宋文人對
禪修實踐有廣泛的關注。在這點上，TK132 提供了證據讓我
們能將居士對禪修的關注上推至北宋時期。❻

　　TK132 文獻也解答了另一個關於〈坐禪儀〉作者的爭
論。鏡島元隆（1912－2001）在其一九七二年所譯的日譯本
《禪苑清規》導言中，質疑宗賾是否真的寫過〈坐禪儀〉。
同時，由於〈坐禪儀〉收於《禪苑清規》中，鏡島元隆也懷
疑它是否曾單獨流傳，並將其視為禪林內的修行指南。❼對
於鏡島元隆的質疑，柳田聖山（1922－2006）援引一份提及
法雲法秀的文獻（1027－1090，宗賾最初歸依的老師），做
為間接證據支持宗賾為作者。❽其後包含釋依法等學者提到

❺　見 Schlütter, *How Zen Became Zen* (Honolulu: University of Hawai'i Press, 2008), pp. 169-180。

❻　同樣見於椎名宏雄，〈黑水城文献『慈覚禅師勧化集』の出現〉，頁
　　23。此處他補充了《宋元版禪籍の研究》的說法，頁 148-151。

❼　鏡島元隆，〈解說〉，頁 10-11、21-22。同樣持懷疑的立場，更早可見
　　於 Bielefeldt, *Dōgen's Manuals of Zen Meditation*, p. 57-58。

❽　柳田聖山，〈解說〉，《信心銘、証道歌、十牛図、坐禪儀：禅の語録

元照替宗賾文集所寫的〈序〉中亦提及〈坐禪儀〉，故早在元照圓寂的一一一六年，宗賾即被視為〈坐禪儀〉的作者。**⑲**

　　更重要的是，TK132 證實了現代佛教界廣泛討論並用以教導的〈坐禪儀〉相當接近最初的版本，且毫無疑問宗賾是其作者。同時，TK132 亦可佐證宗賾生前所出版的〈坐禪儀〉，其形式與後來收錄於《禪苑清規》的版本大抵相同。

　　此外，TK132 顯示〈坐禪儀〉是流傳於居士群體。Bielefeldt 教授檢視過當時可見的資料後，推測這份禪修指南「起初是寫成一份獨立成篇的小文，而且比較不像是為禪堂規則所寫，更像是在禪修的基礎上，為了眾多初心者（無論是僧俗）而寫」。**⑳**上述的論斷相當程度被 TK132 證實。我們現在知道〈坐禪儀〉是整套居士禪修的一部分。宗賾所擘劃的居士佛教修行包含悔罪儀式、淨土法門修持、發菩提心之活動與齋戒。筆者將會另外撰文全面探究宗賾所主張的修行實踐。總而言之，筆者認為宗賾對居士的修行教法對機於多樣的受眾，既有所繼承又有所權變。接下來，本文將聚焦討論宗賾對素食的看法，以及重新檢視其生平。

---

16》，頁 231-233。該論點在 Bielefeldt, *Dōgen's Manuals of Meditation* 一文中有更細部的討論，Bielefeldt, *Dōgen's Manuals of Meditation*, p.58。另外，關於法雲研究可參考 Robert Gimello, "Mārga and Culture: Learning, Letters, and Liberation in Northern Sung Ch'an" in *Paths to Liberation*, ed. by Buswell and Gimello (Honolulu: University of Hawai'i Press, 1992)。

**⑲** Yifa, *The Origins of Buddhist Monastic Codes in China*, pp. 108-109.

**⑳** Bielefeldt, *Dōgen's Manuals of Meditation*, p. 57.

## 三、素食與戒酒

在宗賾的禪修指南中，他建議修學者首要發心向菩提道。接著修學者便能著手一些初步的事情，像是準備一處適合坐禪的場所。在禪修開始前，修學者應「量其飲食，不多不少」。除了這項對進食的自我撙節，宗賾在〈坐禪儀〉並沒有說更多關於飲食的事情。另外在 TK132 中的〈戒酒肉文〉，宗賾勉勵居士要戒除飲酒食肉。筆者認為，《勸化集》的編輯者將這兩篇文章（第七、八）放在一起，或許會鼓勵讀者更深入地思考禪修與素食之間的關係。

在中國，佛教大規模地推廣茹素，曾被描述為「佛教對中國菜最重要的貢獻」，同時也是中國佛教徒對佛教傳統影響最廣的一項改變。[21] 除了中國僧侶與茹素經常被聯想在一起，其實居士茹素同樣也始於中國早期佛教。[22] 至遲在唐代就有明確的證據顯示，居士在齋期節食是相當常見的。[23] 在宋代，非出家人茹素的人數似乎有所成長，也許與宋代道學傳統出現有關。[24] 不過，雖然儒家與道教皆有素食之舉，儒

[21] John Kieschnick（柯嘉豪）, "Buddhist Vegetarianism in China" in *Of Tripod and Palate*, ed. by Roel Sterckx (New York: Palgrave Macmillan, 2005), p. 186.

[22] Eric Greene, "A Reassessment of the Early History of Chinese Buddhist Vegetarianism," *Asia Major* 29.1 (2016) pp. 1-43.

[23] Kieschnick, "Buddhist Vegetarianism in China," pp. 195-196, 203-205. Greene, "Chinese Buddhist Vegetarianism," p. 26.

[24] Robban Toleno, "Skilled Eating: Knowledge of Food in Yichu's *Shishi liutie*, a Buddhist encyclopedia from Tenth-century China," PhD Dissertation, University of British Columbia (2015), pp. 54-65.

家經典規定在喪期不得飲酒，但僅有佛教嚴格禁止飲酒──向他人買賣酒水在宋代被認為是相當嚴重的惡業。

　　宗賾的〈戒酒肉文〉並沒有收在藏經中，今日我們只能在 TK132 文獻看到。在這篇文章中，宗賾強調茹素與戒酒對修行菩薩道而言是必要的，他表示「身田未淨，法器難成；世味不忘，寧尊妙道？」但於此同時，宗賾也理解茹素與戒酒可能對某些居士而言有相當難度。他將戒除酒肉視為一種自我犧牲與梵行。雖說如此，他也根據不同根器的人提供了漸進的次第。與其完全放棄茹素，他認為不如在每日午前維持素食。以下是這篇〈戒酒肉文〉的英譯：

"Tract on Abstaining from Alcohol and Meat"

(TK132.19a-20b)

(Some characters have been transcribed using common variant forms.)

　　夫有為雖偽，棄之則功行不成。無為雖真，趣之則聖果難尅。剎那悟道，要須長劫鍊磨；頓悟一心，必假圓脩萬行。身田未淨，法器難成；世味不忘，寧尊妙道。

　　況夫三界之內，六道之中，眾生皆我父母，四大皆我故身。肉非自然，皆從斷命，殺他活己，痛哉可傷！菩薩大悲猶護生草；凡夫麤行反食眾生。探其根源，實非清淨，推其敗壞，不忍見聞。人方耽味，自謂甘香；淨眼傍觀，如啖膿血。人羊相食，因果無差，命債轉多，如何解脫？

　　至若酒為毒水，濁亂有情，三十六失之禍胎，八萬塵勞

之業海，未了真心常居幻夢，況資狂藥轉墮迷途。醺醺竟日，兀兀浮生，如以全身自投糟甕。況復一杯才舉，萬福潛生。五刑三千，據款結案。世尊制戒，尚禁毛頭，「過酒器與人」，「五百世無手」。

故知酒肉為患極深，雖快一時之心，終嬰萬劫之苦。

蔬食度世，清樂有餘，般若光中，精脩梵行，隨緣銷舊業，更莫造新殃。若欲改往修來，便請一刀兩段。其如習力深重，且戒日中已前，非唯匹下有餘，亦乃修行有漸。所以道，莫因三寸舌，空負百年身。努力勸修，同登妙覺。


Conditioned existence [saṃskṛta] may be provisional, but if you disregard it then good practices cannot come to fruition. Although what is unconditioned [asaṃskṛta] is real, if you chase after it then the noble fruit is difficult to achieve. An instantaneous awakening to the way requires long kalpas of tempering and refinement. A sudden understanding of the one-mind necessarily relies on having fully carried out myriad practices. How difficult it is to be a vessel for the dharma when the fields of the self are not yet purified! How will one honor the wondrous path if one has not yet left behind a taste for the world?

Besides, living beings within the three realms and the six destinies [of rebirth] have all been my mother and father. The four elements are entirely my former bodies. A bodhisattva in his great compassion would protect even the life of a blade of grass, ㉕ while to the contrary bumbling fools act carelessly and eat living beings. Eating meat is not so-of-itself, for it always entails ending life. Killing another to live oneself, what pain! Such anguish! If you investigate the root source of [meat eating], truly it is not pure. If you examine its violence, what you hear and see will be unbearable. When people focus on the taste, they think it sweet and fragrant. But if one beholds it with a pure eye, [eating meat] is like chewing on puss and blood. Whether man or beast eats the other, the cause-and-effect are no different, and as the life-debt is repeatedly passed on, how will you obtain liberation?

As for alcohol, it is poisonous water that clouds and disturbs [the minds] of sentient beings; it is the womb of misfortune and "the thirty-six losses"; it is the sea of karma

---

㉕ 此處可能取自《首楞嚴經》（*Śūraṅgama-sūtra*）：「清淨比丘及諸菩薩，於岐路行不踏生草，況以手拔；云何大悲取諸眾生血肉充食？」（T19, no. 945, p. 132, a21-23）。在之後的中國佛教傳統中，這段話有時被認為出自《梵網經》的戒令「不殺生草」，然而，它實際上並不存在《梵網經》裡。「不殺生草」四字曾出現在《十誦律》（T23, no. 1435）中，然而該段落無涉肉食戒律，因此應該不是宗賾此處的出處。護生草另外的解釋亦見於《四分律》（T22, no. 1428, p. 830, b7-20），認為草滋養微小的有情眾生，乃生命之根源。這些說法有別於「無情有無佛性」的爭辯，可參 Sharf, "How to think with Chan *gong'an*," in *Thinking with Cases*, ed. by Furth, Zeitlin, and Hsiung (Honolulu: University of Hawai'i Press, 2007), 205-243。

with eighty thousand wearisome afflictions. If you have not yet understood clearly the perfect mind that dwells constantly through delusions and dreams, then surely adding [alcoholic] tinctures of madness can only make you stumble onto paths of ignorance. To be drunk throughout the day and airily waft through existence, this is like tossing a lifetime into a bottle of dregs. If you instead lifted even one cup of goodness, myriad blessings would quietly grow. As for "the five punishments for three thousand crimes," ❷⑥ cases are decided on the basis of confessions. ❷⑦ The world-honored one established prohibitions that forbid even [a drop from] the tip of a hair, and "passing a bottle of alcohol to another person ... will lead to five hundred lifetimes without a hand." ❷⑧

---

❷⑥ 引自《孝經》：「五刑之屬三千，而罪莫大於不孝。要君者無上，非聖人者無法，非孝者無親。此大亂之道也。」（James Legge 英譯："There are three thousand offenses against which the five punishments are directed, and there is not one of them greater than being unfilial."）

❷⑦ 「據款結案」自宋代開始常見於禪籍中，參考古賀英彥、入矢義高，《禪語辞典》（京都：思文閣，1991 年），頁 89；又《禪學大辭典》（東京：大修館，1978 年），頁 186d。「款」字於北宋便以用來指稱供詞，如司馬光《資治通鑑》與胡三省注本，引自《漢語大詞典》。

❷⑧ 出自《梵網經》（T24, no. 1484, p. 1005, b6-9）。亦可參船山徹，《東アジア仏教の生活規則『梵網経』──最古の形と発展の歴史》（京都：臨川書店，2017 年），頁 363-364。原句英譯見 James Benn,"Buddhism, Alcohol, and Tea in Medieval China," *Of Tripod and Palate: Food, Politics, and Religion in Traditional China*, ed. by Roel Sterckx (New York: Palgrave Macmillan, 2005), pp. 213-236。

Thus, know that drinking alcohol and eating meat create grave troubles. Despite momentary pleasures of the mind, ultimately you will encounter ten thousand eons of suffering.

By vegetarian eating, you will pass through this world [to the other shore] with an abundance of pure joys, and finely cultivate ascetic behavior in the refulgence of *prajñā*. Conforming with conditions you will exhaust past karma,❷❾ and will no longer create new misfortune. If you desire to change your destiny and improve the future, ❸⓿ then slice through the matter with a single stroke. ❸❶ As the strength of habits (*vāsanā*) is vast, you may even keep the vow only before noon. This is not just "an abundance when compared with an inferior," ❸❷ rather these practices may be performed in degrees. This is what is meant by the verse, "do not for the sake of the tongue, / squander an entire lifetime." ❸❸ With all my strength I exhort you to practice! Together we will reach

---

❷❾ 參考 Kirchner, *Record of Linji*, p. 171，對此句的詮釋。

❸⓿ 「改往修來」出自早期漢譯經典，包含《阿含經》，同時後來中國的懺悔文中亦可見。這與懺悔儀式有關，如《金光明經文句》中的「釋懺悔品」（T39, no. 1785, p. 59, a13）。

❸❶ 古賀英彥、入矢義高直譯為用一把刀將它砍成兩塊，《禅語辞典》，頁18。

❸❷ 更常見以八字諺語「匹上不足匹下有餘」，古賀英彥、入矢義高，《禅語辞典》，頁393。

❸❸ 數十年後另一份雲門宗禪籍亦引用這個典故，見《慈受懷深禪師廣錄》（X73, no. 1451, p. 124, a12 // R126, p. 596, b18）。

wondrous awakening!

此文關於戒肉食與飲酒的概念來自於一本中國生成的菩薩戒經《梵網經》與其注疏。宗賾直接引用《梵網經》中的字句，如「眾生皆我父母」、「四大皆我故身」等。❸此外，宗賾可能也援引了法藏（643－712）的《梵網經菩薩戒本疏》。〈戒酒肉文〉中最令人印象深刻的一句「肉非自然，皆從斷命」，法藏就曾提出過。❸宗賾反覆強調《梵網經》中大乘佛教關於戒食肉的觀點。然而，這樣強硬的態度也有所妥協，考量到部分人僅能遵守一天茹素一到兩餐。

宗賾所援引的思想概念與慈雲遵式（964－1032）所寫的兩千字長偈〈誡酒肉慈慧法門〉有所不同。❸慈雲遵式稱戒食肉既是慈慧法門，也是一種梵行，典出《大般涅槃經》。❸慈雲的偈前〈序〉宣稱為了完成此偈，他引用了眾多經典，包括《涅槃經》、《楞伽經》、《薩遮尼乾經》、《阿含經》。相對於此，宗賾所引用的經典內容幾乎全部來自於《梵網經》。

除此之外，宗賾此文還引用了至少一次禪宗文獻，其言「殺他活己，痛哉可傷！」可能借自永嘉玄覺（665－713）

---

❸ 《梵網經》（T24, no. 1484, p. 1006, b9-20），又船山徹，《東アジア仏教の生活規則『梵網經』─最古の形と発展の歴史》，頁381-382。
❸ 《梵網經菩薩戒本疏》（T40, no. 1813, p. 636, c13-19）。
❸ 《金園集》（X57, no. 950, p. 13, a12-p. 15, a17 // R101, p. 241, a3-p. 244, b18）。
❸ 《大般涅槃經》（T12, no. 374, p. 386, a5-6）。元照曾以相似的名稱寫偈，參〈慈慧梵行法門偈〉，《樂邦遺稿》（T47, no. 1969B, p. 237, a28-b19）。

《禪宗永嘉集》十篇之二。❸可惜《禪宗永嘉集》繁複的文獻
歷史讓我們無法斷言兩份文獻的關聯。《禪宗永嘉集》現存的
版本包含了這十篇文章,但此版本是十七世紀的本子,在這幾
百年間也許曾被一些善意的謄抄者更動。先不論是誰引用誰,
這確實是說明《勸化集》與禪籍之間互文現象的一個例子。

　　宗賾此文在語調上也不同於其他北宋的勸戒文,遵式反
覆地強調吃肉者會有惡報現前,註定遭受可怕的病痛。訴諸
惡報的說法明顯地在宗賾文章中消失了。中世早期的志怪故
事記載著被食者的靈魂會回過頭來傷害吃的人。❸這類怪誕
的志怪故事在宋代應該相當流行,如收錄在《夷堅志》中的
故事。然而在宗賾提倡茹素的戒文中並沒有涵蓋這種修辭。
但另一方面,宗賾卻談及鼓勵他人飲酒會導致的業報。既然
如此,不禁讓人困惑為何宗賾在提倡茹素時不訴諸業報。也
許,此文的受眾是那些原本便傾向茹素,但要勸他們戒酒卻
難如登天的人,因此訴諸食肉會引來業報並不那麼必要。

　　北宋關於飲食的相關文類尚未被充分研究,筆者留意到
宗賾提到飲酒有「三十六失」。在幾部早期的漢譯經典中,
飲酒被認為招致三十六失(雖然究竟是哪三十六失並未列
舉出來)。❹後來中國論師經常引用《大智度論》中一段問

---

❸ 《禪宗永嘉集》(T48, no. 2013, p. 388, b3)。

❸ Robert Campany, *Strange Writing: Anomaly Accounts in Early Medieval China* (Albany: State University of New York Press, 1996), pp. 384-393, cited in Kieschnick.

❹ 例如支謙譯《佛開解梵志阿颰經》(T01, no. 20, p. 261, a8),以及竺佛念譯《出曜經》(T04, no. 212, p. 675, b6-13),見 James A. Benn, *Tea in*

答——問曰：「酒能破冷益身，令心歡喜，何以不飲？」經中的回答是雖然飲酒既能讓人愉悅又有療效，但另外有三十五種壞處。❹而三十六這個數字又與《沙彌尼戒經》被聯繫起來。❹ 在宋代初期，天台宗論師曾為這三十種壞處寫了背誦口訣，例如知禮（960－1028）的《金光明經文句記》與孤山智圓《維摩經略疏垂裕記》中都以詩偈的形式呈現。為了比較，以下是知禮詩偈的英文翻譯。每一列至少代表一項《大智度論》裡的三十五失。

| 財虛招病諍（三） | [Drinking] evaporates wealth, and invites illness and disputes; (3) |
|---|---|
| 裸露醜名彰（二） | Clothing will be shorn, and a poor reputation will follow you; (2) |
| 無智得者失（二） | You will become ignorant, and that which was gained will be lost; (2) |
| 說匿廢事業（二） | You will speak falsehoods, and squander attainments; (2) |
| 醒愁身少力（二） | When sober you will feel ashamed, your body weakened; (2) |
| 色壞慢父母（二） | Your appearance will be rotten, and you neglect your parents, ... (2) |
| 沙門婆羅門（二） | ... as well as śramaṇa and brāhmaṇa, ... (2) |
| 及伯叔尊長（二） | ... as well as uncles and elders. (2) |
| 不敬佛法僧（三） | You will not respect the buddha, dharma, and sangha; (3) |
| 黨惡遠賢善（二） | and instead affiliate with sinners and keep distance from the wise and good; (2) |
| 破戒無慚愧（二） | You will break precepts and feel no remorse; (2) |

China, pp. 55-56。

❹ 《大智度論》（T25, no. 1509, p. 158, b5-c10）。

❹ 詳見 James A. Benn, Tea in China, p. 56。

| 不守情縱色（二） | You do not guard the [six] senses, instead indulging the flesh. (2) |
|---|---|
| 人憎親屬棄（二） | You will arouse the enmity of strangers and be abandoned by family; (2) |
| 行惡捨善法（二） | You will do bad and abandon the good practices; (2) |
| 智人所不信（一） | Wise men will regard you as untrustworthy. (1) |
| 遠涅槃狂癡（二） | You will grow further from nirvana and grow crazed and stupid. (2) |
| 命終墮惡道（一） | In the next life you will be reborn in a terrible destiny; (1) |
| 若得人常騃（一） | And even when born a human again, you will be endlessly dimwitted. (1) |

　　宗賾期待他的讀者能熟悉飲酒有三十六失這樣的概念，而不是《大智度論》所細密地記載，被天台論師評論過的三十五失。這透露宗賾想將這個規訓式的概念當成修辭手段，而不期待讀者熟知三十五失的具體內容。無論如何，我們可以說僧侶們非常關注宋代居士群體中普遍又根深柢固的飲酒狀況。如果飲酒不是重點，我們應會看到更少關於勸戒酒的詩文。這也解釋了宗賾對於耽溺飲酒有相當嚴厲的告誡。雖說宗賾在食肉戒上提供了一個漸進式或者說緩衝的空間，但在飲酒戒上卻一滴不讓。這類對居士絕對禁絕飲酒的戒在宋代來說似乎相當普遍。

## 四、長蘆宗賾生平再考

　　過去二十年，不少關於宗賾的文獻陸續被發現與出版。一一〇四年序刊本的《勸化集》就提供了關於宗賾生平的重要資訊。另外二〇〇八年由椎名宏雄所翻刻新發現的《慈覺

禪師語錄》提供了許多具體與相關的生平細節。❹該語錄的
〈序〉作於大觀三年（1109），其時宗賾才圓寂不久。它顯
然是按照時間順序編排，將宗賾於三處禪寺上堂說法與應答
內容分三部分記錄下來，每一階段由不同的弟子記錄，其中
也包含了舉古。❹此外，本文提及的「元照〈序文〉」，是指
曾註釋淨土經典與復興戒律的元照所寫的短序。❹元照這篇
〈長蘆賾禪師文集序〉是替宗賾一本曾流傳但佚失已久的文
集所寫。文集雖佚，但這篇〈序文〉保存於元照自己的文集
中。❹

　　關於近年來所發現的宗賾《語錄》，椎名宏雄將一份駒
澤大學圖書館江田文庫藏的《慈覺禪師語錄》手抄本翻刻。❹
這本《語錄》是曾服務於原朝鮮佛教專門學校（現東國大學）
教授的江田俊雄先生（1898－1957）所抄，椎名教授推斷江田

❹ 椎名宏雄，〈《慈覺禪師語錄》（翻刻）〉，《駒澤大學禪研究所年報》第 20 號，2008 年，頁 169-224。
❹ 更詳細的說明可參椎名宏雄，〈長蘆宗賾撰『慈覚禅師語録』の出現とその意義〉，《印度學佛教學研究》第 57 卷第 2 號，2009 年，頁 172-178。
❹ 對元照的介紹可參考 Huang Ch'i-chiang (黃啟江), "Pure Land Hermeneutics in the Song Dynasty: The Case of Zhanran Yuanzhao (1048-1116)" *Chung-Hwa Buddhist Journal* 13.2 (2000), 385-429。另外，以元照為主題的研究專著可參考佐藤成順：《宋代仏教の研究：元照の淨土教》（東京都：山喜房佛書林，2001 年）。
❹ 元照，《芝園集》（X59, no. 1105, p. 665, b12-c20 // R105, p. 603, b4-p. 604, a18）。
❹ 椎名宏雄，〈《慈覺禪師語錄》（翻刻）〉，《駒澤大學禪研究所年報》第 20 號 2008 年，頁 169-224。

應是抄自一份高麗版刻本，由崔南善（1890－1957）所收藏，並且根據書誌資料顯示它的來源是中國宋或元版。❹然而二十世紀四〇年代之後崔南善氏藏的刻本便不在著錄之列，可能已佚失。現存江田的抄本包括了一一〇九年的〈序文〉，提供了此《語錄》編纂年代的下限。筆者傾向將《語錄》的部分內容視為宋代原版的呈現，這是因為部分文本與《勸化集》雷同（《勸化集》因其佚失已久不太可能受到後人竄改）。另一方面，雖然《語錄》內容看似是按照編年排列（椎名教授以此完成宗賾的生平繫年），筆者認為現存的《慈覺禪師語錄》並不是宗賾生平的完美編年紀錄。

　　宗賾的生年應早於一〇五六年。根據元代《廬山蓮宗寶鑑》，宗賾二十九歲時在長蘆寺法秀座下受戒。❹這自然要早於法雲一〇八四年秋天離開長蘆寺（他隨後前往宋首都開封任新落成的法雲寺方丈）。❺如果元代這條二十九歲受戒的記載正確，法雲在一〇八四年離開長蘆寺，則可以推論宗澤出生略早於一〇五六年。可惜的是，我們無從得知在法雲離開長蘆寺前，宗賾已經在他身邊聞法多久了。

---

❹ 椎名宏雄，〈長蘆宗賾撰『慈覚禅師語録』の出現とその意義〉，《印度學佛教學研究》第 57 卷第 2 號，2009 年，頁 172-178。

❹ 《廬山蓮宗寶鑑》：「二十九歲禮真州長蘆秀禪師出家。」（T47, no. 1973, p. 324, c19）

❺ 法雲寺，內有一法雲寺鐘，成於一〇八六年，蘇軾作〈法雲寺鐘銘（並敘）〉，該文提及法雲任此寺住持的時間為元豐七年（1084）十月。見蘇軾：〈法雲寺鐘銘（並敘）〉，《蘇軾文集》，頁 561。亦見於〈法雲寺禮拜石記〉，頁 404。

　　另一個有關宗賾生年的估算是椎名宏雄提出的一〇三七年或一〇四〇年。他這個說法並沒有定論。椎名教授從《語錄》中宗賾一段早春的開示中，指出宗賾用了「人生百歲，七十者稀」這幾個字。❺ 椎名相信在此宗賾是表達自己七十歲。❺ 基於此，椎名再從《語錄》一一〇九年的〈序〉做為宗賾的卒年，往前推七十年，認為宗賾生於一〇四〇年。然而，這個估算忽視了《嘉泰普燈錄》中的證據（論證詳後）。筆者認為這段開示的年代應該落在一一〇六年初，❺ 這樣的話宗賾的生年就會被推至一〇三七年。不過，對筆者而言，上述的開示（七十者稀）更像是引用諺語，而不一定是自陳具體年歲。

　　假設《語錄》的開示與《盧山蓮宗寶鑑》的紀錄都是正確的，宗賾應該生於一〇三七年，並且在二十九歲的時候（1065）初禮法秀。若參考僧傳資料，當時差不多是法秀初次到長蘆的時候。❺ 這樣說來，宗賾跟隨法秀長達二十年的時間，一直到新住持繼任。不管宗賾是哪一年抵達長蘆寺，一〇八四年法秀離開時他都還在長蘆寺。礙於這些材料的可

---

❺ 椎名宏雄，〈《慈覺禪師語錄》（翻刻）〉，頁 223。
❺ 椎名宏雄，〈長蘆宗賾撰『慈覚禅師語録』の出現とその意義〉，頁176。典故也許來自杜甫《曲江》。
❺ 雖然本文撰寫時並未參閱，但中國上海師範大學碩士論文《宋僧慈覺宗賾新研》亦持相同見解。見陽珺，《宋僧慈覺宗賾新研》，上海師範大學碩士論文，2012 年，頁 12-13。
❺ 根據惠洪，《禪林僧寶傳》，法雲住持長蘆寺二十年（雖然這是一個啟人疑竇的整數）。（X79, no. 1560, p. 543, c13 // R137, p. 544, b6）

信度不一，關於宗賾的生年仍未能有定論。

宗賾持續在長蘆寺修學，並受到繼任住持長蘆廣照（又名應夫、鐵腳夫）的青睞。❸宗賾與廣照的師徒關係，可以在《語錄》中獲得證實。根據《語錄》，宗賾初次住任普會禪院時，他在開堂儀式宣稱長蘆廣照有法乳之恩。

根據《語錄》，宗賾初次主持的寺院是洺州的普會禪院。❺洺州也是宗賾的故里，❼又稱作廣平。明代時洺州的城牆至今仍存於河北省邯鄲市永年區。普會禪院開堂儀式上，宗賾拈三次香並尊長蘆廣照為師。第一次拈香是為了哲宗皇帝與高太后（1032－1093），《語錄》中稱後者為太皇太后。因此宗賾首任住持的時間當開始於哲宗臨位（1085 年 3月）後與高太后薨逝（1093）前。

椎名教授統計《語錄》中宗賾結夏安居的次數，據此

---

❸ 廣照繼法雲之後接任住持亦可見《補續高僧傳》（X77, no. 1524, p. 492, c17 // R134, p. 293, a13）。「夫」有時會誤寫為「孚」。鐵腳夫事跡可見《禪林寶訓音義》（X64, no. 1262, p. 459, a6-8 // R113, p. 290, b16-18）。關於應夫禪師的卒年，學者據陳師道詩〈送法寶禪師〉推測為一〇九八年，法寶德一禪師為應夫禪師弟子，很可能是法寶禪師將其師捨報的消息帶給陳師道，陳於此詩的開頭敘述了應夫禪師圓寂一事。見《禪燈世譜》（X86, no. 1601, p. 442, a15）。

❺ 椎名宏雄，〈《慈覺禪師語錄》（翻刻）〉，頁 172b。

❼ 早期文獻有些認為其故里為「洛州」，但此應是「洺州」的訛誤。記載見於一一〇一年雲門僧惟白所編的《建中靖國續燈錄》，當時宗賾仍住世。據續藏經版《續燈錄》宗賾「姓孫氏，洺州永年人也。」（X78, no. 1556, p. 754, c13 // R136, p. 266, a10）但日藏宋板的確有洺州。然在宋代，永年地屬洺州，後來永年也被稱為屬於廣平（洺州的別稱）。最後，洺州做為宗賾的故里，也讓宗賾住持普會禪院時照顧老母一事更為可信。

推測宗賾開始任普會禪院住持為一〇九二年。❸然而,《語錄》編於一一〇九年,宗賾在這間相對而言不那麼重要的寺院的語錄,似乎不太可能完整記錄。用宗賾被記錄下來的說法次數來判斷宗賾住持的時間並不可靠。

　　還有兩條間接的證據顯示宗賾初任住持的時間或許更早,約莫在一〇八〇年代後期。首先,《廬山蓮宗寶鑑》記載宗賾迎生病老母親於方丈室,七年間日日持誦阿彌陀佛不曾間斷。❸如果我們將宗賾一〇九五年擔任下一間寺院的住持視作上述七年的結束時間點,則往前回溯七年,宗賾初任的起點當不晚於一〇八八年。附帶一提,這個記載雖然真實性難以確定,但應與宗賾已佚失的〈勸孝文〉有關,據推測宗賾於其母親安詳過世後撰寫了該文。那麼〈勸孝文〉應是寫於他在洺州普會禪院的時期。

　　證實宗賾在元祐四年冬(1089)前已擔任普會禪院住持的另一個證據在 TK132 的〈蓮池盛會錄文〉。❻宗賾在此文中提到了一個一〇八九年的夢。在這個奇妙的夢境中,一男子期望能加入宗賾的「彌陀會」,宗賾應允,便取《蓮池盛會錄》並問該男子的名諱。該男子回答「普慧」——跟普會禪院同音。夢中這名男子又希望能將他兄長也名列《蓮池盛會錄》當中,宗賾亦答允,結果普慧的兄長名為「普

---

❸ 椎名宏雄,〈長蘆宗賾撰『慈覚禅師語録』の出現とその意義〉,頁 176。

❸ 《廬山蓮宗寶鑑》,「日以勤志始終七載」(T47, no. 1973, p. 324, c22)。

❻ 某些文獻作〈蓮華勝會〉。

賢」──也就是普賢菩薩。宗賾夢醒後,發現普慧與普賢都
出現在《華嚴經》裡。❻他隨後將這兩個名字列於《蓮池盛
會錄》的會首。隨著這個故事在南宋、元、明各代被改寫,
有人將其改寫成彌陀會的組成是源於此夢;另外,也有人說
宗賾是添加普慧、普賢於既有名冊的會首。❻ TK132 文獻可
證實後者比較準確,因為宗賾是「更以二大菩薩為首」(改
寫讓普慧、普賢置於會首)。而普慧菩薩與普會禪院諧音,
也許能推論這個一〇八九年的夢境發生時他已經接任普會禪
院住持。同時,宗賾主持組織這個淨土團體於洺州普會禪
院,而不是過去所認為的長蘆。

　　從《樂邦文類》開始的南宋文獻記載宗賾撰寫〈盛會
錄文〉,並且組織這個盛會在其住持長蘆寺期間。❻但這與
《語錄》中住持寺院的順序無法相吻合。在這個問題上筆者
傾向優先採用北宋時期《語錄》的說法(雖然其出處不無疑
問),並認為南宋的記載是晚出的誤解。部分原因也是因為
《樂邦文類》錯認宗賾一生只住持過一處寺院。如果我們推
測宗賾一生只住持過一處寺院,那表示他寫〈盛會錄〉在其
最為人所知的洪濟禪院時期(容後詳述)。另一種可能是,
宗賾組織彌陀會時他還不是長蘆寺的住持,而僅是一位學

---

❻　見《大方廣佛華嚴經》,〈離世間品〉有一段對話帶出普慧、普賢兩位
　　菩薩。(T09, no. 278, p. 631, c9-p. 633, b27)
❻　例如《淨土聖賢錄》(X78, no. 1549, p. 249, b10 // R135, p. 253, b6)和
　　《諸上善人詠》(X78, no. 1547, p. 175, a17-18 // R135, p. 106, a15-16)。
❻　見《樂邦文類》(T47, no. 1969A, p. 193, c13-14),也見於編於一二五
　　八年至一二六九年的《佛祖統紀》(T49, no. 2035, p. 278, c23)。

僧。不過，最可能的情況是當時他已經是住持，並且這關乎他在普會禪院的任期。總之，以上是關乎宗賾初任住持一事現存最可能的情況，大約是發生在一○八○年代中晚期。

　　住持洪濟禪院為宗賾第二任住持，根據《語錄》中記載的開堂，始於紹聖二年四月十八日（1095）。《語錄》所提供的時間也能被最近所出土的楊畏夫人王氏之墓誌所證實，楊畏是延請宗賾至洪濟禪院的官員。❻洪濟禪院做為宗賾編纂其大作《禪苑清規》而為人所知，其中有提到皇宋元符二年（1099），以及宗賾作〈序〉的崇寧二年（1103）。❻在TK132 文獻被發現以前，一一○三年被認為是宗賾住持洪濟禪院的下限。然而，TK132 中崔振孫替《勸化集》寫的〈序〉，題為崇寧三年（1104）九月初八，此〈序〉文中仍稱宗賾為「洪濟禪院慈覺和尚」。根據這份文獻，宗賾離開洪濟禪院的時間不可能早於一一○四年冬天。

　　宗賾第三次也是最後的住持在長蘆寺，也是在此他初禮法秀，並遇見了他的老師廣照。宗賾在開堂的說法中提到自己回到長蘆寺，❻然而我們只知道此次開堂的時間落在崇寧年間（1102－1106）。筆者認為這次開堂是在一一○五年的春天。理由是我們可以看到宗賾在長蘆寺期間有許多關於節慶的上堂說法，筆者稱之為「節曆上堂」（seasonal

---

❻ 宋坤，《俄藏黑水城宋慈覺禪師《勸化集》研究》，河北師範大學 2010 年碩士論文，頁 10-11。

❻ 前者見《重雕補註禪苑清規》（X63, no. 1245, p. 527, c6 // R111, p. 886, a3）；後者見前註（X63, no. 1245, p. 522, a18 // R111, p. 875, a12）。

❻ 椎名宏雄，〈《慈覺禪師語錄》（翻刻）〉，頁 212b。

sermons）。統計這些已知年份的節曆說法，可以推知在宗
賾圓寂前他在長蘆寺有過兩次夏安居。假設他在一一〇四年
秋末來到長蘆寺，並在一一〇七年以前圓寂，則這兩次安居
應當是一一〇五年與一一〇六年。

　　先說明為什麼筆者傾向於以《語錄》中說法順序當作
基礎討論宗賾的生平，而不是傳世的文獻證據。首先，這份
《語錄》極可能是在宗賾短暫的住持任期結束後不久就編
成。其次，《語錄》中開示的次數與宗賾住持長蘆寺的時間
大致能相符，可說是相當周全的紀錄。比起宗賾過去住持寺
院的紀錄，長蘆寺的說法紀錄更像是反映他在長蘆寺的種種
活動。此時期的編者顯然嘗試按照時間序保留這些說法紀錄
（雖然這些順序仍有待商榷）。在這卷《語錄》中，首次出
現的節曆上堂是結夏上堂。如果一一〇四年的秋天宗賾仍在
洪濟禪院（如前述《勸化集·序》所言），則宗賾在長蘆最
早遇到的結夏就是在一一〇五年。其他出現的結曆上堂包含
十二月的臘八日。假設這些上堂說法的紀錄也是按照時序書
寫，則這場臘八日上堂也是在一一〇五年。之後，有一段
「佛涅槃日上堂」也許是在一一〇六年的二月。同時我們也
假定宗賾規律地上堂說法，每月三八日（初三、十三、二
三、初八、十八、二八），一個月六次，這也是宗賾自己在
《禪苑清規》中所寫。雖然《語錄》不可能紀錄下每一次的
開示，但是在《語錄》中所紀錄的八十則，這個數字讓我們
知道宗賾住持長蘆寺時至少有過八十次說法。而這個數量也
顯示宗賾於長蘆寺至少超過一年，而且是始於一一〇五年結
夏之前。

　　基於近來可見的資料，宗賾一生應擔任過三次住持：首次是洺州普會禪院，第二次為鎮陽洪濟禪院，最後則是長蘆寺。元照的〈序〉也支持這個說法。雖然也有可能元照的說法就是來自《語錄》。至於說宗賾在洺州那一任住持前就已經擔任長蘆寺住持，這個說法是錯誤的，它襲自《樂邦文類》的記載（其認為宗賾一生只擔任過一次住持）。今日我們應捨棄此說。相對於此，筆者另外要指出另一條可供佐證的資料，它出現在〈新添濾水法（並頌）〉一文裡。❻此文末證實了上述宗賾先住洪濟禪院，「後住長蘆」之事。它同時錄於一一一一年版的《禪苑清規》與元代的《敕修百丈清規》中。❻

　　接著，筆者打算檢視認為宗賾於一一〇七年以前圓寂的南宋文獻。根據一二〇四年序的《嘉泰普燈錄》，其中記載雪巢法一禪師尚未出家時曾想師事宗賾，然被宗賾所拒，「未幾，慈覺沒。大觀改元，禮靈巖通照愿禪師祝髮登具。」❻若據此文，則宗賾圓寂於一一〇七年以前。

　　根據《語錄》與元照的〈長蘆賾禪師文集序〉可以推知宗賾在秋末圓寂。《語錄》中最後的上堂紀錄為「病起

❻　《重雕補註禪苑清規》（X63, no. 1245, p. 556, a7-12 // R111, p. 942, a10）。
❻　見鏡島元隆，〈解說〉，《訳注禪苑清規》，頁 8-9；《敕修百丈清規》（T48, no. 2025, p. 1139, c21-28）。
❻　《嘉泰普燈錄》：「未幾。慈覺沒。大觀改元。禮靈巖通照愿禪師」（X79, no. 1559, p. 353, c18 // R137, p. 169, b12）。

上堂」，⓻這則是在前述臘八上堂後大約第十六則，也可以說是幾個月之後的事情。⓻這則語錄裡有幾句詩意的描述如「金風」，一般來說是借喻秋天。此外，元照〈序〉寫道：「正道難聞，知音罕遇。方圖款扣以盡所懷，俄聞暮秋奄歸真寂。」⓻顯示宗賾很可能死於秋天（也許是九月），在最後一次上堂說法之後不久。

綜上所述，如果宗賾在一一〇五年冬天演說了臘八上堂，而在一一〇七年換住持之前圓寂，那麼他去世的那個秋天必然是一一〇六年。宗賾的生年目前尚難斷定（最早可推到一〇三七年，至晚不過一〇五六年）。考量到《語錄》的文獻來源仍待商榷，本文對生卒年的討論未來仍需進一步考察。

## 五、結論

黑水城文獻 TK132 號（《慈覺禪師勸化集》）收錄了十五篇長蘆宗賾的文章，是一本居士修行的指南。筆者以為此《勸化集》善本讓學界得以一窺流傳在居士間多樣禪修實踐的例子。此書由宗賾所處的群體所集結，很可能用於那些寺廟或在家的向佛者，也包含發心皈依的信徒。從這些篇章中可以看到編者明確地考慮到各式各樣的社會群體，包含僧

---

⓻ 椎名宏雄，〈《慈覺禪師語錄》（翻刻）〉，頁 224b，no. 80。

⓻ 椎名宏雄，〈《慈覺禪師語錄》（翻刻）〉，頁 222b，no. 64。

⓻ 《芝園集》：「正道難聞，知音罕遇。方圖款扣以盡所懷，俄聞暮秋奄歸真寂。」（X59, no. 1105, p. 665, c16-17 // R105, p. 604, a14-15）

眾、豪門、軍門、鄉中與公門。文中亦不時透露出宣教的意圖。宗賾提供了居士們一套的修行方式，包含透過坐禪以求悟道，藉此讓自己的禪法能觸及至叢林之外。

　　得力於晚近發現的文獻，如《勸化集》與《慈覺禪師語錄》，宗賾的生平與行止意外地有了一個現代新面貌。他教導居士們禪修，因為這能放鬆他們的身心。又，他鼓吹修持淨土法門的重要，特別是臨終的時刻。此外，他也主張日常的素食習慣（儘管並不要求整天茹素）。宗賾也跟上媒體發展的腳步，讓印刷品的流通能形成一個網絡，突破地域的限制。然而，與此同時，宗賾也在《禪苑清規》中發表其對僧眾儀軌嚴格的解釋與要求，這點引起當代許多中國佛教法師的共鳴。看到宗賾多樣豐富的主張，讓人不禁好奇若他生於現代，他又會採取哪些教法與哪些傳播媒介呢？（賴霈澄譯／臺灣大學中國文學系博士候選人）

## 附錄：黑水城文獻 TK132 號的篇名與相關異文

| | 目錄中的篇名 | 篇名別稱 | 篇名英譯 | TK132 頁數 | 相關異文 |
|---|---|---|---|---|---|
| 1 | 蓮池勝會錄文 | -- | "Register of the Lotus Pool Resplendent Assembly" | 2a-7b | 樂邦文類, 卷 2 Also given the title: 「真州長蘆賾禪師勸參禪人兼修淨土」龍舒增廣淨土文, j. 11 |
| 2 | 念佛懺悔文 | -- | "Buddha Recollection Repentance Writ" | 7b-11a | 附慈覺懺悔文 in 華嚴經海印道場懺儀 X74, no. 1470, p. 354, a21-c12 |
| 3 | 念佛發願文 | -- | "Writ for Vows of Buddha Recollection" | 11a-14a | Similar to but not identical with 「念佛迴向發願文」in 樂邦文類, 卷 2; compare also with 《禮念彌陀道場懺法》卷 7, and 《華嚴經海印道場懺儀》卷 42 |
| 4 | 發菩提心文 | 發菩提心要略法門 | "Writ for Developing Bodhicitta" "The Essential Methods for Giving Rise to the Aspiration for Awakening" | 14a-14b | 無 |
| 5 | 念佛防退方便 | 勸念阿彌陀佛防退方便 | "Admonition to Recollect Amitabha Buddha, an expedient to prevent backsliding" | 14b-15a | 「念佛防退方便文」in 樂邦文類, 卷 2 2 seven-character poems「勸念佛頌」in 樂邦文類, 卷 5 |

| 6 | 淨土頌 | -- | "Pure Land Hymns" | 15b-19a | Last two poems「勸念佛頌」in 樂邦文類，卷 5 |
|---|---|---|---|---|---|
| 7 | 戒酒肉文 | -- | "Writ on Abstaining from alcohol and meat" | 19a-20b | Not preserved elsewhere |
| 8 | 坐禪儀 | -- | "Principles of Seated Meditation" | 20b-23a | 坐禪儀 Chanyuan qinggui, j. 8 |
| 9 | 自警文 | -- | "Writ for Admonishing Oneself" | 23a-24a | 自警文 Chanyuan qinggui, j. 8 |
| 10 | 在家修行儀 | 在家菩薩修行儀 | "Protocols of Practice for Householder Bodhisattvas" | 24a-25a | 「勸檀信」Chanyuan qinggui, j. 10 |
| 11 | 事親佛事 | -- | "Buddha Activity Serving One's Parents" | 25a-26b | 《永樂大典》第 11620 卷 30-31 頁："Elder Cijue [Zong] ze on Serving Parents"〈慈覺賾老奉親〉 |
| 12 | 豪門佛事 | -- | "Buddha Activity for Wealthy Households" | 26b-28a | 無 |
| 13 | 軍門佛事 | -- | "Buddha Activity for Martial Households" | 28a-30a | 無 |
| 14 | 鄽中佛事 | -- | "Buddha Activity Amid the Marketplace" | 30a-33a | 少林寺碑文（公元 1114 年），參考溫玉成與劉建華〈佛教考古兩得〉《佛學研究》11 號 2002 年 |
| 15 | 公門佛事 | 公門佛事並頌 | "Buddha Activity for Public Officials" | 33b-39b | 無 |
| 16 | 人生未悟歌（二首） | Two separate texts | "Song of the Unawakened" [*not attributed to Zongze] | | |
| | | 人生未悟歌 | | 39b-44a | 無 |
| | | 未悟歌 | | 44a-45b | 無 |

# 參考文獻

## 佛教藏經或原典文獻

T：線上版《大正新脩大藏經》（CBETA），「中華電子佛典協會」製，引用格式依冊數（T）、經號（no.）、頁數（p.）、欄數（c）、行數（數字）。

X：線上版《卍新纂大日本續藏經》（東京：國書刊行會，1975-1989），「中華電子佛典協會」製，引用格式依冊數（X）、經號（no.）、頁數（p.）、欄數（c）、行數（數字）。而後 R 指引臺灣版一百五十冊《卍續藏經》。

《十誦律》，T23, no. 1435。

《大方廣佛華嚴經》，T09, no. 278。

《大般涅槃經》，T12, no. 374。

《大智度論》，T25, no. 1509。

《出曜經》，T04, no. 212。

《四分律》，T22, no. 1428。

《佛祖統紀》，T49, no. 2035。

《佛開解梵志阿颰經》，T01, no. 20。

《芝園集》，X59, no. 1105。

《金光明經文句》，T39, no. 1785。

《金園集》，X57, no. 950。

《建中靖國續燈錄》，X78, no. 1556。

《昭和法寶總目錄》，東京：大正新脩大藏經刊行會，1934 年。

《重雕補註禪苑清規》，X63, no. 1245。

《首楞嚴經》，T19, no. 945。

《敕修百丈清規》，T48, no. 2025。

《梵網經》，T24, no. 1484。

《梵網經菩薩戒本疏》，T40, no. 1813。

《淨土聖賢錄》，X78, no. 1549。

《慈受懷深禪師廣錄》，X73, no. 1451。

《慈覺禪師勸化集》，《俄藏黑水城文獻》第三冊，上海：上海古
　　籍出版，1996 年，頁 82-103，文獻號 TK132。本文亦簡稱《勸
　　化集》。

《補續高僧傳》，X77, no. 1524。

《嘉泰普燈錄》X79, no. 1559。

《樂邦文類》，T47, no. 1969A。

《樂邦遺稿》，T47, no. 1969B。

《諸上善人詠》，X78, no. 1547。

《禪宗永嘉集》，T48, no. 2013。

《禪林僧寶傳》，X79, no. 1560。

《禪林寶訓音義》，X64, no. 1262。

《禪苑清規》，看《重雕補註禪苑清規》。

《禪燈世譜》，X86, no. 1601。

《廬山蓮宗寶鑑》，T47, no. 1973。


**專書、論文（中・日・英）**

孔凡禮點校，《蘇軾文集》，北京：中華書局，1986 年。

古賀英彥、入矢義高，《禪語辭典》，京都：思文閣，1991 年。

西谷啓治、柳田聖山編，《禪家語錄 II》，《世界古典文學全集》
　　36B，東京：筑摩書房，1974 年。

佐藤成順，《宋代佛教の研究：元照の淨土教》，東京：山喜房佛
　　書林，2001 年。

宋坤，《俄藏黑水城宋慈覺禪師《勸化集》研究》，石家莊：河北
　　師範大學碩士論文，2010 年。

梶谷宗忍、柳田聖山、辻村公一譯作，《信心銘、証道歌、十牛図、坐禪儀：禅の語録 16》，東京：筑摩書房，1974 年。

船山徹，《東アジア仏教の生活規則『梵網経』——最古の形と発展の歴史》，京都：臨川書店，2017 年。

椎名宏雄，〈《慈覺禪師語録》（翻刻）〉，《駒澤大學禪研究所年報》第 20 號 2008 年，頁 169-224。

椎名宏雄，〈長蘆宗賾撰『慈覚禅師語録』の出現とその意義〉，《印度學佛教學研究》第 57 卷第 2 號，2009 年，頁 172-178。

椎名宏雄，〈水城文献『慈覚禅師勧化集』の出現〉，《駒澤大學佛教學部研究紀要》第 62 號 2004 年，頁 15-42。

椎名宏雄，《宋元版禪籍の研究》，東京：大東出版，1993 年。

陽珺，《宋僧慈覺宗賾新研》，上海：上海師範大學碩士論文，2012 年。

馮國棟、李輝，〈《俄藏黑水城文獻》遼代高僧海山思孝著作考〉，《西夏學》第 8 輯 2011 年 10 月，頁 276-280。

禪學大辭典編纂所，《禪學大辭典》，東京：大修館，1978 年。

鏡島元隆，《注禪苑清規》，東京：曹洞宗宗務廳，1972 年。

釋聖嚴，《禪門修證指要》，臺北：法鼓文化，1999 年。

Benn, James. "Buddhism, Alcohol, and Tea in Medieval China," *Of Tripod and Palate: Food, Politics, and Religion in Traditional China*, Roel Sterckx ed. (New York: Palgrave Macmillan, 2005), 213-236

Benn, James. *Tea in China: A Religious and Cultural History* (University of Hawai'i, 2015)

Bielefeldt, Carl. *Dōgen's Manuals of Zen Meditation* (Berkeley: University of California Press, 1988)

Campany, Robert. *Strange Writing: Anomaly Accounts in Early Medieval China* (Albany: State University of New York Press, 1996)

Foulk, T. Griffith. "*Chanyuan qinggui* and other 'rules of purity' in Chinese Buddhism" in *The Zen Canon: Understanding the Classic Texts*, Heine and Wright eds. (Oxford University Press, 2004), 275-312

Gimello, Robert. "Mārga and Culture: Learning, Letters, and Liberation in Northern Sung Ch'an" in *Paths to Liberation*, Buswell and Gimello eds. (Honolulu: University of Hawai'i Press, 1992)

Greene, Eric. "A Reassessment of the Early History of Chinese Buddhist Vegetarianism," *Asia Major* 29.1 (2016): 1-43

Huang, Ch'i-chiang ( 黃啟江 ), "Pure Land Hermeneutics in the Song Dynasty: The Case of Zhanran Yuanzhao (1048-1116)" *Chung-Hwa Buddhist Journal* 13.2 (2000): 385-429

Kieschnick, John. "Buddhist Vegetarianism in China" in *Of Tripod and Palate*, Roel Sterckx ed. (New York: Palgrave Macmillan, 2005)

Kirchner, Thomas Yūhō. *The Record of Linji*. (University of Hawai'i, 2009)

Schlütter, Morten. *How Zen Became Zen* (Honolulu: University of Hawai'i Press, 2008)

Sharf, Robert. "How to think with Chan *gong'an*," in *Thinking with Cases*, Furth, Zeitlin, and Hsiung eds. (Honolulu: University of Hawai'i Press, 2007), 205-243.

Toleno, Robban. "Skilled Eating: Knowledge of Food in Yichu's *Shishi liutie*, a Buddhist encyclopedia from Tenth-century China," PhD Dissertation, University of British Columbia, 2015

Wu, Jiang. "Finding the first Chinese Tripitaka in the West," in *Reinventing the Tripitaka*, ed. by Wu and Wilkinson (Lanham, MD: Lexington Books, 2017)

Yifa. *The Origins of Buddhist Monastic Codes in China* (Honolulu: University of Hawai'i Press, 2002)

# Salvation for Laypeople:
## Changlu Zongze's "Principles of Seated Meditation" and the recovered Tracts Encouraging Transformation booklet

### Jason Protass

Assistant Professor, Department of Religious Studies, Brown University

## ▌ Abstract

This essay analyzes the structure and contents of the booklet referred to as *Quan hua ji* 勸化集, also known as *Quan hua wen* 勸化文 ("Tracts Encouraging Transformation"), a compilation containing fifteen texts attributed to the Chan master Changlu Zongze 長蘆宗賾 (d. 1106), including the earliest known version of Zongze's *Zuo chan yi* 坐禪儀 ("Principles of Seated Meditation"). This rare book with preface dated 1104 was recovered in the early 20th century together with a cache of Tangut documents preserved outside the city walls of Khara-Khoto. The text predates by nearly a century the appending of *Zuo chan yi* to a later 1202 edition of Zongze's opus *Chanyuan qinggui* 禪苑清規 (Rules of Purity for Chan Monasteries), which heretofore was the main object of pertinent scholarly inquiry. This paper considers the significance of the inclusion of *Zuo chan yi* in the *Quan hua wen* booklet, which I argue was a collection for lay householders. The *Quan hua wen* compilers placed the *Zuo chan yi* alongside instructions for reciting Pure Land hymns, repentance rites, admonitions to abstinence from meat and alcohol, and exercises to generate bodhicitta. This paper draws this evidence together to corroborate and nuance the earlier scholarly insights about *Zuo chan yi*. Then, Zongze's tract on vegetarianism is translated; thereafter, the chronology of Zongze's career and year of death are reconsidered. It is hoped this initial inquiry will be a foundation for further study of Yunmen masters and their place in the broader religious culture of the late Northern Song.

**Keywords:** *Zuo chan yi* ("Principles of Seat Meditation"); *Quan hua ji* ("Writs of Admonition and Transformation"); Changlu Zongze; Yunmen Sect

聖嚴思想論叢 14

# 聖嚴研究 第十四輯
## —— 聖嚴法師與禪學研究

Studies of Master Sheng Yen Vol.14:
Master Sheng Yen and the Research of Chan Study

| | |
|---|---|
| 編者 | 聖嚴教育基金會學術研究部 |
| 出版 | 法鼓文化 |
| | |
| 主編 | 楊蓓 |
| 封面設計 | 胡琡珮 |
| 地址 | 臺北市北投區公館路186號5樓 |
| 電話 | (02)2893-4646 |
| 傳真 | (02)2896-0731 |
| 網址 | http://www.ddc.com.tw |
| E-mail | market@ddc.com.tw |
| 讀者服務專線 | (02)2896-1600 |
| 初版一刷 | 2021年6月 |
| 建議售價 | 新臺幣360元 |
| 郵撥帳號 | 50013371 |
| 戶名 | 財團法人法鼓山文教基金會—法鼓文化 |
| 北美經銷處 | 紐約東初禪寺 |
| | Chan Meditation Center (New York, USA) |
| | Tel: (718)592-6593  Fax: (718)592-0717 |

法鼓文化

國家圖書館出版品預行編目資料

聖嚴研究. 第十四輯 / 聖嚴法師與禪學研究 / 聖
嚴教育基金會學術研究部編. -- 初版. -- 臺北
市：法鼓文化, 2021.6
　面；　公分
　ISBN 978-957-598-913-2（平裝）

1.釋聖嚴 2.學術思想 3.佛教哲學 4.文集

220.9208                                    110005660